밥 파이크의

창 의 적
교 수 법

Creative Training Techniques Handbook
by Robert W. Pike

Contents of this book copyrighted 1989 and 2003 by Robert W. Pike, CSP, CPAE-Speakers Hall of Fame.

Korean translation Copyright 2004 by Gimm-Young Publishers, Inc.
All rights reserved including the rights of reproduction in whole or in part in any form.

This translation of Creative Training Techniques Handbook, first published in 1989, is published by arrangement with Robert W. Pike through HRD Press, Inc.

이 책의 한국어판 저작권은 저자와의 독점계약에 의해 김영사에 있습니다.
저작권법에 의해 한국 내에서 보호를 받는 저작물이므로 무단 전재와 무단 복제를 금합니다.

CREATIVE TRAINING TECHNIQUES HANDBOOK

밥 파이크의
창의적 교수법

밥 파이크 지음 | 김경섭 · 유제필 옮김

김영사

밥 파이크의 창의적 교수법

저자_ 밥 파이크
옮김_ 김경섭·유제필

1판 1쇄 발행_ 2004. 7. 5.
1판 32쇄 발행_ 2023. 12. 26.

발행처_ 김영사
발행인_ 고세규

등록번호_ 제406-2003-036호
등록일자_ 1979. 5. 17.

경기도 파주시 문발로 197(문발동) 우편번호 10881
마케팅부 031)955-3100, 편집부 031)955-3200 | 팩스 031)955-3111

이 책의 한국어판 저작권은 KCC를 통한
HRD Press와의 독점 계약에 의해 김영사에 있습니다.
한국 내에서 보호를 받는 저작물이므로 무단전재와 무단복제를 금합니다.

값은 뒤표지에 있습니다.
ISBN 978-89-349-1133-3 03370

홈페이지_ www.gimmyoung.com   블로그_ blog.naver.com/gybook
인스타그램_ instagram.com/gimmyoung   이메일_ bestbook@gimmyoung.com

좋은 독자가 좋은 책을 만듭니다.
김영사는 독자 여러분의 의견에 항상 귀 기울이고 있습니다.

창의적 교수법

지난 30년 동안 밥 파이크와 그의 동료들은 세미나, 워크숍, 교육 프로그램을 개발하고 전 세계에 걸쳐 실시하였는데 많은 강사, 컨설턴트, 매니저, 경영자들이 다음과 같은 것을 요구하였다.

- 어떻게 교육 투자를 해서 더 많은 결과를 얻을 수 있는가?
- 우리의 교육 방법은 매우 단순하다. 어떻게 하면 재미있게 만들 수 있을까?
- 우리가 원하는 결과를 빨리 얻을 수 있도록 도와달라.

창의적 교수법은 당신의 교육 니즈(Needs)에 실용적 결과를 보장하는 해결책으로 이제까지 85,000명이 넘는 사람들이 2일 집중 과정에 참석하였고, 매년 200회가 넘는 세미나가 전 세계에 걸쳐 실시되었다.

밥 파이크 그룹 프로그램 소개

밥 파이크 그룹(Bob Pike Group)에서는 37가지 이상의 관리자 교육, 영업 사원 교육, 조직과 개인 개발 프로그램과 세미나를 개발하고 진행하고 있으며, 《포춘(Fortune)》지가 선정한 500개 기업에서 새로 시작한 기업까지, 다양한 전문직과 경영 분야에 종사하는 대학교수 등 많은 이들이 이 프로그램에 참가하고 있다.

컨설팅 서비스

밥 파이크와 모든 컨설턴트들은 개인적인 상담과 과정 설계, 그리고 교육을 담당하고 있다.
현재 진행되는 교육 프로그램에 창의적 교수법을 적용한다면 과정 진행 시간은 평균 25~30% 줄게 되고, 학습한 것을 기억, 적용하는 능력을 더 높일 수 있다.

교육과 개발을 위해 찾기 힘든 자료를 공급

밥 파이크 그룹(Bob Pike Group)은 당신의 교육 개발에 대한 필요를 충족시키기 위해서 구하기 힘든 교육 자료와 도구들을 제공한다. 우리는 필요한 모든 것을 세계 곳곳에서 찾아내어 당신이 사용할 수 있도록 도와준다.

학습 도구(Learning instruments)

다양한 학습 도구들이 교육 과정에 필요한데, 그것에 대한 안내와 구입 방법은 다음의 웹 사이트에 소개되어 있다.
www.BobPikeGroup.com

차례

서문

서언

감사의 말

| 제1장 | **창의적 교육의 기원** | 18 |

창의적 교수법의 시작과 기초

| 제2장 | **프레젠테이션 준비하기** | 40 |

시작하기 전부터 좋은 반응과 결과를 얻는 방법

| 제3장 | **참가자 동기부여** | 73 |

교육이 끝난 후에도 참가자들이 지속적으로 학습하게 하기

| 제4장 | **시각 교구** | 93 |

교육 중 관심을 집중시키는 방법

| 제5장 | **그룹 참여** | 132 |

참여를 통해 학습을 촉진하기

| 제6장 | **창의적인 교재 만들기** | 167 |

참가자들이 서로 배우고 인생 경험을 나누게 하는 과제, 사례 연구, 역할 연기

| 제7장 | **효과적인 교재 만들기** | 189 |

알아야 할 정보, 알면 좋은 정보, 참고자료를 쉽게 구분해 놓은 교재

| 제8장 | **프레젠테이션 기법** | 206 |

성공적인 프레젠테이션을 준비하고 실시하는 방법

| 제9장 | **교육 프로그램을 니즈(needs)에 맞게 수정하기** | **249** |

당신의 니즈를 조직의 내부와 외부에서 채우기

| 제10장 | **진단 도구를 통한 학습** | **267** |

호기심에 대한 자극

| 제11장 | **기존 교육 프로그램의 변형** | **276** |

강의 중심의 교육에서 참가자 중심의 교육으로 변형시키는 방법

| 제12장 | **기술 교육을 위한 참가자 중심의 교수법** | **295** |

지루하고 재미없는 기술 교육을 흥미롭고 역동적으로 만들기

| 제13장 | **컴퓨터 교육을 위한 참가자 중심의 교수법** | **320** |

지루하고 재미없는 컴퓨터 교육을 흥미롭고 역동적으로 만들기

| 제14장 | **e-Learning의 통설과 방법** | **333** |

허구와 진실을 구분하고 최신 기술을 이용하기

| 제15장 | **참가자 관리 기법** | **346** |

참가자 중심의 교수법으로 학습을 관리하기

| 제16장 | **마무리** | **355** |

총정리와 추가 아이디어

부록 1 기타 목록
부록 2 교육 프로그램의 개발 또는 구매
부록 3 OHP 슬라이드 준비와 프레젠테이션 기법

서문

필립 존스(Philip Jones)

VNU Learning publishers of Training Magazine and
the Creative Training Techniques Newsletter

밥 파이크(Bob Pike)의 창의적 교수법 세미나(CTT : Creative Training Techniques)에 참석했던 한 참가자가 사후 평가서에서 "밥 파이크의 교수법을 복제할 수는 없을까요?"라고 하였는데, 아마 이러한 요구들이 이 책이 나오게 된 한 가지 이유가 된 것 같다.

지난 10여 년 동안 밥 파이크는 HRD(Human Resources Development) 분야에서 매우 인기 있고 유능한 강사 중의 한 사람이었다. 창의적 교수법은 효과적인 프레젠테이션이나 교육을 하고 싶어하는 모든 사람에게 아이디어, 기법, 전략, 전술, 힌트를 주는 매우 혁신적인 시스템이기 때문이다. 이 책은 밥 파이크가 개발한 창의적 교수법에 대한 참가자 핸드북의 개정증보판으로, CTT 세미나에 참석했던 사람은 물론이고 밥 파이크 또는 그의 시스템을 한 번도 들어 보지 못한 사람들 모두가 활용할 수 있도록 쓰여졌다. 또한 창의적 교수법 과정을 보다 재미있고 이해하기 쉽게 소개하고 있어 밥 파이크의 아이디어 중 몇 가지를 직접 실행에 옮겨 볼 수 있게 해 주리라고 나는 확신한다.

CTT를 이해하기 위해서는 먼저 밥 파이크에 대해서 몇 가지를 알아야 할 필요가 있다. 그는 매우 의미 있는 청년기를 보낸 후에 국회의 요청에 따라 미 해군에서 일했고, 그 후 시카고에 있는 무디 성경학교(Moody Bible Institute)에 들어가 놀랍게도 목사가 되었다. 그는 작은 교회에서 목회를 하면서 설교로는 임차료도 낼 수 없다는 사실을 알게 되었다. 그래서 덴버에 있는 어느 교육 컨설팅 회사에 영업 사원 겸 강사로 입사했다. 그 회사는 나중에 마케팅, 제품 개발, 프레젠테이션 분야에서 최고 수준에 올랐다.

그 후 10년 동안 밥 파이크는 자기만의 스타일을 만들기 시작했다. 그는 선천적으로 사람들에게 영향을 주고 동기를 부여하는 능력이 있었으며(목사에서 영업 사원으로의 전환은 그다지 놀랍지 않다) 성인 학습에 대한 이론과 기법을 이해하고 있었다. 또한 사람은 누구나 자기 자신의 운명과 성장을 통제할 수 있는 내적인 능력 또는 미덕이 있다고 굳게 믿었는데 이 내적인 믿음이야말로 가장 중요한 것이었다. 1980년대에 밥 파이크는 자신의 사업을 시작하여 교육 분야에서 아주 숙련된 강사가 되었고 그의 교육 활동은 HRD 전반으로 확산되었다. 거기에는 그의 창의적 교수법이라는 힘이 있었다. 지난 몇 년간의 프레젠테이션을 통해 창의적 교수법이 대단히 획기적이고 알찬 교육 내용으로 자리 잡을 수 있었던 것은 밥 파이크가 전달하는 메시지의 힘과 그의 지칠 줄 모르는 에너지 덕분이었다(그는 일 년에 백일 이상을 프레젠테이션하였다).

창의적 교수법은 참가자의 참여를 통해 전반적인 학습 결과를 얻기 위해 전체적으로 개념적이고 실제적인 틀을 만들어 내는 것이다.

CTT는 강사들로 하여금 참가자들의 학습잠재 능력을 발견하게 하고 학습에 흥미를 느끼게 한다. 그럼으로써 참가자들이 교육이 끝난 후에도 지속적인 학습을 하도록 격려하여 교육을 보다 생산적이고 만족스러우며 재미있게 만든다. CTT의 많은 요소들이 모두 독창적이고 새로운 것이 아닐 수도 있다. 그러나 밥 파이크처럼 많은 아이디어를 상식적으로 따라 하기 쉽게 하며 의미 있는 교육 도구로 종합해 낼 수 있는 HRD 전문가는 거의 없다. 밥 파이크는 성인 학습자의 인식, 동기부여, 기억력 등을 조사하고자 철학, 심리학, 테크놀로지 등 여러 중요한 분야들을 부단히 공부하였다. 그와 동시에 강의실 배치, 플립 차트, OHP, 매직 마커처럼 매우 간단한 주제들도 다루며 개념과 실습 사이를 오가면서 CTT 과정을 정리해 왔다. 당신이 필요할 때 언제든지 사용할 수 있고, 교육 과정을 언제나 새롭게 할 수 있는 많은 기법이 여기서 소개되고 있다. 이 분야에서 많은 사람들이 효과적인 강사가 될 수 있도록 가장 많은 도움을 준 밥 파이크에게 진심으로 감사함을 표현하고 싶다.

그는 엄청난 성공을 거두었는데 전 세계적으로 5만 명이 넘는 사람이 CTT 세미나에 참석하였고, CTT 세미나를 통해 월트 디즈니사, 시티은행, IBM, AT&T, 쉘, 아메리칸 익스프레스 등 많은 회사들이 밥 파이크의 아이디어와 기법을 자신들의 사내 교육 프로그램에 적용하고 통합시키고 있다. 밥 파이크가 편집자로 있는 〈창의적 교수법 뉴스레터〉 월간지는 첫해에만 6천 명의 정기구독자들을 확보하였다.

그리고 밥 파이크가 강사 총회나 행사를 하는 장소는 항상 만원을 이루었다.

이 책의 마지막 부분에 이런 말이 있다. "강사로서 우리의 목적은 단지 상담하고 해석하고 지시를 내리거나, 또는 그들의 질문에 우리가 답을 가지고 있다고 믿게 하는 것이 아니다. 참가자들이 그들의 문제에 대한 답을 이끌어 낼 수 있는 적절한 행동 계획을 세울 수 있도록 세미나를 열고, 그들이 활용할 수 있는 도구와 과제, 사례 연구와 여러 자료를 제공하는 것이 우리 강사들의 목적이다. 내가 추천하는 방식은 강의는 최소한으로 하고 참여와 발견을 최대화하는 것이다. 그렇게 되면 당신의 역할이 필요 없는 것처럼 보일 수도 있다. 그러나 참가자들이 강사의 필요를 잘 느끼지 못할지라도 당신은 꼭 필요하다. 당신은 최고의 선생이고, 통찰력과 변화, 성장을 가르칠 수 있는 촉매자이기 때문이다. 당신의 개인적인 태도와 역할 모델은 참가자에게 많은 영향을 준다. 그리고 당신이 가진 진지한 목적, 개인적인 계획, 당신이 세운 가이드를 준수함으로써 참가자들의 성장을 돕고 그들의 변화를 촉진시킬 것이다."

이러한 접근법으로 당신은 예전의 강사 중심 교육에서 벗어날 수 있다. 밥 파이크는 쉽고 효과적으로 변화할 수 있는 방법을 이 책을 통해 여러분에게 특별히 선물한다.

서언

엘리엇 마지(Elliot Masie)
Masie Center 설립자
《The Computer Trainer's Handbook》 저자

밥 파이크는 언제나 학습과 교육의 실천적 접근에 선두적인 역할을 하고 있다. 이 책에서는 조직의 생산성 향상을 위한 창의적인 교육을 하는 데 필요한 모든 프로세스를 확인할 수 있다. 또한 이 책에 실린 많은 연구 결과를 통해 실질적인 프로세스와 기법들이 일회성이 아닌 꾸준한 성과를 가져온다는 사실을 알 수 있다. 많은 교육 기관들이 지나치게 활동만을 강조하고 있는 오늘날의 교육 환경에서 이 책을 잘 활용한다면 결과에 집중하는 방법을 알게 될 것이다.

e-Learning은 교육적 기술과 방법(methodology)에 관한 내용으로 구성되어 있다. 기술은 날로 발전해 가는 반면 방법은 실제 교육과 학습을 담당하는 전문가들 손에 머물러 있다. 이 책에는 당신이 직접 강의실에서 사용할 수 있을 뿐만 아니라 e-Learning 환경에서도 적용할 수 있는 방법이 실려 있다.

몇 년 전에 〈트레이닝(Training)〉지에서 실시한 독자 조사에 의하면, 자신의 책꽂이에 두기를 원하는 책 중에 이 책이 3위를 기록하였다(이것은 스티븐 코비의 《성공하는 사람들의 7가지 습관》과

ASTD의 《Training and Development Handbook》 다음 순위이다). 그리고 직접 전화로 질문하고 싶거나 교육 문제에 대해 도움을 받고 싶은 사람 중에서는 밥 파이크가 3위로 꼽혔다(이것은 자신의 CEO와 톰 피터스 다음 순위이다).

밥 파이크의 관심은 항상 교육을 위해 교육을 뛰어넘는 데 있었다. 그래서 그는 항상 교육 부서를 고객의 성과를 얻게 해 주는 비즈니스로 생각하고 있는데 이러한 접근법을 이 책에서 배울 수 있을 것이다.

우리는 밥 파이크를 컴퓨터와 e-Learning 컨퍼런스에 여러 번 초대하였는데, 그가 제안한 아이디어들은 컨퍼런스에서 가장 큰 화제가 되었다. 그때 참가자들이 자신들의 교육 프로그램에 변화를 줄 여러 가지 방법들을 알고 강의실을 떠난 것처럼 이 책을 읽은 당신도 같은 느낌을 갖게 될 것이다.

이 책을 읽기 전에 형광펜과 펜, 그리고 종이를 준비하여 책을 읽으면서 자신의 아이디어 목록을 만들고, 즉시 적용할 부분에는 형광펜으로 표시하기를 바란다.
당신에게 이 책이 강사나 성과 향상 컨설턴트로서 필요할 때 즉시 찾을 수 있는 10권의 책 목록에 들어가기를 바란다.

감사의 말 (핸드북 3판)

내가 이 책의 초판을 저술했을 때에는 3판은 생각하지도 못했다.
교육과 성과 분야에 많은 것이 변했다 할지라도 변하지 않는 것도 있다. 2002년 말까지 약 85,000명이 '창의적 교수법 2일 집중' 세미나에 참가하였다.
나는 먼저 수백 일 동안 진행된 창의적 교수법의 공개 강좌와 사내 과정을 진행한 많은 강사들에 감사를 표하고 싶다. 린 솔엠(Lynn Solem)은 초창기 강사 중의 한 명으로 우리에게 많은 영감을 주었다. 3년 전에 뇌종양으로 세상을 떠났지만 우리는 지금도 그녀를 그리워하고 있고, 그녀가 한 일은 우리 모두의 귀감이 되고 있다. 덕 맥칼럼(Doug McCallum)은 세 명의 초창기 강사 중에 유일하게 남은 강사로서 높은 수준의 일을 계속하고 있다. 벳시 알랜(Betsy Allen), 데이브 아치(Dave Arch), 셜리 오스틴 브라운(Cherly Austin Brown), 캐시 뎀스니(Kathy Dempsey), 슈 엔(Sue Ensz), 더랜다 존슨(Dyerenda Johnson), 리치 메이스(Rich Meiss), 신디 래 포츠키(Cindy Rae Pautzke), 리치 래이건(Rich Ragan), 프리실라 슘웨이(Priscilla Shumway), 짐 스미스(Jim Smith, Jr.), 빌 윌슨(Bill Wilson) 등은 우리의 강사와 컨설턴트에게 많은 도움을 주었다. 그리고 우리들이 고객의 다양한 교육 요구에 부응할 수 있도록 우리들의 능력을 향상시키는 데 많은 도움을 주었다.

다음 분들에게도 감사를 표하고 싶다.
- 데이브 아치는 수석 부사장으로서 슈 엔과 함께 우리들의 교수법을 웹 교육에 적용하여 큰 도움이 되었다. 14장 e-Learning의 대부분은 그들의 작업 결과이다.
- Resources for Organizations, Inc.(ROI) 직원들의 지원에도 감사한다. 특히 샌디 듀폴트(Sandi Dufault)는 이 핸드북 3판의 모든 참고 부분을 최신 자료로 수정해 주었고, 밥 콤프레인(Borb Kompelein)은 진도를 확인하는 것을 도와 주었다.
- HRD Press 직원들, 특히 부사장인 크리스 헌터(Chris Hunter), 예술 감독인 엘린 클로카스(Eileen Klockars)에게 감사드린다.

지난 15년 이상 함께 일하면서 나에게 많은 도움을 준 신실한 동료이자 친구인 오드리 로헐트에게도 감사한다.

그리고 개인적, 업무적으로 많은 도움을 준 신실한 친구들 엘리자베스(Elizabeth)와 짐 크랙(Jim Craig), 케이트(Kate)와 잭 라슨(Jack Larsen), 리치(Rich)와 바바라 메이스(Barbara Meiss), 피터 조르던(Peter Jordon), 짐(Jim)과 나오미 로데(Naomi Rhode), 그리고 스티브 밀러(Steve Miller)에게 감사한다.

12명의 어른과 아이들로 구성되어 있는 우리 가족 중에 딸 레베카(Rebecca)는 2002년에 성인 학습으로 석사 학위를 받았다. 그 후 교육 비전을 갖고서 강사로 활동하고 있는데, 내가 아는 것과 배운 것을 실천하도록 꾸준히 도와준다.

게리 플루머(Gary Plummer)는 현재 Bob Pike Group의 사장으로서 회사 일을 잘해 주고 있다. 그래서 나는 고객을 만나고, 과정을 개발하고 책을 저술하는 데 집중할 수 있게 되었다.

끝으로 나의 아내인 안드레 시스코 파이크(Andrea Sisco Pike)에게 감사를 전한다. 그녀는 창의적 교수법 핸드북 재판을 토대로 3판을 만드는 데 많은 도움을 주었다. 그리고 싱가폴, 말레이시아, 호주, 한국, 남아프리카 공화국의 고객과 함께 일을 할 때에도 함께 여행을 해 주었다. 그녀는 문화 전문가로서 나의 미약한 글로는 다 표현할 수 없는 매우 소중한 사람이다.

CREATIVE TRAINING TECHNIQUES HANDBOOK

3rd Edition

1 Creative Genesis
창의적 교수법의 기원
창의적 교수법의 시작과 기초

 창의적 교수법은 '강사의 지도 아래 참가자 중심(Instructor-led, Participants-centered)'으로 이루어지는 교육 개념이다. 교육은 가능한 한 참여를 이끌어 내어 자발적으로 이루어지게 하는 프로젝트이다. 하지만 1969년 영업 과정과 경영 개발 과정에서 영업 및 강사로 일하기 전까지 나는 이러한 개념을 깨닫지 못했었다. 나는 2주에 한 번씩 세미나를 진행하였고 늘 최고의 평가를 받았다. 나 스스로도 22살의 자신이 아주 유능한 강사라고 느꼈다. 만약 당신이 어떤 특정 분야에 대해 알고 있는 유일한 사람이라서 그것에 대해 몇 시간 혹은 하루 종일 이야기를 할 수 있는 경우 유능한 강사가 된다는 것은 아주 대단한 일이다. 그렇지만 이것이 곧 당신이 교육하는 방법을 잘 안다는 것은 아니다.
 모든 교육의 목적은 결과를 내는 데 있다. 때문에 교육을 받은 후에 참가자들은 그전보다 훨씬 좋은 성적을 내야 한다. 과거에 하지 않았던 것을 지금은 하고 있는가? 예전에는 할 수 없었던 것을 이제는 할 수 있는가? 교육 결과로 어떠한 태도가 개선되었는가? 개인이나 조직에게 실제로 이익이 돌아가지 않는 한 교육은 제대로 되었다고 할 수 없다.

나는 3년 동안의 경험을 토대로 2일 과정부터 3주 과정까지 다양한 교육 프로그램들을 개발하기 시작하였다. 참가자들을 그룹으로 나누어서 배운 개념을 스스로 적용해 보게 하는 기회를 갖기도 했지만 그때까지도 나는 강의 기법에만 의존하고 있었다.

1973년 내 사업의 한 분야로 구상 중이던 세미나를 평가하기 위해 미니애폴리스로 갈 때부터 변화는 시작되었다. '태도를 바꾸는 모험(Adventures in Attitudes)'이라는 세미나는 30시간에 걸쳐 인간 관계, 커뮤니케이션, 문제 해결, 대인 관계 기법, 자기 관리 등을 다루었다. 첫 날 우리 30명은 한자리에 모여 다섯 그룹으로 나눠 앉았다. 강사가 간단히 설명을 한 후 그룹별로 토의할 주제를 나누어 주었다. 각 그룹은 토의를 마무리하고 요약한 후 다음 활동으로 넘어갔다. 12시부터 그 강사와 세미나에 대해 얘기를 나누려고 했으나 실패한 나는 그날 내내 기다려야만 했다. 다음날도 역시 같은 방법으로 진행되었고 나는 계속 기다려야 했다. 결국 나는 시간과 경비를 가치 있는 곳에 투자하기로 했다면 이는 나를 위한 것이 되어야지, 강사로부터 무언가 얻기만을 바라서는 안 된다는 사실을 깨달았다.

3일째 되던 날, 나는 큰 망치로 한 대 맞은 듯했다. 그것은 이제까지의 모든 토의와 활동들은 내가 참여하였기에 기억할 수 있다는 사실이 떠올랐기 때문이다. 따라서 참여야말로 학습의 핵심으로 교육의 기본이 되어야 한다는 점을 처음으로 알게 된 중요한 경험이 되었다.

덴버로 돌아온 나는 1973년 후반의 4개월 동안 혼자서 회사 전체 목표의 10%를 달성하였다. 그리고 1974년 덴버에서 미니애폴리스로 자리를 옮겨 퍼스널 다이내믹스(Personal Dynamics)의 부사장이 된 나는 6년 만에 교육 프로그램의 등록자 수를 연간 4만 명에서 8만 명으로 증가시켰다.

20년이 지난 오늘 아메리칸 익스프레스(American Express), 사우스웨스턴 벨(South-Western Bell), 내셔널와이드 보험(Nationalwide

Insurance) 등이 나의 고객이 되었으며, 그들은 조직의 개선을 위해 프로그램을 꾸준히 활용하고 있다.

　1980년 나는 내 사업을 시작하기로 결심하고 팀웍 개발과 갈등 해결을 위한 프로그램 개발에 착수했다. 학습과 그에 따른 참여 원칙도 세워 나갔고 이런 원칙에 입각해 문제 해결, 의사 결정 등의 프로그램도 개발하고 보급하기 시작했다.

　1981년 나는 ASTD(American Society for Training and Development)의 한 지부 총회에서 3시간짜리 세미나를 열었다. 내가 만일 참여 중심의 교육 프로그램을 개발하려면 나와 함께 일하는 강사들 역시 스스로 그 원칙을 자신의 참여 중심 프로젝트에 적용할 수 있어야 한다는 것이 그 세미나의 내용이었는데 결과는 대성공이었다.

　1982년 이런 아이디어들이 ASTD 전국 총회에서 처음으로 소개되었는데 당시 160명이 들어갈 수 있는 강의장에 300명이 넘는 사람이 모여들었고 결국 100명 이상이 되돌아가야 했다. 그 후로 매년 ASTD에서 40개 이상의 파트, 12개가 넘는 지역 모임에서 나는 이 개념을 소개했고, 반응은 놀랄 만큼 긍정적이었다. 1980년 이후에는 모든 총회가 〈트레이닝〉지의 후원으로 진행되었다. 더 나아가 이 개념은 국제적으로 퍼지기 시작하여 50개국 이상에서 온 참가자들이 이 아이디어에 열광하였고 유럽, 일본, 중동에도 소개되었다.

　창의적 교수법을 접한 사람들은 그에 대한 정보를 더 얻고자 했지만 나는 어떻게 알려 주어야 할지 몰라 난감했다. 자료를 읽고 조사도 했지만 대부분은 여기저기에 조각처럼 흩어져 있었다. 그래서 나는 창의적 교수법에 대한 매뉴얼을 쓰게 되었는데 이 책은 매뉴얼의 내용을 보완한 증보판이다. 1981년 이후 5만 명의 강사들이 하루 또는 2일 이상의 과정으로 창의적 교수법의 내용을 배웠다. 이 책을 다 읽은 후에 창의적 교수법을 여러분이 좀더 실용적으로 사용하기를 바란다.

창의적 교수법이란 무엇인가?

창의적 교수법이란 어떤 묘책이나 기법들을 종합해서 모아 놓은 것이 아니고 오히려 학습능력, 기억력, 실용 능력을 증진시키는 방법들을 통해 사람들이 효과적으로 학습하는 것을 돕는 시스템이다. 실제 업무에서 중요하게 여겨지는 '성과 얻기'에 중점을 둔 시스템으로 보면 된다. 또한 이 시스템은 유동적이어서 기본적인 원칙을 고수하면서도 최신의 연구 결과들을 바탕으로 효과적으로 교육할 수 있는 새로운 아이디어들을 지속적으로 접목시킨다. 그리고 대부분의 경우 강사의 지도 아래 참가자가 중심이 되는 시스템으로, 어떻게 하면 참가자들이 잘 배울 수 있는가에 항상 중점을 두고 있다.

밥 파이크의 다섯 가지 법칙

창의적 교수법에는 다양한 아이디어와 기술, 개념들이 있는데 나는 그것들을 성인 학습을 위한 파이크의 법칙으로 정리하였다. 이것은 동양의 철인인 공자의 격언에서 얻은 것으로 이 책에서 살펴볼 기본 원칙들이다.

제1법칙 : 어른은 몸집이 큰 어린아이이다

우리가 어린 시절 어떻게 배웠는지를 기억해 보라. 유치원에서 했던 놀이들은 색칠 놀이, 진흙 놀이, 손도장 놀이 등 대부분 손으로 직접 해 보는 것들이었다. 아이들은 작은 경험을 통해 배우기 시작한다. 그러나 1학년, 2학년, 3학년이 되면서 줄을 서고, 규칙을 익히고, 직접 하기 보다는 선생님의 말씀을 듣기 시작하면서 참여하는 기회는 점점 사라지기 시작한다. 결국 자라면서 더 많은 경험을 하게 되지만 이러한 경험은 활용될 기회를 잃는다. 어른들은 교육 프로그램에 이미 많은 경험을 가지고 참여하는데, 우리는 그 경험들을 인정하고 칭찬하고 격려해 주어야 한다. 적은 경험을 가진 아이들이 배울 수 있다면, 경험이 많은 어른들은 더 많이 배울 수 있을 것이다.

제2법칙 : 사람들은 자신의 정보와 의견에 대해서는 논쟁하지 않는다

강사인 내가 "이것은 사실입니다"라고 이야기하면 참가자인 당신은 아마 이렇게 말할 것이다. "자기가 옳다고 믿으니까 가르치는 거겠지." 하지만 당신이 자기 입으로 직접 그 사실을 말한다면, 당신에게 그것은 단순한 정보가 아닌 사실이 된다.

예를 들어 조사를 통해 효과적인 리더의 15가지 특성을 찾아낸다고 하자. 하지만 그것을 그냥 소개하는 것보다는 소그룹 토의를 통해 참가자들이 스스로 효과적인 리더의 특성을 찾게 하면 대부분 80% 정도는 찾아낸다. 그러면 강사는 나머지 20%만 알려 주면 되는 것이다. 강사가 모든 것을 다 알려 주는 것보다 남은 20%를 가르쳐 줄 때 사람들은 그 사실을 더 잘 받아들이게 된다.

이것이 내가 세미나에서 실행 아이디어 목록(Action-Idea Lists)을 작

성하는 이유이다. 참가자들에게 업무에 바로 활용할 수 있는 아이디어나 개념, 기술들을 찾아보게 한 후 자신이 찾은 방법을 다른 사람에게 발표하게 한다. 이 방법은 사람들은 자신이 찾은 정보와 의견에 대해서는 절대 논쟁하지 않는다는 것을 보여 주는 좋은 예이다. 이는 기술 과정이나, 관리자 교육, 영업 과정 등 모든 과정에 쓰일 수 있다. 그 이유는 참가자들이 자신의 업무에서 직접 활용할 수 있는 것들을 스스로 찾았기 때문이다.

제3법칙 : 학습은 재미와 직접적으로 비례한다
이것은 농담이나 게임, 오락에 대해 이야기하려는 것이 아니라 학습의 즐거움은 참여에서 온다는 점을 이야기하는 것이다. 정보, 도구, 기법이 어떻게 쓰이느냐에 따라 참가자가 학습에 능동적으로 참여하는 정도도 달라진다. 이는 결국 당신이 하는 일의 성과를 도와주고 문제 해결을 보다 쉽게 할 것이다.

우리는 지금 오락의 시대에 살고 있다. 1950년대 초반, 내가 시카고에서 자랄 때만 해도 방송국은 몇 개밖에 없었고 모두 흑백 텔레비전이었다. 다른 선택의 여지가 없었기에 한 채널만 저녁 내내 봐야 했으나 오늘날은 선택할 수 있는 채널이 얼마든지 있다. 우리들 대부분은 리모콘을 갖고 TV를 켤 때마다 "6초 안에 내 흥미를 끌지 않으면 다른 데로 갈 거야"라고 말할 것이다. 얼마 전까지만 해도 저녁 내내 한 채널만 보면서도 행복해 했건만 요즘은 68개의 채널을 돌리면서도 재미있는 것이 없다고 이야기하고, 볼 것이 별로 없다는 말을 자주 한다.

우리 강사들 중에 밥 호프(Bob Hope), 존 클리스(John Cleese), 빌 코스비(Bill Cosby), 조안 리버스(Joan Rivers) 같은 특별한 능력을 가지고 있는 사람은 거의 없고, 참가자들의 관심을 몇 시간씩 잡아 둘 수 있는 사람도 거의 없다. 그런데 다행인 것은 우리는 그렇게 대단한 능력을 가질 필요가 없다는 것이다. 우리는 참가자들의 열정과 참여를 이용해서 그들 스스로 개인적인 학습 활동으로 빠져 들게 함으로써 오락 프로그램에서 얻을 수 있는 즐거움을 학습에서도 얻게 할 수 있다.

유머, 그 중에서도 진정한 웃음을 자아내는 유머는 학습 능력을 향상시킨다. 유머가 사람들을 편하게 하여 학습 프로그램에 보다 열린 마음이 되게 함으로써 스트레스와 긴장을 감소시킨다는 사실을 확인하고 싶으면 노만 코진스(Norman Cousins)의 책《질병의 해부(*Anatomy of an Illness*)》를 읽어 보라. 유머는 즐거움과 함께 학습 내용의 전달을 도와주기 때문에 적질하게 사용함에 따라 학습 과정을 향상시키고 참가자들에게 더 많은 이익을 가져다 준다.

제4법칙 : 행동이 바뀔 때에만 학습이 이루어진 것이다

교육의 초점은 당신이 무엇을 알고 있느냐가 아니라 당신이 알고 있는 것으로 무엇을 할 수 있느냐에 있다. 교육에서 기술을 연습하는 것이 중요한 이유가 바로 이것이다. 사람들이 무언가 다른 것을 하기를 바란다면, 사람들로 하여금 자연스러운 분위기 속에서 새로운 아이디어를 받아들일 수 있는 기회를 많이 주어야 한다. 어떤 사실을 머리로만 이해하는 것과 개인적인 경험을 통해 정서적 확신을 갖는 것은 큰 차이가 있다.

영국의 철학자 루이스(C. S. Lewis)는 "경험을 토대로 이야기하는 사람은 절대 논쟁에서 지지 않는다"라고 했다. 어떤 학습 환경에서든지 사람들로 하여금 우리의 정보와 기법들을 활용해서 성공 경험을 갖게 하면 실제 일에서의 적용력도 높일 수 있을 것이다.

제5법칙 : 부유모유자부유(父有母有子不有)

번역하자면, "엄마나 아빠가 안다 해서 아이도 알고 있는 것은 아니다"라는 의미이다. 내가 무엇을 할 수 있다면 그것은 엄마가 아는 것을 잘 가르쳤기 때문이다. 당신이 내 수업의 참가자로서 무엇을 할 수 있다면 그것은 강사인 내가 먼저 잘 파악하고 있기 때문이다. 당신이 배

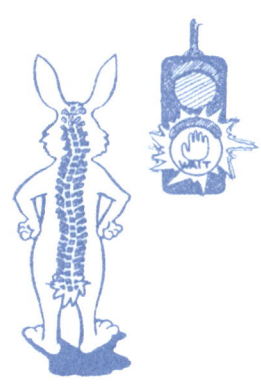

운 것을 누군가에게 제대로 전달할 수 있을 때 내가 당신을 가르친 강사로서의 임무를 다한 것이다.

　이 법칙은 우습게 들릴 수도 있지만, 나는 이를 내가 진행하는 세미나와 이 책에서도 적용하고 있다. 다시 한 번 강조하지만 내가 무엇을 할 수 있다는 것이나 내가 당신이 무엇을 하도록 가르칠 수 있는가는 중요하지 않다. 정말 중요한 것은, 당신이 가르친 다른 사람이 행동으로 옮길 수 있을 정도로 내가 당신을 가르칠 수 있는가 하는 것이다. 즉 당신이 아는 것을 다른 사람에게 전달할 수 있을 때 당신은 제대로 배운 것이다.

　윌리엄 하웰(William Howell)은 그의 책 《공감적 커뮤니케이션 (*Empathic Communications*)》에서 능력의 다양한 수준을 이야기하였다. 이것은 학습 과정에서 우리가 밟아야 할 단계를 이야기한 것으로, 하웰은 4단계까지 이야기했지만 나는 한 단계를 더 추가하고 싶다.

　하웰 모델에서 1단계는 무의식적 무능력으로 시작한다. 이는 우리의 무능력을 스스로도 알아채지 못하는 단계이다. 성인이 되기 전까지 대부분의 사람들은 운전에 대해 무의식적이고 무능력한 상태이다. 부모들이 운전하는 모습이 너무 쉬워 보여 우리는 시동을 걸고, 클러치

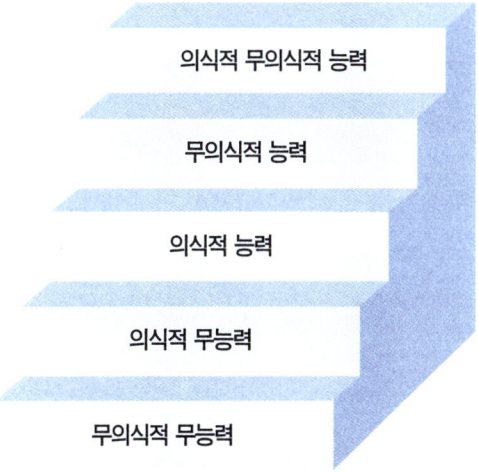

를 떼고, 휘발유를 넣는 모든 과정을 아주 쉬운 일이라고 생각하지만 이는 완전히 잘못된 생각이다. 나는 차를 반대 방향으로 운전하기도 하고, 차가 덜컹거리며 요동을 쳤던 첫 운전을 결코 잊지 못한다. 그 순간에 나는 2단계인 의식적 무능력 상태로 갔다. 내가 운전에 대해 무능력하다는 것을 알게 된 것이다. 많은 연습을 거친 후에 나는 의식적 능력 상태인 3단계에 도달했다. 이젠 차를 운전할 수 있지만 내 능력에 대해 늘 긴장하기 때문에 아직 편안해지기는 어렵다. 그 후에야 나는 무의식적 능력 상태인 4단계에 이를 수 있었다. 이젠 운전을 능숙하게 할 수 있기 때문에 운전하는 동안 더 이상 여러 가지 것들을 생각하지 않게 된 것이다.

내가 추가하고 싶은 5단계는 의식적 무의식적 능력이다. 운전 기술이 있고 차를 능숙하게 몰 수 있을 뿐 아니라 다른 사람에게 내가 무엇을 어떻게 할 수 있는지를 설명할 수 있는 단계인 것이다. 우리 중 많은 사람들은 쉽게 4단계까지는 도달하지만 5단계까지 가는 것은 어렵다. 예를 들어 나는 프레젠테이션 중간중간에 자연스럽게 유머를 사용하고 있다. 일부러 농담을 하지 않고 그냥 일상생활의 예를 들어서 설명하는데도 참가자들은 웃는다. 하지만 나는 아직도 다른 사람에게 나의 방법을 잘 설명할 수는 없기 때문에 이 부분에 있어서는 아직 4단계에 머무르고 있다.

교육의 어떤 부분은 4단계로 만족할 수도 있다. 하지만 우리가 계속적으로 관여를 하지 않아도 참가자들이 자연스럽게 자신이 아는 것을 다른 사람에게 전달할 수 있도록 하는 것이 미래 교육의 중점이 될 것이다. 그렇게 하기에는 4단계만으로는 부족하기 때문에 상당한 교육 그리고 재교육이 필요하고 5단계에 도달하기 위한 실행과 연습이 중요하다.

성인 학습에 대한 파이크의 법칙에 추가할 사항

기원전 451년 공자의 현명한 관찰은 오늘날에도 적용된다. "들은 것은 잊어버리고, 본 것은 기억만 되나, 직접 해 본 것은 이해된다." 이것이 바로 교육의 목적이 아닌가? 단순히 참가자들로 하여금 듣게만 하거나 기억하게만 하지 말고 그들이 적용하고, 실행하고, 그래서 이해하도록 만들어라. 행동과 이해를 기반으로 한 변화는 더 좋은 결과를 가져온다.

"성인 학습에 대한 파이크의 법칙" 외에도 창의적 교수법에 근거한 다른 법칙들이 몇 가지 더 있다.

- **교육은 과정(Process)이지 하나의 행사(Event)가 아니다.**
  교육은 참가자들이 교육에 지원하거나 교육 참가를 위해 모일 때부터 이미 시작되어 지식, 기술, 태도의 변화들이 일상생활에 적용될 때까지 지속적으로 일어나는 것이다. 다시 말해 학습 효과가 일어나도록 분위기를 조성하는 것부터 시작해야 한다는 것을 의미하는데,

"들은 것은 잊어버리고,
본 것은 기억만 되나
직접 해 본 것은 이해된다."
－공자

우선 앞으로 개발될 교육에 대한 필요성을 확립하고 관리자들의 협조를 얻는 것부터 시작해야 한다. 그리고 학습이 잘 이루어지도록 참가자 중심의 기회를 제공하는 교육이 진행되어야 하고, 자신의 실제 업무에서 배운 지식과 기술을 잘 적용할 수 있도록 사후 교육 지원 전략들도 포함시켜야 한다.

- 교육의 목적은 성과를 내는 것이다.

교육이 필요한 근본적인 이유는 성과를 향상시키기 위한 것인데 그렇다면 왜 성과를 향상시키고 싶어할까? 성과 향상은 한 조직이 현재의 위치로부터 좀더 나은 단계로 변화하는 데 필요한 것이다. 하지만 업무능력이 향상되지 않는다고 해서 반드시 교육이 필요한 것은 아니다. 그 이유는 다음의 세 번째 원칙 때문이다.

- 업무성과에 문제가 있다고 해서 항상 교육이 해결책이 되는 것은 아니다.

사실 교육을 해결책으로 생각하기 이전에 고려해야 할 영역들이 최소한 다섯 가지 정도가 있는데 이것은 '성과 향상 육면체'를 통해 알 수 있다. 이 육면체는 세 가지 분면으로 구성되어 있다.

성과 향상 육면체(Performance Solution Cube)

단계 1: 무엇(What) - 니즈의 유형을 결정 (첫 번째 면)

성과 향상에 대한 세 가지 경우를 알아보자.

- 문제점이 있는 경우

  성과가 높은 사람과 낮은 사람들 사이에는 차이가 있다. 그렇다면 성과가 높은 사람들이 하는 것 중에 성과가 낮은 사람이 하지 않는 것은 무엇인가? 그 반대로 높은 성과를 올리는 사람이 하지 않는 것 중에서 성과가 낮은 사람들이 하는 것은 무엇인가?

- 성과 향상을 할 수 있는 여지가 있는 경우

  현재 상태가 만족스럽다 해도 모든 사람들은 언제나 그 다음 단계로 발전할 기회가 있다. 밥 파이크 그룹 강사들과 컨설턴트들은 5점 만점에 평균 4.4점 이상을 얻고 있지만 항상 좀더 나아질 수 있는 방법을 모색한다.

- 미래에 대한 계획이 있는 경우

  새로운 제품의 출시, 새로운 생산라인의 가동, 새로운 정부 방침의 시행 등 변화가 일어났을 때, 업무 수행 능력이 떨어지는 것을 막기 위해서 교육이 필요한 것이다.

단계 2: 누가(Who) - 단계 1에 의해 영향을 받을 조직의 계층을 결정(두 번째 면)
단계 1에 영향을 받을 조직의 계층을 판단해야 한다. 여기서 문제점이나 부족함은 개인이나 업무로 구분될 수 있다. 예를 들면, 새로운 생산라인의 가동과 같은 계획은 조직 전체의 변화를 필요로 하는데 필요의 유형에 따라 영향을 받는 조직의 계층을 선택해야 한다. 그리고 오늘날의 조직에서 많은 사람들이 여러 개의 업무나 역할을 동시에 담당하기 때문에 조직 안에서의 업무보다 개인이 먼저라는 사실을 알아야 한다.

단계 3: 어떻게(How) - 올바른 전략수립(세 번째 면)
성과 향상을 위해 교육을 선택하기 이전에 고려해야 할 또 다른 여섯 가지의 사항이 있다.

- 시스템에 문제가 있는가?

당신이 원하면 누구든지 교육을 시킬 수는 있지만 그 사람들이 업무 수행에 필요한 적당한 시스템이나 자원을 가지고 있지 않다면 성과는 향상되지 않을 것이다. 예를 들어 전화국 본사 직원의 경우, 교대조 A는 3,000건의 통화를 처리하고, 교대조 B는 2,000건의 통화를 처리한다고 하면 성과 차이가 있기 때문에 교대조 B가 교육이 필요할 것이라고 생각할 것이다. 하지만 좀더 자세히 살펴보니 교대조 B는 자신들이 담당하는 지역의 표준 시간대 때문에 네 시간밖에 일을 처리하지 못한다는 사실과 또 다른 나머지 네 시간 동안에는 교대조 A가 발견하지 못한 내부적인 문제점들에 관해 연구하고 있다는 사실을 발견할 수 있었다.

또한 자료의 압축, 저장, 백업 파일과 같은 작업들이 교대조 B의 근무시간에 이루어져 통화를 처리하는 데 필요한 컴퓨터 이용 시간이 떨어진다는 사실도 발견하였다. 이런 경우에는 교대조 B의 성과는 시스템에 관련된 것이지 결코 교육에 관련된 사안이 아닌 것이다. 어쩌면 보충 교육이 필요한 것은 교대조 A일 수도 있다.

- 조직 개발에 문제가 있는가?

결코 바람직하지 않은 성과에 대해 보상과 처벌을 하는 제도가 있을 수 있다. 예를 들어 크리스는 객실 청소 담당으로 7층에 있는 12개 방의 청소를 정오까지 마쳤다. 이에 관리자는 방들을 둘러보고는, "잘했습니다. 4층에 있는 제인의 방 청소가 좀 밀리고 있는 것 같은데 제인이 맡고 있는 방 중 두 개를 더 청소해 주세요"라고 말했다. 이러한 상황이 며칠간 크리스에게 계속 일어난다면 아마 한 달도 지나지 않아 크리스가 원래 정해진 시간 전에 12개의 방을 청소하는 것을 발견하기는 어렵게 될 것이다. 크리스에게 성과 향상을 위한 교육이 필요할까? 전혀 아니다. 더 많은 방을 청소하는 것에 대한 보너스가 없었기 때문에 크리스는 오히려 성과를 낼수록 처벌을 받게 된 셈이고, 다른 청소 담당자들은 자신이 하지 못한 부분을 크리스가 대신 해 주었기 때문에 성과에 대해 보상을 받은 셈이다. 크리스를 제외한 다른 객실 청소 담당자들을 교육시켜 이득을 얻을 수도 있겠지만, 가장 중요한 것은 정책을 수정해서 크리스와 같은 사람이 최소 일일 업무보다 더 많은 일을 할 때에 보너스를 지급받도록 하는 것이다.

- 교육이 필요한가?

아래의 3가지 AWA과정을 통해서 교육의 필요성을 확인할 수 있다.

a. 직원들에게 할 수 있는 능력이 있는가(Able to)?

그 역할을 수행할 만한 육체적, 지적 능력을 가지고 있는가?

b. 직원들이 하고자 하는가(Willing to)?

《성과 향상(Improving Performance)》의 공동 저자인 게리 럼블러(Geary Rummler)는 "열성적인 직원이라도 형편없는 시스템은 이겨내지 못할 것이다"라고 말했다. 사람들의 성과에 대해 보상을 해 주는 시스템인가? 제대로 성과를 내지 않는 사람에 대해서도 보상을 하고 있지는 않은가?

c. 직원들이 일할 여건이 되는가(Allowed to)?
관리자와 감독자가 직원들의 성과 향상을 도와주는 환경을 조성하고 있는가?

■ 배치가 문제인가?

해당 업무를 엉뚱한 사람이 맡고 있지는 않은가? 당신 직원들의 행동 성향을 자세히 관찰해 보았는가? 사람들을 좋아하고 관심이 많은 직원이 인력에 관련된 업무를 하고 있는가? 업무 중심의 사람이 세밀하고 분석력을 요하는 업무를 하고 있는가?

사람들은 각자 다른 것들에 의해 동기를 부여받는다. 따라서 도전과 결과, 사회적 명성과 인간관계, 조화와 현상 유지, 협동, 또는 세부적인 내용에 대한 분석적인 접근과 완벽주의 중 어떤 것이 그들을 자극시키는지 파악하여 개인의 고유 성향에 맞추어서 생산성과 만족감을 높여 주어야 한다.

■ 코칭이 필요한가?

열흘간의 강의가 필요한가? 아니면 10분간의 코칭이 필요한가? 직원들이 필요로 하는 것은 몇 가지의 질문에 대해 답변을 듣거나 단 한 번의 시범만을 필요로 하는 경우도 있다. 내가 이 책의 초판을 쓰던 1986년에는 Kay Pro II 이동식 컴퓨터의 Word Star라는 워드 프로세서를 사용하고 있었는데 그 책을 쓰는 6개월 동안 나는 공항에서도 자유롭게 그 컴퓨터를 갖고 다녔다(당시에 이것을 이동식 컴퓨터라 불렀는데 이유는 무게가 20kg밖에 나가지 않았기 때문이다!).

하루는 사무실에서 편집을 하고 있었는데 나는 본문에 약간의 문장을 추가했다. 그런데 그 행이 화면 밖으로 밀려나 버렸다(자동 정렬이 그때에는 없었던 것이다!). 그래서 커서를 움직이고 엔터키를 쳐서 밀린 부분들이 다음 행으로 가도록 했지만, 그 때문에 다시 다음 줄이 길어져서 결국 같은 작업을 계속 반복해야만 했다. 이 작업을 하고 있을 때 비서가 들어왔고 내가 무엇을 하고 있는지 물어서 대답을 해 주었다. 그랬더니, "그럼 이렇게 한번 해 보시죠"라고 하면서 컨트롤(Ctrl)과 Q키를 눌렀더니 모든 문단이 자동으로 재정렬되어 버렸다. 나는 깜짝 놀라서 물어보았더니 그 비서는 재정렬(Reformat) 명령을 사용했다는 것이었다. 그때 나는 재정렬 명령이 있다는 사실도 전혀 몰랐었다. 그 이후 나의 생산성은 향상되었다. 나는 그것을 배우기 위해 따로 강의를 듣지는 않았지만 몇 가지 코칭으로 큰 도움을 얻은 셈이다.

하지만 어떤 관리자는 코칭 방법을 모를 수도 있다. 이는 이제까지 그 관리자들이 코칭을 받아보지 못했기 때문에 좋은 해결 방법으로 코칭을 선택하지 못하는 것일 수도 있다.

많은 경우 실전에서의 코칭이 긴 시간의 강의보다 더 좋은 결과를 가져온다. 직원들은 코칭을 통해서 현재의 프로젝트나 업무를 더 빨리 진척시킬 수 있는 많은 정보들을 짧은 시간 동안에 제공받을 수 있게 된다.

- **옳은 사람을 채용하고 있는가?**

직원을 채용하는 경우 업무에 필요한 기본적인 조건을 갖춘 사람을 채용하는가? 회사가 업무에 대한 자격조건이나 성과 기준을 분명하게 밝히지 않는다면 업무에 필수적인 기술이 없는 사람을 채용하게 될 수도 있다.

약 10년 전에 뉴욕시의 한 패스트푸드 체인점에서는 업무에 필요한 기술을 갖춘 지원자들이 부족하여 카운터 점원 지망생들에게 읽고 쓰기 등의 기본적인 교육을 한 적이 있는데, 이것은 인력모집이 가진 문제점에 대한 해결책이었다. 이는 인력들이 단순한 계산은 할 수 있었으나 기본적인 수학 실력 없이는 재고관리를 할 수 없고, 관리직에도 오를 수 없기 때문이었다.

이 성과 향상 육면체는 당신이 교육자의 책임을 이행하는 데 필요한 제2의 요소가 될 수 있다. 당신은 의뢰받은 교육을 지속적으로 점검해 보고 개인이나 조직에게 변화를 줄 수 있는 교육을 제공할 수 있어야 한다.

여기까지가 창의적 교수법의 기초로서 창의적 교수법의 개념과 그것의 기원에 대한 설명이다.

다음은 사람들이 가장 많이 궁금해 하는 질문 중 다섯 가지를 고른 것인데 답변을 통해 당신은 도움을 얻을 수 있을 것이다.

질문 1. 이 교수법을 사용하는 것이 강의보다 더 많은 시간이 들지 않는가? 사실 현재 내게 주어진 시간이 부족하다!

답변: 일반적인 강의를 고수하는 것이 더 빠른 방법으로 보일지는 모르겠지만, 사람들이 들은 내용을 적용할 수 있게 되리라는 것을 보장할 수는 없다. 우리의 강사인 수 엔즈는 "강사가 말했다고 해서 참가자가 배운 것은 아니다"라고 했는데 교육은 삶을 위해 배우는 것이지 단지 과정을 통과하기 위해 배우는 것이 아니다. 사람들을 참여시키는 것은 지식과 기술을 자기 것으로 만들 수 있게 하고, 더 나아가 그 기술과 지식을 자신의 업무에 적용시킬 수 있는 능력을 길러 주는 것이다. 따라서 참여가 듣기만 하는 강의보다도 더 빠른 방법일 수 있는 것이다. 강의는 사람들이 아무것도 모른다고 가정하지만, 참여는 이전의 경험을 사용하게 하고, 이미 숙달된 내용들이 중복되는 것도 막을 수 있다. 따라서 교육 시간이 단축될 수 있다. 그리고 우리는 보통의 강의 방법보다 20~30% 적은 시간을 가지고도 참가자들이 기술을 습득하게 하는 대화식의 교육 기

법을 개발했다.

질문 2. 창의적 교수법에 쓰이는 게임은 단순한 속임수가 아닌가?

답변: 아니다. 절대 그렇지 않다. 창의적 교수법의 과정들은 언제나 사람들이 더 좋은 성과를 내도록 도와주는 데 그 목적이 있다. 게임을 사용하는 이유는 사람들이 특정 개념을 배우는 데 게임이 가장 효과적인 방법이기 때문이다. 우리가 하는 모든 것에는 언제나 목적과 취지가 분명히 존재한다. 과정의 각 단계는 기억력의 향상, 교육시간의 단축, 실무 적용의 증대 등에 중점을 둔 것으로 다시 말하면 성과 중심인 것이다.

질문 3. 사람들이 참여하게 하면 강사가 통제력을 잃지 않는가?

답변: 통제권을 소그룹에게 넘겨서 학습의 책임이 참가자들에게 있도록 하면, 강사 스스로가 교육에 대한 통제력을 더 많이 갖게 된다. 일반적인 강의에서는 강사가 말하고 있는 동안 사람들이 집중하고 있는지 확신할 수도 없고, 머릿속으로 무슨 생각을 하는지 알 수가 없다. 하지만 당신의 동료 네다섯 명과 조를 이루어서 어떤 과제를 해야 하는 경우에는 딴생각을 하거나 역할을 등한시하기가 어려울 것이다.

질문 4. 대부분의 내용들이 강사의 지도 없이 소그룹에 의해 진행되므로 참가자들이 잘못된 정보를 얻기가 쉽지 않을까?

답변: 전혀 그렇지 않다. 창의적 교수법의 또 다른 장점은 다른 참가자들이 더 빨리 배울 수 있도록 도와주는 조언자나 코치의 역할을 할 수 있는 뛰어난 참가자들을 찾아낼 수 있다는 것이다. 또한 참가자들이 자신들의 생각을 전개해 나가면서 재확인할 수 있는 자료나 참고 문헌들을 제공하기도 한다. 각 그룹들이

서로의 결론을 비교하거나 새로운 결론을 찾아내면서 서로를 돕고 자신의 생각을 확인할 수 있는 것이다.

그리고 마지막으로, 언제나 참가자들이 배운 내용을 말로 설명하거나 기술을 시범해 보이도록 해서 그들이 올바른 기술과 정확한 지식을 습득했는지 확인할 수 있다.

질문 5. 창의적 교수법의 특징은 무엇인가?

답변: 다음은 CTT(Creative Training Techniques)에서 가장 중요한 특징들이다.

- 강사의 지도를 따르는 참가자 중심이다.
  이 말은 학습 대부분의 책임이 참가자들에게 있다는 것을 뜻한다. 결과적으로 참가자들은 경쟁심을 느끼기보다는 협조적으로 서로 돕게 되고, 서로를 가르치고, 코치를 하면서 학습한 내용을 더 확실하게 익힐 수 있다.
- 다음과 같은 학습의 네 가지 영역에 대한 각 목표를 달성하는 데 사용할 수 있다.
  - 인식적(Cognitive) 영역 — 지식 습득
  - 감정적(Affective) 영역 — 감정이나 태도의 변화
  - 정신 운동(Psychomotor) 영역 — 기술 습득
  - 대인관계(Interpersonal) 영역 — 다른 사람과의 관계
- 다양함을 추구한다.
  최고의 단 한 가지 방법이란 없기에 그룹이 효과적으로 학습할 수 있고 적용할 수 있게 하는 37개 이상의 방법들이 사용된다. 이것은 강사가 한 가지 방법으로만 강의를 하면 지치게 되지만, 여러 다른 방법을 사용하게 함으로써 강사를 더 활기차게 해 준다.
- 다양한 방법을 통해 내용을 여러 번 복습하도록 한다.
  주요 내용들을 복습하는 것은 장기적 기억력에 대단히 중요하기

때문에 참가자들이 지루함을 느끼지 않고 복습할 수 있게 하는 것은 매우 중요하다.
- 참가자들의 경험을 존중한다.

  때론 참가자들은 우리가 생각하는 것보다 더 많은 것을 알고 있다. 참가자들의 지식과 경험을 서로 공유하게 하면 강의에서 다루는 내용이 실제 업무에도 적용되는 개념임을 확인시켜 줄 수 있다. 강사에 비해 참가자들이 많이 모른다고 평가하지 않고 참가자들이 현재 알고 있는 내용들을 존중해 준다면 그들은 새로운 내용을 받아들이는 데 훨씬 더 개방적이 된다.
- 5~7명 정도(때로는 더 적은 수)의 소그룹을 통해서 참여를 촉진하고, 자신감을 증진시키며 책임감을 형성하게 한다.
- 현실 적용을 강조한다.

  이 기법의 목적은 사람들이 좋은 성과를 내도록 도와주는 데 있기 때문에 지속적으로 실무와의 연계성을 강조한다.
- 실행 계획이 내장되어 있다.

  이 CTT과정을 사용해서 기획된 교육 프로그램은 자신이 배운 내용이 무엇이었고, 그것을 어떻게 적용하였는지를 개인별 또는 조직을 통해서 지속적으로 피드백하도록 되어 있다. 실행 계획을 가지고 프로그램을 마치는 것은 지식을 활용하여 실제 업무에 적용하는 데 필수적인 요소이다.

다음 장에서는 효과적인 교육 방법을 보여 주는 시스템이 소개되는데 현재 당신의 프로그램을 재구성할 시간이 없을지라도 즉시 참가자 중심의 교육 프로그램에 매료될 것이다. 진도가 나아감에 따라 당신만의 고유한 실행 아이디어 목록(Action-idea Lists)을 만들기 바란다. 당신은 여기서 제시하는 아이디어들을 모두 선택하고 적용해야 하는 것이 아니다. 당신이 당장 활용할 수 있는 아이디어를 일단 찾아내고 나중에 추가적인 도움이 필요한 시기에 이 책을 다시 활용하기 바란다.

연구결과

"학생들이 지식을 정리·저장하고 유사시에 활용할 수 있는 교육이 이루어졌을 때 학습효과는 증대된다."

Ellis, E. S & Washington, L. A. (1994)

2 Presentation Preparation
프레젠테이션 준비하기

시작하기 전부터 좋은 반응과 성과를 얻을 수 있는 방법

창의성을 발휘하여 사람들을 참여하게 만드는 능력의 80%는 준비에서 나온다. 물론 일부 강사들은 그들의 전문성과 경험에 의존해서 전달만 해도 충분하다는 말을 하고 있다. 하지만 대부분의 사람들은 준비야말로 훌륭한 교육 프로그램의 진정한 열쇠라는 것을 알고 있고, 효과적인 프레젠테이션을 위한 여섯 가지의 P를 알고 있다.

Proper
reparation and
ractice
revent
oor
erformance.

"적절한 준비와 연습은 빈약한 성과를 방지한다."

준비를 잘하면 고객이 원하는 것을 제공할 수 있다는 확신이 생길 것이며, 원하는 결과를 얻어 성공의 가능성을 높여 준다.

효과적인 교육 시스템 설계를 위한 여덟 가지 단계

제1단계 : 일반적이면서 구체적으로 니즈(Needs)를 파악하라

"누가 이 니즈가 필요하다고 했는가?"가 이 단계에서의 첫 질문이다. 내 경험상 교육은 세 가지 그룹의 사람들을 위해 기획해야 한다. 첫 번째 그룹은 참가자들을 이곳으로 보낸 관리자나 감독자들로서 교육 현장에는 결코 나타나지 않는다. 그들의 니즈는 무엇인가? 무엇이 그들로 하여금 당신의 교육 프로그램을 지원하도록 만들었는가? 만약 프로그램을 개발하면서 그들을 고려하지 않는다면 우리는 더 이상 그들의 지원을 받을 수 없게 된다.

두 번째 그룹은 보내진 사람들, 곧 참가자들인데 우리는 이 사람들에게 대부분의 초점을 맞추고 있다.

세 가지 그룹의 사람들을 위한 기획

마지막으로 교육비를 제공하는 사람들도 고려해야 한다. 교육비를 지출하면서 그들은 어떤 결과를 기대하는가?

교육 프로그램이 만족시켜야 할 여러 니즈를 생각해 보면서 우리는 '모든 니즈를 만족시키는 것이 얼마나 중요한 것인가?'라고 자문해야 한다. 이 질문에 답하기 위해서는 두 가지를 명심해야 한다. 첫째, 니즈 분석을 완벽하고 철저하게 해야 하고 둘째, 위에 열거한 세 그룹의 지원을 받아내야 한다.

지원을 받기 위해서는 다음의 두 가지 기본 규칙을 명심하라.

첫째, 니즈 분석을 할 때는 항상 한 단계 위와 한 단계 아래에 위치한 사람들의 의견도 꼭 참조한다. 예를 들어 관리자들을 위한 프로그램을 기획할 때는 그 관리자의 상사와 부서 직원들의 의견도 참조해야 하는데, 이는 교육 대상자들이 스스로의 니즈에 대해 잘 알지 못할 수도 있기 때문이다.

둘째, 비반복적인 중복 측정(Nonrepetitive Redundant Measures)을 한다. 이는 최소한 두 가지 이상의 다른 방법으로 니즈 분석을 하는 것이다. 예를 들어 영업 사원 교육 프로그램을 기획하면서 영업 사원들의 설문을 받아 보니, "우리는 판매 마감 기법과 시간 관리에 문제가 있습니다"라는 결과가 나왔다고 가정하자.

만일 그 영업 사원의 관리자도 "우리 영업 사원들은 아마 판매 시간 관리에 문제를 느끼고 있을 것입니다"라고 동의한다면 어떻게 될까? 당신은 고객과 이야기를 해 보기 전에는 "영업 사원과 관리자 모두가 똑같이 지적하는 부분에 교육의 니즈가 있다"라고 결론을 내릴 수도 있다. 그런데 당신은 인터뷰라는 한 가지 측정 방법만 사용했기 때문에 그런 결론에 도달한 것이다. 이제 다른 방법을 사용한다고 해 보자. 하루 동안 영업 실적이 높은 영업 사원과 실적이 낮은 사원을 관찰해 보자. 그러면 두 그룹이 모두 똑같은 방법으로 시간을 사용하고 있음을 발견할 수 있는데 오직 다른 점은 마감하는 방법이다. 비반복적인 중복 방법은 같은 문제에 두 가지 다른 방법을 이용해 고찰하는 것을 말한다. 비반복적이란 방법 자체는 반복되지 않는다는 것이고, 중복적이라는 것은 측정하려고 하는 사실 자체는 똑같다는 이야기이다. 이 예에서 교육의 최대 초점은 아마도 마감 방법으로 밝혀졌을 것이다. 영업 사원이나 관리자나 똑같은 문제를 이야기했고 시간 관리에 대한 니즈가 있어서 이 문제에 대한 자료들을 제공할 수는 있겠지만, 교육의 주된 초점은 마감 방법이 되어야 할 것이다.

참가자들의 참여와 주인의식은 창의적 교수법의 성공에 절대적으로 필요한 부분이다. 참가자들의 총체적인 참여를 끌어내는 일이 준비의 첫 단계에서 고려되어야 하는데, 더 많은 참석과 지원이 있을수록 우리가 바라는 결과를 더 많이 얻을 수 있다.

프로그램의 개발단계에서 프로그램의 검토를 위해 자문 회의를 소집하는 것은 유용한 전략 가운데 하나이다. 자문 회의는 주로 프로그램을 지원하는 사람들로 구성되며 교육 프로그램의 실행과 실제 적용에 결정적인 역할을 한다.

자문 위원으로는 관리자, 관련 분야 전문가, 각 부서 대표, 참가자, 교육 경비를 지원하는 사람들과 그 외에 프로그램을 기획하고 진행하는 데 신뢰도를 높여 줄 수 있는 사람들이 될 수 있다. 자문 회의에서는 정보 제공과 영향력 두 가지를 기대할 수 있다.

- 정보 제공
  멤버 중 몇 명이 그 분야의 전문가이거나, 조직의 역사를 잘 알고 있거나, 또는 다른 귀중한 정보를 가지고 있을 것이다.
- 영향력
  멤버들이 조직에서 받고 있는 존경심은 우리 프로그램의 신뢰도를 높여 줄 수 있다.

제2단계 : 참가자들을 진단하라

다음의 요소를 참고로 하여 참가자들에 대한 정보를 파악해야 한다.

> **연 구 결 과**
>
> 선생님이 학생들의 사전 지식을 서로 연관시켜 주는 강의를 할 때 학생들은 효율적으로 학습하게 된다.
> Schuck, R. F. (1985)
>
> 유능한 선생님은 학생들이 새로운 지식을 습득하기 위해 필요한 사전 지식을 가졌는지를 항상 생각한다.
> Fogarty, J. L. Wang, M. C. & Creek, R. (1983)

■ 지식

참가자들이 갖고 있는 지식과 경험의 수준은 어느 정도인가? 참가자들의 지식을 절대 과소 평가하지도 말고, 새로운 정보에 대한 그들의 요구를 과대 평가하지도 말라는 격언을 기억하라. 예를 들어 비즈니스에 종사하는 사람들은 당연히 '시설의 감가상각'이라는 개념에 익숙할 것이라고 생각할 수 있지만, 그들이 당연히 여러 종류의 시설에 대해 감가상각의 공식을 제대로 적용할 수 있으리라고는 기대하지 말라.

참가자들이 가지고 있는 지식의 정도와 그들이 도달해야 할 지식의 수준을 알아내야 한다.

지식의 수준	지각 (Awareness)	➡	친숙 (Familiarity)	➡	유능 (Competence)	➡	숙달 (Mastery)

지각이란 참가자들이 사물을 대할 때 그것을 인식할 수 있다는

것을 의미하고, 친숙이란 그것에 대해 어느 정도의 생각을 가질 수 있다는 개념이다. 참가자들이 무엇인가 필요하다면 그것을 찾아낼 수 있어야 한다. 유능이란 이를 위해 지식을 적용하고 기술을 사용할 수 있다는 것을 의미하고, 숙달이란 그 개념과 기술을 다른 분야로도 전이할 수 있음을 나타낸다.

- 흥미

프레젠테이션 성공의 50%는 처음부터 참가자의 관심을 어느 정도로 집중시키는가에 달려 있다. 모든 참가자들은 저마다 스스로에게 묻고 있을 것이다. '이것이 내게 무슨 소용이 있을까? 어떻게 내 일을 편하고 쉽고 빠르게 만들 수 있을까? 그렇게 하지 않으면 무엇을 잃게 될까? 그렇게 하게 되면 무슨 이익이 있지?' 아마도 앞에서 언급한 세 가지 종류의 그룹인 참가자, 보낸 사람, 경비를 지원하는 사람 모두가 똑같이 이런 생각을 하고 있을 것이다. '이 교육을 지원하거나 참여하면 어떤 이익이 있을까?'

| 흥미의 수준 | 교육포로 (Prisoner) | ➡ | 휴가자 (Vacationer) | ➡ | 교제자 (Socializer) | ➡ | 학습자 (Learner) |

교육포로들은 강제로 이끌려 온 사람으로 그곳에 있고 싶어하지 않는다. 그들은 강의실에 몸서리치며, 교육 참가를 고문과 같이 느낀다. 휴가자는 교육 참가를 업무로부터의 탈출로 인식하여 사무실에 있기보다는 강의실에 있는 것이 낫다고 생각한다. 교제자는 교육 참가를 새로운 사람들을 만나고 좋은 시간을 보낼 수 있는 기회로 여기는 사람들이고, 학습자는 새로운 기술과 지식을 얻기 위해 온 사람이다.

학습자들을 위한 계획은 간단하지만 나머지 세 부류의 사람들을 위한 계획은 당연히 쉽지 않다. 참석한 모든 사람을 위한 성공적인 학습 환경을 만드는 것은 쉬운 일이 아니다. 데이브 아치(Dave Arch)와 내가 공저한 책 《까다로운 참가자들을 다루기(Dealing With Difficult Participants)》는 절반 이상을 참가자 중심의 교육에서 오는 문제점들을 예방하는 것에 대해 다루고 있다. 이 책에서 제안하는 내용들을 충실히 따른다면 전부는 아닐지라도 까다로운 참가자들이 일으키는 문제점들을 어느 정도 해결할 수 있을 것이다.

흥미의 정도가 프로그램에 미치는 영향을 고려할 때, 흥미를 더욱 돋우기 위해 강의 처음에 먼저 생각해야 할 것이 있다. '그들의 기대감을 어떻게 고조시켜서 효과를 얻을 수 있을까?' 하는 것이다.

여기서 기억해야 할 점은 사람들은 자신의 정보와 의견에 대해서는 논쟁하지 않는다는 것이다. 어떤 사람이 무엇인가가 사실이라고 한다면 적어도 그 사람에게는 그것이 사실인 것이다.

교육 프로그램을 시작하는 방법으로 참가자들에게 다음 질문을 가지고 브레인스토밍을 하게 할 수 있다.

1. _____을 알고 있지 못하면 어떤 문제에 부딪힐까요?
(당신 교육 프로그램의 주제를 빈칸에 넣으면 된다. 예를 들면, 효과적 문제 해결책, 효과적 위임방법, 안전 수칙 따르기, 반대와 방해에 대처하는 법, 참고자료들을 이해하고 활용하는 법 등이 될 수 있다.)

2. 당신과 내가 _____을 알게 되면 무슨 일이 일어날까요?
(효과적 문제 해결책, 효과적 위임방법, 안전 수칙 따르기 등 첫 번째 질문과 똑같은 주제를 빈칸에 넣을 수 있다.)

소그룹에 위의 질문들을 던지고 답을 기록하게 하거나 토의를 하게 할 수도 있다. 첫 번째 질문에 대한 토의가 끝나면 두 번째 질문으로 넘어간다. 15명 이상의 참가자가 있을 경우는 두 그룹으로 나누어 첫 번째와 두 번째 질문을 하나씩 토의 주제로 주고 난 후, 각 그룹에서 리더를 선발하여 플립 차트(Flip Chart)에 그들의 토의 결과를 기록하게 한다. 이때 첫 번째 그룹과 두 번째 그룹의 토의 결과를 번갈아 가며 각각 다른 플립 차트에 기록한다.

이런 간단한 시도를 통해 이 교육 프로그램에 참가함으로써 얻을 수 있는 이익과 막을 수 있는 손실이 무엇인지를 알 수 있게 된다. 첫 번째 질문은 제3자에게 하는 방식을 택해야 한다. 즉 "당신이 지닌 문제는 무엇이고, 그것은 당신이 무엇을 하지 않았기 때문이지요?"라고 질문을 하면 안 되는 것이다. 이렇게 질문하면 참석한 모든 사람이 그들이 갖고 있는 문제에 대해 골치를 앓게 되기 때문이다. 흥미를 유발하려고 그들의 약점을 들추어내거나 그들로 하여금 그것을 인정하게 해서는 안 된다. 그들이 관찰한 바에 따라 다른 사람들의 이야기를 통해 그들 자신의 문제를 자연스럽게 돌아보게 해야 한다.

같은 방법으로 두 번째 질문은 긍정적인 답변을 요구한다. 물론 참가자들의 능력이 평범할 수 있다. 그러나 그들이 그것을 인정할 필요는 없다. 혹은 그들이 지나치게 통제하는 상사일 수도 있다. 그러나 그들은 권한 위임이나 문제 해결을 훌륭하게 해내는 상사를 경험해 본 적도 있고 훌륭한 감독형 상사의 장점도 경험하였다. 이 질문은 전체 그룹의 경험을 통하여 교육주제에 대한 여러가지 긍정적인 반응을 이끌어 내고 집중할 수 있게 해 준다. 그들 스스로가 자신의 경험을 통해 프로그램의 내용에 집중하는 것이 왜 의미가 있는지에 대한 여러 가지 이유를 말하게 될 것이다.

- 언어

참가자들에게 익숙하고 편안한 언어를 사용하되 가능한 한 전문 용어를 쓰지 말라.

| 언어의 수준 | 권위적/단순함
(Paternal/Simplistic) | ➡ | 명쾌함
(Clear) | ➡ | 전문용어
(Jargon) |

연구결과

맥코믹(McCormick)의 효과적인 강의를 하는 선생님들에 대한 연구(1979)에 의하면 이런 선생님들은

(a) 학생들에게 맞게 강의 방법을 자주 수정한다.
(b) 학생들에게 맞는 적절한 어휘를 사용할 줄 안다.
(c) 질문을 학생들 수준에 맞게 한다.
(d) 자신의 강의내용을 학생들 수준에 맞게 정한다.

Ellis, E. S., & Worthington, L. A. (1994)

권위적/단순함은 우리가 참가자들의 수준을 낮게 잡고 말하는 것으로 청중에게 너무 기초적이고 간단하게 들린다. 명쾌함이란 참가자들과 동등한 수준으로 말하는 것이고, 전문용어를 사용하는 것은 학습에 방해가 되는 것으로 관련자만 쓰는 용어를 사용하는 것이다.

물론 참가자들이 이해할 수 있는 수준의 언어를 사용해야 한다. 참가자들이 이해하고 있는지를 확인하고, 명확하지 않은 경우에는 반드시 써서 보여 주도록 하라. 꼭 전문 용어를 써야 할 경우에는 그 용어를 자세히 설명해야 한다.

몇 년 전에 여러 가지 재무법을 다루는 교육 프로그램을 기획한 적이 있었다. 프로그램 가운데 유언장 작성의 중요성을 다루는 부분이 있었다. 유언장 없이 사망한 사람을 인테스테이트(Intestate)라고 하는데, 대부분의 많은 사람들이 이 용어에 익숙하지 않았다. 교육 프로그램 중간에 "인테스테이트가 무슨 뜻인지 모르시는 분 계십니까?"라는 질문을 했다면 모두 침묵하는 상황이 될 수 있으나 "인테스테이트가

무슨 뜻인지 아시는 분 계십니까?"라고 묻는다면 보다 긍정적인 답변을 기대할 수 있을 것이다. "좋습니다. 뜻을 설명해 주시겠습니까?"라고 요청하면 누군가가 그 용어를 설명할 수 있을 것이고, 당신은 강사로서 당신의 프레젠테이션을 계속 진행할 수 있을 것이다.

하지만 아무도 그 뜻을 모르거나 잘못 알고 있는 경우도 있을 수 있다. 그때는 즉시 그 뜻을 설명하는 편이 가장 효과적이다. "인테스테이트 상태로 사망하는 경우는 후속절차를 이해하는 일이 매우 중요합니다. 즉 유언장 없이 사망하는 경우이지요."

언어 문제는 교육 프로그램에서 여러 가지 분야가 동시에 소개될 경우 더욱 복잡해진다. 예를 들어 공기 오염 문제를 이야기할 때 화학 용어를 써야 하는 경우가 그렇다. 화학기호는 과학자나 엔지니어에게는 일상 대화에 자주 쓰이는 용어 중 하나일 수 있지만, 제조업 부분의 관리자들은 그런 기호나 과학적 용어를 사용하는 데 어려움이 있다.

- 영향력

각 참가자들이 자신들의 업무에서 어떤 수준의 영향력을 가지고 있는가? 당신의 교육 프로그램을 통해 배운 지식과 기술을 성공적으로 적용하려면 어떤 수준의 지원이 필요할까? 일반적으로 말해서 조직에서 낮은 위치에 있을수록 기술과 지식을 실전에 응용하는 데는 더 많은 지원을 필요로 한다.

| 영향력의 수준 | 일에 관한 어떠한 권한도 없다 | ➡ | 일에 관한 모든 권한이 있다 |

일에 관한 어떠한 권한도 없다는 것은 그들이 배운 기술을 실행해 보고 새로운 지식을 적용할 수 있도록 시간과 자원을 보장해 주는 지원 시스템이 만들어져야 한다는 뜻이다.

일에 관한 모든 권한이 있다는 뜻은 최소한의 지원만이 필요하다는 것으로 이 사람은 자신이 직접 지원자가 될 수도 있다. 하지만 사람들은 여러 가지 책임이 있고 학습 내용은 그들 책임의 아주 일부일 수 있기 때문에 스스로 지원자가 되어 책임감을 불러일으키는 것 또한 그 사람에게는 중요한 일이다

또한 다음과 같은 것을 자문해 보아라. 이 그룹에서는 누가 의사결정권자인가? 그들의 문제점은 무엇이고 개인적 관심사는 무엇인가? 그들의 업무를 보다 수월하게 하기 위해 당신은 그들에게 무엇을 이야기해 줄 수 있는가? 어떻게 그들에게 도전 의욕을 불러일으킬 수 있는가? 어떻게 그들을 이 프로그램의 파트너로 만들 것인가? 당신의 메시지가 그들의 영향력이나 명예를 손상시킬 가능성은 없는가?

우리는 프로그램을 통해 여러 전문가들의 전문 지식을 축적해야 하기 때문에 위의 질문들은 매우 중요하다. 여기서 주의할 사항은 누군가의 전문성을 눈에 보이는 대로 받아들여서는 안 된다는 것이다. 누가 단지 자신을 전문가라고 소개한다고 해서 다 전문가인 것은 아니다. 첫 프로그램을 실행하기 전에 자문 회의를 통해 참가자들의 경험 수준에 대해 알아보는 것이 좋고, 참가자들을 이 프로그램에 보낸 사람들에게 그들의 경험이나 전문성에 대해 물어볼 수도 있다.

참가자들에게 그들 자신의 전문성을 평가할 수 있는 효과성 그리드(Effectiveness Grid)를 작성하게 할 수도 있는데 나도 이 그리드를 가끔 사용하곤 한다. 내가 실행한 어느 프로그램에서 참가자들의 컴퓨터 사용 능력을 알아야 할 필요가 있어서 참가자들에게 컴퓨터 능력 그리드(Computer Literacy Grid)를 나누어 준 후 스스로 자신의 컴퓨터 관련 능력을 평가하게 한 적이 있었다.

6장 맨 뒤에 나와 있는 컴퓨터 능력 그리드는 컴퓨터 관련 교육 프로그램에 참석하는 관리자들을 위해 만들어졌는데 컴퓨터에 보다 익

숙해지고 이를 광범위하게 사용할 수 있게 하려는 목적을 가지고 있다. 이 그리드로 참가자들에게 컴퓨터 사용 능력을 스스로 평가하도록 한다. 예를 들어 그리드에 나와 있는 컴퓨터 프로그램에 대해 모든 것을 알고 있으면 100점을 주고, 유틸리티(Utility)를 가스나 전기회사라고 생각한다면 아마 그들은 자신에게 1점을 주게 될 것이다. 이는 컴퓨터에서의 유틸리티는 전혀 다른 의미이기 때문이다.

거의 평가가 끝나갈 때에 참가자들 사이를 다니면서 그들의 점수를 살펴본다. 만약 누군가가 자기 자신에게 굉장히 높은 점수를 주었다면 그것은 그가 컴퓨터에 대해 많은 경험과 전문성을 가지고 있을 가능성이 있다는 것을 의미한다. '그렇다'가 아니라 '그럴 가능성'이 있다는 점에 유의하기 바란다. 나는 그 점수가 실제로 그런지 알아보기 위해 그 사람 옆에 조용히 앉아서 주위 사람이 눈치채지 못하게 이렇게 이야기한다. "이 분야에 굉장한 전문지식을 갖고 계시군요. 그 점을 활용하고 싶은데, 혹시 참가자들에게 몇 가지 시범 보이는 것을 도와줄 수 있으세요? 그리고 소그룹으로 나누어서 진행할 때 저 대신 다른 그룹이 하는 것을 도와주시겠어요?"

이와 같은 상황에선 두 가지 반응이 있을 수 있다. 그 사람이 진짜 전문가라면, "그러지요. 제가 도와드릴 수 있다면 좋지요"라고 말할 것이다. 만약 그 사람이 전문가가 아니라면 "글쎄요. 전 여기 그냥 참석만 하려고 왔는데요"라고 반응할 것이다. 둘 중 어느 경우라 할지라도 우리는 중요한 정보를 얻을 수 있다. 즉 그 사람이 진짜 전문가일 경우에는 그 사람의 경험을 교육시간에 활용할 수 있다. 또 단지 스스로 생각하기에만 전문가인 경우에는 정보의 왜곡을 최소화할 수 있는 조치를 취해야 한다는 것을 알게 된 것이다. 만일 그들이 진심으로 참여하기를 원하고 그들이 알고 있는 것을 표현하기를 원한다면, 시범을 보일 기회를 주는 것을 진지하게 검토해야 할 것이다.

어떤 경우에는 고집이 센 사람을 만나기도 하는데 전문성이 없으면서도 도와 달라는 요청에 "문제없지요"라고 말한다. 참가자가 그렇게 말한다고 해서, 경험이 부족해 보이는데도 시범을 보여 달라거나 다른 그룹의 진행을 도와 달라고 해서 그들에게 낭패감을 주어서는 안 된다.

자신의 경험을 나누기를 원하는 사람들에게는 "기회가 있을 거예요. 질문이 나오면 그 질문에 답하는 걸 도와주세요. 누군가가 당신의 경험과 관련된 질문을 하면 당신을 바라볼게요. 당신이 고개를 끄덕이면 당신이 답할 수 있는 대답이라고 생각을 하지요"라고 말하는 것이 적절하다. 아직까지 누군가의 질문에 대해 경험이 없는 사람이 무모하게 나와 눈을 맞춘 적은 없었다. 이러한 사람들이 그룹의 질문에 답할 의사나 능력이 없는 경우는 절대로 그들을 앞에 내세워 당황하게 만들면 안 된다.

고려해야 될 다른 몇 가지를 살펴보도록 하자.

- 상황적 요소

그룹의 크기는 어느 정도인가? 필요한 기자재와 공간 등은 어느 정도인가? 강의 장소는 프로그램을 위해 어떤 종류의 시설을 갖추고 있는가?

- 위치

시설은 이상적인가? 아니면 부족한가? 의자는 편한가? 그렇지 않은가? 방의 배치를 필요한 대로 얼마든지 바꿀 수 있는가?

- 교육 시간

하루 중 어느 시간대에 교육이 배정되어 있는가? 일반적으로 사람들은 오후보다 아침에 더 상쾌한 기분을 갖는다. 프로그램 시간이 오후라면 사람들의 집중을 유지시키기 위해 보다 많은 참여를 유도해야 하는데 이 모든 사항을 프로그램 시작 전에 신중하게 고려해야 한다.

제3단계 : 목표를 정하라

목표를 정하기 위해 스스로에게 이렇게 물어보라. '나는 이 교육의 결과로 사람들이 무엇을 알고 느끼고 배우게 되기를 바라는가?' 심리학자들은 학습에 세 가지 주요 영역이 있다고 한다. 인지적 영역은 지식을 다루고, 감정적 영역은 감정과 느낌을 다루며, 정신 운동 영역은 기술을 다룬다. 강사로서 당신의 목표는 이러한 지식, 느낌, 행동, 그리고 관련 영역 중에 하나, 또는 그 이상에 영향을 주는 것이다.

다음과 같은 질문을 통해 집중해야 할 영역을 좁혀 나갈 수 있다. 참가자들이 이 교육을 통해 무엇을 알게 되기를 원하는가? 그들이 어떻게 느끼기를 바라는가? 참가자들이 이 주제에 대해 보다 긍정적인 태도를 갖고 그 주제를 연습해 보는 것에 대해 열정적이고, 실행에 대해 스스로 자신감을 갖기를 원하고 있는가? 이 교육의 결과는 어떻게 측정하고 평가할 것인가? 참가자들은 기술을 어느 수준으로 습득해야 하는가? 재

INSIDER'S TIP

내가 활용하는 기법 중의 하나는 그룹의 마인드 맵(Mind Map)을 만드는 것인데, 이 방법은 9장에서 자세히 소개될 것이다. 몇 장의 플립 차트를 놓고 가운데에 주제를 기록한 후 교육 프로그램에서 다루어져야 할 모든 내용과 주제에 대해, 사람들이 알고 싶어하는 모든 것에 대해 참가자들이 마인드 맵을 그리게 한다.

이렇게 그려진 마인드 맵은 그 주제에 대한 시각적 표현을 해 주는데, 한 쪽짜리 일반적인 개요보다 더 시각적이다. 우리가 일반적인 개요를 볼 때는 그 안에 무엇이 있는가를 보는 성향이 있기 때문에 무엇이 빠져 있는가를 보기는 상대적으로 어렵다. 마인드 맵은 내용 중에 빠져 있는 것을 알게 해 주고 모든 자료를 전체적으로 바라봄으로써 자료의 순서를 정할 수 있게 한다.

정 책임자와 후원자들은 교육의 성공 여부를 어떻게 측정할 것인가?

어려운 질문에 답하기 위해서는 주제를 자세히 조사해 보아야 한다. 당신이 활용하려고 했던 것보다 더 많은 정보를 수집하고 이를 준비한 후 그 범위를 좁혀 나가라. 참가자들이 예상 밖으로 많이 알고 있어서 강사들이 힘들어 하는 경우가 얼마나 많은가? 참가자들이 요구하는 높은 수준에 도달하기 전에 바닥에 다다르는 경우도 있다.

이 주제에 대해 당신은 얼마나 알고 있는가? 또 참가자들은 이 주제에 대해 얼마나 알기를 원하는가? 당신이 알고 있는 것보다 참가자가 더 많이 알기를 원한다면 더 많이 조사해야 할 영역이 있는 것이다. 준비한 것에 어떤 아이디어를 더 보완해야 하는가? 어디에서 많은 도움을 받을 수 있는가? 아무 할 말이 없는 상태에서 한 시간을 버티는 것은 최악의 상태이다. 이런 곤경에 빠지지 않도록 하라. 시간이 남아 있는데 할 말이 없는 것보다는 아직 할 말이 남았는데 시간이 부족한 편이 당연히 낫다.

여기 몇 가지 빠른 조사 방법이 있다.

1. 최근 12~24개월 내에 관련 산업 잡지나 출판물에 이 주제와 관련된 기사에는 무엇이 있는가?
2. 최근 12~24개월 내의 비즈니스나 대중 잡지나 출판물에 이 주제와 관련된 기사에는 무엇이 있는가?
3. 지난해에 이 주제에 대해 어떤 책이 출판되었나?
4. 관련 산업 컨퍼런스(Industrial Conference)에서 어떤 주제가 계속적으로 반복되어 나타나는가?

이 방법들을 활용하면 관련 산업과 조직에서 일어나는 최근 추세나 니즈에 대해 잘 알아낼 수 있다.

> **연구결과**
>
> "신기하게 하고 놀라게 하는 것은 학생들이 강의 주제에 대한 흥미를 유발하는데 도움이 된다. 독특하거나 전혀 예상하지 못한 방법으로 주제를 소개하는 것은 학생들의 흥미와 동기부여를 향상시킬 수 있다."
>
> DeCecco, J. P. (1968)

제4단계 : 접근 방법을 계획하라

어떻게 참가자들이 우호적으로 집중하게 할 수 있을까? 질문을 던지는 방법은 이미 이야기했는데, 예를 들어 "어떤 문제점을 발견하셨지요?"와 같은 질문이다. 프로그램을 소개하기 위해 참가자들에게 다음과 같은 질문을 할 수 있다. "나를 위한 내용은 무엇이 있을까? 내 일을 얼마나 빨리 쉽게 잘할 수 있게 될까? 어떤 이익을 얻을 수 있을까? 어떤 손실을 피할 수 있을까?"

프로그램의 오프닝(Opening)과 아이스브레이커(Icebreaker) 사이에는 매우 다른 점이 있다는 사실을 꼭 명심해야 한다. 사람들은 처음에 하는 것을 가장 잘 기억하므로 처음에 시작하는 것들은 프로그램의 내용에 맞는 것이어야 한다. 강사들이 저지르기 쉬운 한 가지 실수는 아이스브레이커를 오프닝으로 착각하는 것이다. 물론 아이스브레이커를 통해 사람들과 친해질 수도 있지만 그것은 프로그램의 내용과는 아무 연관이 없을 수 있다.

효과적인 오프닝인지 확인할 수 있는 몇 가지 질문이 있다.

1. 강의와 상관없는 사람들의 선입견을 타파하거나 딴생각을 하지 못하게 하고 있는가? 사람들은 몸은 여기에 있지만 마음은 다른 데 있을 수 있다. 다 끝마치지 못한 일, 아침에 집에서 있었던 말

싸움, 세미나 장소까지 오면서 겪은 끔찍한 교통체증, 혹은 이 교육이 효과적일까 아닐까 하는 염려, 단지 일에서 떠날 수 있어서 좋다고 생각하는 마음 등 여러 가지 다른 것에 정신이 팔려 있을 것이다. 우리는 참가자들이 이런 생각을 떨쳐 버리고 강의에 주의를 집중하게 해야 한다.

2. 네트워킹을 촉진하고 있는가? 오프닝이 사람들을 편안하게 느끼게 해 주고 있는가? 긴장할수록 기억력은 떨어진다. 사람들은 자리에 앉아서 내가 여기에 잘 적응하고 있는지, 다른 사람이 알고 있는 것만큼 본인도 알고 있는지, 자기가 어떤 기여라도 할 수 있을지 등에 대해 염려하고 있을 수도 있다. 시간이 지날수록 가장 중요한 것은 사람들이 서로 편안하게 느끼도록 도와주는 것이다.

3. 프로그램과 연관이 있는가? 내가 하고 있는 오프닝과 과정 내용 사이에 논리적인 연결점이 있는가? 이것은 특히 경험이 풍부한 참가자들이 있는 강의에서는 매우 중요한 것으로 대다수의 강사들이 내용과 연관없는 아이스브레이크를 하면 다음과 같은 질문을 받는다. "이것이 우리가 배울 내용과 무슨 관련이 있나요?" 여기에 강사가 "일단 친숙해지는 것이 중요하다고 생각했거든요"라고 대답하면 참가자들은 대부분 자신의 업무와 전혀 관련 없는 것에 시간낭비를 했다고 생각하여 15분 늦게 왔어도 아무 상관이 없었을 것이라고 느끼게 된다. 사실 그러한 그들의 생각도 일리가 있지만 우리가 조금만 더 생각하여 오프닝을 주제와 관련시킨다면 참가자들은 매 순간이 소중하다고 느낄 것이다.

연구결과

"학습은 집중하는 능력과 배움의 중요성에 대한 인식을 필요로 한다."
Angelo, T. A. (1993)

4. 자존심을 높여 주고 유지시키고 있는가? 교육 목적 중 하나는 강사를 위협하지 않는 수준에서 사람들로 하여금 자기 자신을 억누르지 않고 이전에 몰랐던 것을 알게 되어 흥분하게 하는 것이고, 또한 전에는 할 수 없었던 것을 하게 되어 기뻐하게 하는 것이다. 사람들로 하여금 이전보다 자기 자신에 대해 자신감과 좋은 감정을 느끼게 하고, 그 자리에 있다는 사실에 대해 만족감을 갖게 함으로써 프로그램의 오프닝을 참가자들의 자신감을 향상시키는 시간으로 만들 수 있다. 강사들이 평소 자신의 교육에서는 참여가 부족하다고 불평하는 말을 자주 듣곤 하는데 그것은 아마도 참가자들 스스로가 그 모임에 기여하지 못한다고 생각하기 때문일 것이다. 그러므로 오프닝은 참가자들이 그룹에 공헌할 수 있도록 도와주는 최적의 기회가 될 수 있다. 내가 진행한 어떤 회사의 고객 관리 교육에서 나는 참가자들이 내용에 대해서 잘 모르고 있다는 사실을 알아차렸다. 하지만 그들 모두는 훌륭한 고객관리와 나쁜 고객관리에 대한 경험을 가지고 있었기 때문에 오프닝으로서 참가자들이 고객관리와 연관된 자신들의 경험을 서로 나누도록 했다. 이를 통해 자신들이 무언가 공헌할 수 있다는 자신감을 심어 주었고, 내가 진행하는 프로그램 전체에 더 많은 참여가 이루어지도록 하는 기초가 된 것이었다.

5. 강사와 참가자 모두에게 재미있는가? 재미가 항상 중요한 것은 아니지만 프로그램의 첫 단계에서 이것이 또 다른 지루한 강의가 아니라는 확신을 참가자들에게 줄 수 있어야 한다. 무엇인가를 배우면서 동시에 재미도 느낄 수 있다는 확신을 주어야 하는 것이다. 강사도 즐겁고 재미있어야 하는데 그러기 위해서 당신이 즐길 만한 활동을 오프닝에 넣도록 노력해야 한다. 보통 오프닝은 당신의 자유 영역으로 당신에게는 위험부담이 적은 활동이므로 자신감을 가지고 밀고 나갈 수 있다. 참가자들도 이와 같은 점

들을 알고 안정감을 느끼면서 당신이 생각한 것보다 더 많은 참여를 할 것이다. 하지만 강사가 머뭇거리면서 "누가 벽으로 가서 포스터를 만들어 보겠어요?"라고 한다면 누구도 벽으로 가고 싶어하지 않을 것이다.

6. 참가자들의 호기심을 불러일으키는가? 호기심은 대단히 좋은 동기부여가 될 수 있다. 여러 교육 프로그램에서 사용해 온 네 가지의 검증된 오프닝이 있는데 그것은 네 가지 사실, 즉 페니(Penny) 연습, 철자법 찾기, 특이함, 평범함이다. 이 네 가지 오프닝은 모두 다르면서도 위에 제시한 모든 조건에 다 부응한다고 할 수 있다.

마지막으로 도입에서 본문으로 넘어갈 때 어떤 전환 방법을 쓸 것인지 생각하라. 이것이야말로 그룹의 목표를 정립하고 명확하게 하는 데 아주 좋은 시점이 될 것이다. 대부분의 강사들이 교육 효과를 향상시키기 위해 프레젠테이션의 시작과 끝을 강조하는데 이는 참가자들에게 시작 부분에서 흥미와 기대감을 갖게 하기 위함이다.

제5단계 : 강의안을 개발하라

교육 프로그램을 개발할 때마다 나는 간단한 개요만 작성한다. 그 이유는 빽빽한 강의 노트에 스스로 얽매이고 싶지 않기 때문이다. 어떤 강사들은 계획대로 진행이 되지 않는 경우에 그들이 세운 형식에 너무 얽매여서 제대로 내용을 전달하지 못하기도 한다. "슬라이드를 잃어버렸어요. 강의장에서 할 수 있는 것이 없군요." 혹은 "VTR 고장으로 가지고 온 테이프를 보여 드릴 수가 없어서 지금 할 수 있는 것이 없네요"라는 얘기를 많이 들어 보았을 것이다.

대학에서 다음과 같은 짧은 시를 배운 적이 있다.

"강의장이 잠잠해지자 강사도 침묵한다.

그의 노트를 다른 코트에 두고 왔기 때문이다."

만약 내용을 전달하기 전에 그 내용을 다 숙지했다면 이런 경우로 고생하지는 않을 것이다.

OHP의 램프가 나가서 가지고 온 자료를 보여 주지 못하게 되거나 VTR이 고장 나서 테이프를 보여 줄 수 없을 때에 많은 강사들은 당황하며 어찌할 바를 모른다. 우리는 강사가 노트에 기록한 내용을 찾지 못해 학습자의 질문에 당황하는 모습을 보고 선뜻 질문을 하지 못했던 경험도 있을 것이다.

이런 경우 기본 개요 안에서 스스로 프레젠테이션의 다른 방법들을 생각해 내야 하는데, 프레젠테이션이 길어질수록 보다 다양한 변화가 있을 것이다.

토니 부잔(Tony Buzan)은 《양쪽 뇌를 사용하라(Use Both of Your Brain)》라는 책에서 성인은 평균 90분 동안은 이해를 하면서 들을 수 있지만 오직 20분만을 기억하면서 듣는다고 했다. 이 말은 20분마다 변화를 주거나 속도에 변화가 있어야 한다는 말이다. 토니 부잔의 이론을 바탕으로 창의적 교수법에서는 90/20/8의 법칙을 사용해 왔다. 이는 어떤 교육 단위도 90분을 넘지 않고, 20분마다 변화를 주며, 8분마다 사람들이 참여할 수 있는 방법을 찾는 것이다.

둘째, 학습자의 참여와 반응을 고려한다. 우리의 목적은 사람들의 경험을 활용하고 참가자 중심의 지도를 하는 것임을 명심하라. 어떻게 참가자들의 참여를 이끌어 내고 유지할 수 있을까? 제5장에서 참가자들의 참여를 이끌어 내는 데 적용할 수 있는 방법을 알려 줄 것이다.

셋째, 지속적 강화를 위해 이전 내용들을 어떻게 검토할 것인지를 결정해야 한다. 알버트 메라비안(Albert Mehrabian)은 《조용한 메시지(Silent Messages)》에서 대단히 흥미로운 정보를 소개하고 있다. 그의 조사에 따르면 사람들은 아이디어를 한 번 접하면 30일 후에는 10%미

> **연구결과**
>
> "효과적인 강의를 하는 선생님은 관리나 조직에 관한 일에는 15% 미만의 시간을 사용하고 상호 작용이 필요한 활동에는 50% 이상의 시간을 배정한다."
> Ellis, E.S., & Washington, L.A. (1994)

만을 기억한다고 한다. 하지만 그 아이디어를 여섯 번 접하게 되면 30일 후에도 90% 이상을 기억한다고 한다.

간헐적 강화(Interval Reinforcement)란, 아이디어를 한 번 소개한 후 10분 후에 다시 이야기하고, 한 시간 후에, 하루 뒤, 사흘 뒤, 일주일 뒤, 두 주 뒤, 세 주 뒤, 이런 식으로 간격을 두고 계속 복습을 시켜 주는 것이다.

마지막으로 각 요점과 요점 사이에 어떻게 다양한 변화를 줄 것인가

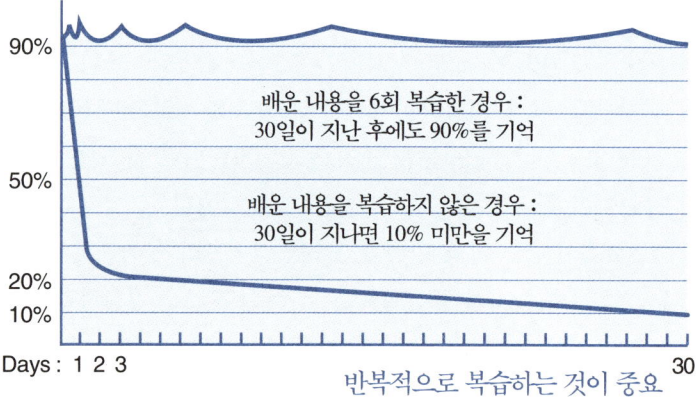

를 결정해야 한다. 이것의 중요성은 '성인학습에 관한 파이크의 첫 번째 법칙'에 잘 나와 있다. 어른은 몸집이 큰 어린아이이다. 유치원에서 아이들이 하는 활동을 생각해 보라. 그림을 그리고 블록을 쌓으며, 색

칠하고 게임을 하고 이야기를 하고 듣는다. 모든 활동은 손을 사용하는 것으로 구성되어 있고 참여를 통해 이루어진다. 하지만 1학년, 2학년, 3학년이 되면서 줄을 서고 이야기를 듣게 되고, 성장하면 할수록 학습 과정에 참여하는 기회는 줄어든다. 나이가 들고 많은 경험을 쌓을수록 이러한 기회는 줄어든다.

그러므로 나의 결론은 어른은 몸집이 큰 어린아이라는 것이다. 아이들이 직접적인 경험을 통해 무엇인가를 배우듯이 어른들도 마찬가지이다. 특별히 자신의 인생경험을 나누게 될 때는 더욱 그렇다. "들은 것은 잊어버리고, 본 것은 기억만 되나, 직접 해 본 것은 이해된다"라고 한 공자의 말을 기억하라. 나는 참여시킬 기회가 있으면 참여시키려고 노력한다. 교육의 초점은 사람들이 결과를 얻을 수 있도록 돕는 것이지 단순히 교재 내용을 다루는 데 있지 않기 때문이다. 진정 중요한 것은 프로그램을 마친 후 참가자들이 학습한 것을 실천할 수 있도록 하는 것이다. 단지 교재 내용만을 다룬다면 나는 내가 해야 할 의무를 다하지 않은 것이 된다.

제6단계 : 배운 내용에 대해 적용할 계획을 세워라

이미 이야기했듯이 참가자들이 2개의 라디오 주파수를 가지고 있다는 것을 기억하라.

첫 번째 주파수―WII-FM(What's In It For Me): 이 안에서 무엇이 내게 도움이 되는가? 이것이 내가 하는 일을 좀더 쉽고 빠르게 잘하도록 해 줄 수 있을까? 얻을 수 있는 이익은 무엇이고, 어떤 손실을 피할 수 있을까?

두 번째 주파수―MMFI-AM(Make Me Feel Important About Myself): 자신에 대해 중요하다고 생각하는 것이다. 교육 목적 중 하나는 강사를 위협하지 않는 한도 내에서 참가자로 하여금 자기 자신을 제한하지 않게 하는 것이다. 참가자는 자신이 알게 된 것에 기뻐하고 배우고 성

> **연구결과**
>
> "선생님이 학생들이 사실만을 기억하는 것뿐만 아니라 그 정보를 적용하고, 종합하고, 평가하도록 하는 질문을 던질 때 학생들의 성취도가 향상된다."
> Berliner, D. C. (1984)

취한 것에 기분 좋은 자신감을 갖게 된다.

이는 그들이 배운 내용과 개인적인 성취감을 강조하는 단계이다. 배운 것을 적용할 수 있도록 돕는다는 것은 참가자들로 하여금 그들이 배우고 성취한 것에 대해 느끼고 알 수 있도록 하는 데 매우 중요한 열쇠이다.

사람들은 "이것을 어떻게 활용할 것인가?"라는 질문에 실용적이면서 개인적인 해결책을 찾고 싶어한다. 나는 그들이 해결책을 찾을 수 있도록 대부분의 프로그램에서 '행동 아이디어 목록(Action-Idea Lists)'을 활용한다. 사람들에게 실제 업무에 돌아가서 활용할 수 있는 유용한 아이디어를 기록하게 하는 방법인데, 그룹끼리 모여서 목록을 검토하고 중요한 행동 아이디어를 서로 나누며 보충해 주기도 한다. 이런 방법으로 배운 내용은 자연스럽게 현업에 적용할 수 있다.

사람들은 자기 자신의 정보와 의견에 대해서는 논쟁하지 않는다는 것을 기억하라. 내가 가르친 내용에 내가 반대하지 않는 것처럼 참가자들이 무엇을 이야기했다면 그것은 그들의 경험이 뒷받침된 것이다.

제7단계 : 실행 계획을 만들라

만약 당신이 장시간에 걸쳐서 여러 가지 주제를 다룬다면 중간중간에 참가자들로 하여금 배운 것을 적용하도록 격려하는 활동을 계획하라. 그들 스스로 발전하고 문제점을 알기 위해 "배운 것 중에서 가장 중요한 것은 무엇인가?", "그것으로 나는 무엇을 할 수 있을 것인가?"

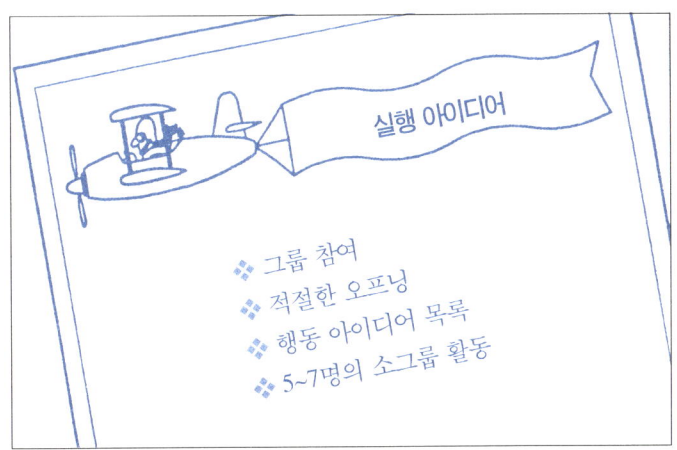

라는 질문에 참가자들이 3분 이내에 답변하도록 요구하라.

제8단계 : 자료를 수집하고 강의실을 미리 준비하라

머피(Murphy)의 법칙을 기억할 것이다. 무엇인가 잘못되려면 반드시 그렇게 되고 만다. 하지만 머피는 지나친 낙천주의자였다는 오툴(O'Toole)의 추론도 기억하라.

이제 당신은 2주간의 교육 프로그램을 준비하려고 한다. 그리고 당신이 담당할 그룹과의 우호적인 첫 만남을 통해 참가자들을 적극적으로 참여시키고 싶어한다. 그런데 시각 교재를 보여 주려고 스위치를 눌렀는데 전구가 나가 버리고 여분도 없다. 플립 차트를 들고 나와서 종이를 찾는데 백지가 보이지 않고, 종이는 많은데 마커가 안 나온다. 다른 마커로 써 보려고 하는데 또 안 나온다(모든 마커는 동시에 다 말라 버린다는 또 다른 머피의 법칙이 있다!).

아직 당신은 한 마디도 하지 않았지만 이미 참가자들이 내용과는 아무 상관없이 다음 2주에 대해 어떤 기대를 할지 상상할 수 있다. 그러므로 미리 자료를 수집하고 프로그램 시작 전에 강의 준비를 해야 한다.

나는 언제나 참가자들이 도착하기 15분 전에 모든 준비를 마치려 한다. 여기에는 두 가지 이유가 있다.

첫 번째는 참가자들이 도착하기 전에 사소한 고장들을 미리 점검할 수 있다. 만약 교재가 도착하지 않았거나 시각 교재가 고장 났을 경우에는 다른 것으로 대체할 수 있다.

두 번째는 첫 번째보다 더 중요한 것으로 수업 시작 전 15분 동안 참가자들과 상호 작용을 할 수 있기 때문이다. 수업 내용 못지않게 참가자들이 중요하다는 내 신념을 그들에게 보여 줄 수 있는 것이다. 참가자들을 맞이하는 것은 서로가 편하게 여길 수 있게 해 주며, 강사로서 그룹에 대한 통찰력을 전달하고 그들의 학습 준비 상태, 흥미 정도, 참석 이유, 경험 정도를 알 수 있게 한다. 그들이 가지고 있는 염려나 질문을 미리 알 수 있다면 당신이 프로그램에 보다 자연스럽고 편안하게 적응하는 데 도움이 될 것이다.

어떻게 강의실을 배치할 것인가

프레젠테이션을 하게 되는 장소의 환경은 당신의 프로그램에 많은 영향을 준다. 다음에 나올 그림은 '창의적 교수법 세미나'에서 사용하는 강의실 배치도인데, 우선 OHP 스크린은 모든 사람이 잘 볼 수 있도록 대각선으로 배치되어 있음에 유의하라. 모든 사람이 잘 볼 수 있도록 시각 자료를 보여 주려면 스크린의 하단은 바닥에서 최소한 1m 정도는 떨어져 있어야 하고, 천장의 높이는 3m 이상이 되어야 한다.

참가자들은 둥근 테이블에 반달형으로 앉게 되는데 이 배치는 그들로 하여금 그룹의 일원임을 느끼게 해 준다. 테이블당 인원을 5~7명으로 제한한다. 항상 우리가 필요로 하는 것보다는 조금 더 넉넉하게 의자를 준비한다. 테이블당 의자 수는 약간 부족하게 배치하되 대신 여분의 의자를 별도로 준비한다. 그 이유는 의자를 너무 많이 배치해서 중간중간이 비어 있는 것보다는 적게 배치했다가 사람이 많으면 추

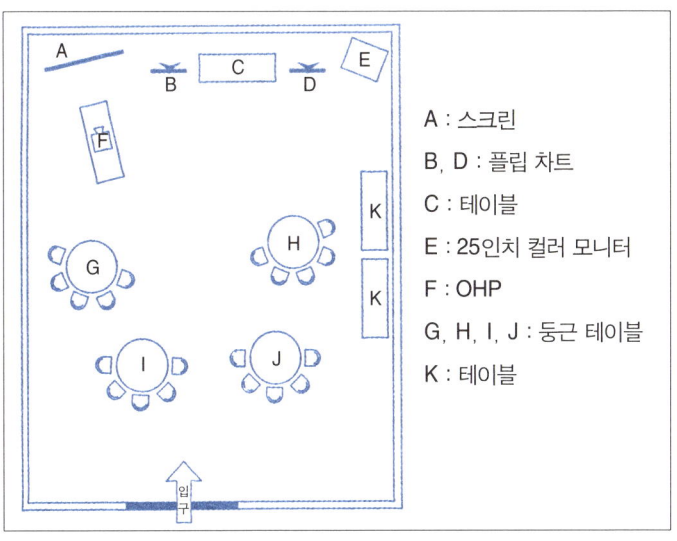

가로 배치하는 것이 바람직하기 때문이다. 사람들이 자료를 놓거나 가져갈 수 있는 충분한 공간을 마련한다. 사람들을 강의실 뒤쪽으로 들어오게 해야 늦게 온 사람 때문에 방해를 받지 않을 수 있다.

컬러 모니터는 모두가 잘 보이는 위치에 놓아서 참가자들이 모두 선명히 볼 수 있게 한다. 우리는 연한 하늘색 괘선이 일정 간격으로 그려져 있는 플립 차트를 사용하는데 선, 도표, 평행선 등을 그릴 때 편리하다.

준비를 위한 유용한 팁

할 말을 준비하되 단어 하나하나를 외우지는 말라

창의적 교수법에서 우리는 강사의 지도 아래 참가자 중심의 학습이 이루어지는 데 초점을 두었다. 다시 말해 우리의 목표는 참가자들이 직접 자신들의 성공에 필요한 지식, 기술, 태도 등을 발견할 수 있는 방법을 찾게 하는 것으로 참가자들의 참여를 최대화하면서 강의를 최소화하는 것을 의미한다. 하지만 강의 자체를 없애야 한다는 뜻은 결코 아니다.

이는 먼저 참여할 수 있는 방안들을 찾아보고, 이 방법으로 습득하기 어려운 내용에 대해서는 강의를 준비하라는 뜻이다. 이러한 마음가짐을 가지면 다음에 소개되는 팁들이 강의 준비를 하는 데 도움이 될 것이다. 또한 외워서 강의한다면 여러 가지로 힘들어질 수 있다. 참가자의 재채기 소리, 문 소리, 웨이터가 내는 접시 소리 같은 것에 방해를 받을 경우, 기억에만 의존했다가는 다음 이야기가 무엇인지 잊어버리기 쉽다.

아이디어를 분명하고 간결하게 소개하라

청중의 이해를 돕는 데만 집중하되 개인적으로 좋은 인상을 주는 데 연연하지 말라. 화려한 문체와 세련된 문장들이 좋은 아이디어를 간단하고 진지하게 전달해 주지는 않는다. "생각은 지혜로운 사람처럼 하되, 말은 평범한 사람처럼 하라"고 아리스토텔레스는 말했다.

개요를 작성하라

어떤 이야기를 준비할 때는 다음을 유념하라.

첫째, 구체적인 아이디어로 주제를 제한하라.

둘째, 제한된 목적 안에서 합당한 자료를 선택하라.

셋째, 자료·예증·보기·사실·통계 자료를 일관된 순서로 배열하라.

서론, 본론, 결론 같은 추상적인 단어로 작성된 개요는 별로 도움이 되지 않기 때문에 '관심 끌기', '내용 전달하기', '마무리하기' 같은 단어들을 사용하라. 참가자의 관심을 끌기 위해 관련된 단어와 그림으로 이야기를 시작하라.

내용 전달하기는 아이디어를 전달하고 구체적인 이야기·예시·보충 자료를 제시하는 단계이고, 그 다음이 효과적인 결론과 함께 마무리하는 단계이다. 이때 아이디어, 예문, 행동에 대한 요구, 혹은 짧은 시 등으로 정리할 수 있는데 이제까지의 이야기를 강조하고 요점을 다시 한 번 강조할 수 있어야 한다.

학습자의 반응을 파악하기 위해서 KFD(Know-Feel-Do) 원칙을 활용하라

이제까지 적절한 준비를 위한 여덟 가지 단계에서 '알고, 느끼고, 실행하는 원칙'을 다루었는데 여기서는 다음의 세 가지 영역에 대해 자세히 알아보기로 하자. 첫째, "참가자들이 어떤 종류의 새로운 정보나 내용을 알고 싶어하는가?(Know)"라고 스스로에게 물어보아야 한다. 이 부분은 당신의 교육 프레젠테이션의 인지적 부분을 다룬다.

두 번째로 "그들이 어떻게 느끼기를 바라는가?(Feel)"라고 물어보아야 한다. 그들이 동기부여가 되고, 감동받고, 활동적이 되고, 슬퍼지거나 혹은 화를 내기를 바라는가? 그들이 프레젠테이션에 어떻게 반응하기를 원하는가? 프레젠테이션이나 절차 등에 관심 갖기를 바라는가? 그들이 새로운 기술이나 지식을 활용함으로써 자신감을 느끼기를 바라는가?

마지막으로 "사람들이 실행하고 싶어하는 것이 무엇인가?(Do)"라고 물어보아야 한다. 그들이 어떤 행동을 취하기를 바라는가?

행동이 변하기 전까지는 학습이 일어나지 않기 때문에 우리는 참가자들이 아이디어를 행동으로 바꾸기를 원한다.

당신이 준비되어 있다는 것을 확신시키기 위해 정보를 많이 수집하라

효과적인 준비의 3단계에서 활용할 수 있는 것보다 더 많은 자료를 수집할 필요가 있다는 것은 이미 언급하였다. 소량의 자료로 부풀리기를 하는 것보다는 많은 자료를 줄여 나가는 것이 더 쉽다. 이 준비 단계는 당신의 그룹 멤버와 그들의 경험과 경력에 달려 있다. 자료의 대부분이 어떤 그룹에는 단순하거나 기본적인 것일 수도 있고 다른 사람에게는 새롭고 유용한 것일 수도 있다. 참가자들에게 어떤 종류의 정보가 필요한지를 알아내는 것은 어떤 주제가 그들에게 필요한지를 아는 것만큼 중요하다. 다음과 같이 내용을 분석해 보기 바란다.

1. 당신의 교육 대상 그룹, 그리고 프레젠테이션이나 교육 프로그램을 준비하고 있는 그룹과 관련된 최근 12개월 동안의 월간 간행물을 여러 권 수집하라.
2. 최근의 관심 사항부터 시작하여 다루어지고 있는 관련 주제들을 정리하라. 그 주제들을 다루고 있는 지면의 할애량 등을 정리하고 최근 12개월 동안 그 주제들을 다루고 있는 기사의 양도 비교하라. 이 초기 분석에서는 특집 기사를 제외시키는 것이 좋다. 특집 기사 내용을 참가자들과 나눌 수는 있지만, 특정 주제가 프로그램의 내용을 향상시킬 수 있는지를 따져 볼 때는 일단 특집 기사는 제외하라.
3. 월간물의 분석이 끝난 후에는 잡지나 신문 같은 다른 출판물에 있는 관심 사항들을 분석하라. 주제를 정리한 후 마찬가지로 각 주제별 지면 할애 정도를 정리한다. 아마 4개월 전에는 몇 단 안 되는 지면에 나타나던 기사가 지금은 넓은 지면을 차지하고 있는 경우를 발견할 것이다. 또한 10개월 혹은 11개월 전의 주요 주제가 지금은 관심권에서 멀어져 있는 경우도 알게 될 것이다.

    최근에 관심을 모으고 있는 주제들은 아마도 참가자들에게 보다 많은 흥미를 가져다 줄 것이며, 통계를 통해 다양한 주제를 전달할 수 있다.
4. 질적인 분석을 위해서는 가장 관련이 많은 주제와 기사를 읽고 가장 도움이 될 만한 것을 골라낸다. 검토 단계에서는 일관된 자

세를 유지해야 하는데 단순히 한두 개의 출판물을 두세 달 정도만 보아서는 안 된다. 적어도 12개월 이상의 기간 동안 많은 기사를 검토해야 한다.

정보를 수집할 수 있는 다른 길은 프레젠테이션을 할 교육 주제에 대한 파일 시스템을 만드는 것이다. 예를 들면 창의적 교수법에 대한 프레젠테이션을 할 때는 창의적 교수법이라는 파일부터 시작한다. 이는 평소 관련 기사를 볼 때마다 오려 내어 파일에 보관하여 두었다가 프로그램을 기획하는 단계에 그 파일들을 검토하는 것이다. 나중에 참고할 책의 제목이나 참조할 지면들을 3~5장의 카드에 적어 파일에 넣어 보관한다.

프레젠테이션 개발에서 AIDA공식을 활용하기

AIDA는 교육 프로그램이나 프레젠테이션을 구성하는 네 가지 주요 단계의 약자이다. 음악을 사랑하는 사람들은 이것이 베르디의 유명한 오페라 이름인 것도 알 것이다.

관심(Attention)

어떤 프레젠테이션이든 처음 단계에서 그룹의 관심을 집중시켜야 한다. 한 가지 확실한 방법은 질문을 던지는 것이다. 참가자들은 그들끼리 대화를 하고 있을 수도 있으나, 질문에 대한 답을 요구함으로써 그들이 다른 생각을 못하게 하며 곧바로 관심을 끌 수 있다.

예를 들어 의사 결정에 대한 프로그램을 진행하는 경우에 관리자 그룹에 우리는 다음과 같이 질문할 수 있다.

"의사 결정을 효과적으로 못하면 관리자에게 어떤 문제들이 생기나요?" 혹은 예산에 관한 프로그램일 경우에는 "자금을 제대로 관리하지 못할 경우 어떤 문제가 발생할까요?"라고 질문을 하면 대부분 참가자들이 잡담을 그치고 질문에 대답하게 되는데 이것을 플립 차트에 기록하게 할 수도 있다.

이 방법에는 세 가지 이점이 있다.

1. 당신은 참가자들의 다른 생각을 멈추게 하고 우호적인 관심을 얻을 수 있다.
2. 즉각적으로 참가자들을 참여시킬 수 있다.
3. 당신이 물어본 질문은 이 프로그램의 주제 혹은 교육 프로그램의 특정 부분이 왜 중요한지를 설명하는 사례가 될 것이다. 참가자들은 대답을 하면서 문제가 있다는 것을 알게 될 것이고, 그러는 가운데 어떤 사람들은 그 문제가 무엇인지도 파악할 수 있을 것이다. 이 방법을 통해 관심만 얻는 것이 아니고 소개하려 하는 주제와 어떤 관련이 있는지도 설명할 수 있다.

흥미(Interest)

이 단계부터 당신은 "이 안에서 무엇이 내게 도움이 되는가?"라는 질문에 대답을 해야 한다. 우리의 프레젠테이션에 참가하는 모든 사람들은 "WII-FM, 즉 이 안에서 무엇이 내게 도움이 되는가?"라는 라디오 주파수를 켜 놓고 있다. 프레젠테이션에 필요한 정보를 수집하고 프레젠테이션을 진행하는 과정에서 우리는 참가자들이 원하는 것들을 알게 됨과 동시에, 그들이 무슨 이익을 얻을 수 있는지도 미리 결정해야 한다.

열망(Desire)

관심과 흥미 다음에 오는 열망의 단계에서 내용과 실용적인 방법들을 이야기하기 시작하는데 이는 마지막 결과를 얻기 위한 방법을 전달하는 단계이다. "어떻게 문제를 해결할 것인가? 어떻게 영업을 마감할 것인가? 어떻게 효과적인 의사 결정을 내릴 것인가? 어떻게 효과적으로 결과를 칭찬할 것인가? 어떻게 보다 창의적으로 교육할 수 있을까?" 이런 질문들이 열망의 단계에서 사용될 수 있다.

행동(Action)

이 마무리 단계에서는 다음의 질문을 할 수 있다. "앞으로 어떤 행동을 취할 것인가? 무엇을 배웠으며, 배운 내용을 어떻게 행동으로 옮길 것인가?" 당신의 프로그램을 통해 그들이 행동하는 방법을 보다 새롭고 효과적으로 알게 해 주었고, 또한 그들이 기꺼이 그렇게 하게 되었다는 피드백이 나와야 한다.

프레젠테이션 방법 결정하기 : 참여기법과 내용 적용

프레젠테이션을 하면서 우리는 여러 다양한 방법을 사용할 수 있다. 프로그램 준비 단계에서 다음과 같은 방법들을 생각할 수 있는데 자세

✔ **당신 자신을 확인하라.**

당신이 반복적으로 활용하는 기법들을 적어 보라. 그것들에만 의존하고 다른 것들은 배제시키고 있지는 않은가?
다음 프레젠테이션에서는 보다 새롭고 재미있는 다양한 방법들을 시도하라.

한 내용은 제5장에서 다루어진다.

내용을 전달하는 데는 최소한 두 가지 혹은 세 가지 효과적인 방법이 있다. 당신 스스로의 방법으로 프레젠테이션을 한다고 상상해 보자. 반복적으로 사용하는 몇 가지 방법들을 기록해 보라. 똑같은 방법으로 여러 다른 것들을 다 포함하지는 않는가? 만약에 그렇다면 당신의 교육 프로그램에 다양성, 창의성, 자연스러움, 영향력을 불어넣기 위해 다른 프레젠테이션 방법을 도입하는 것을 고려해 볼 수 있다.

적용 혹은 실행

프레젠테이션의 마지막 단계는 사람들로 하여금 배운 것을 실행에 옮길 수 있도록 도와주는 것이다. 사람들이 새로운 지식을 적용하게 도와주는 한 가지 방법으로 "무엇을 배우셨습니까? 그것들을 어떻게 실행에 옮기시겠습니까?"라는 질문을 할 수 있다.

3
참가자 동기부여

교육이 끝난 후에도 참가자들이 지속적으로 학습하게 하기

"혹시 교육에 전혀 관심이 없거나 그 자리에 있길 싫어하는 참가자들을 본 적이 있으십니까?"라고 질문하면 강사들 90% 이상이 손을 든다. 그러면 나는 "그것은 당신이 교육 분야에서 일주일 이상 일했음을 의미합니다"라고 말해 준다.

그것이 소규모 그룹이든, 일대일 만남이든, 대부분의 교육 현장에는 그 자리에 있고 싶어하지 않는 사람들이 있게 마련인데 그 이유는 일의 스트레스 때문이거나 자신이 교육 내용과 아무런 관련이 없다고 느꼈기 때문일 수도 있다. 그렇다면 이런 사람들에게 어떻게 동기를 부여할 수 있을까?

연구결과

"학습 동기는 바뀔 수 있다. 그 동기는 일, 환경, 강사, 학습자의 영향으로 긍정적일 수도 부정적일 수도 있다."
(Angelo, 1993, P. 7)

동기부여의 기본 원칙

참가자들이 적절히 동기부여되어 있을 때 학습에서 높은 효과를 올릴 수 있다. 그렇다면 동기부여란 무엇인가? 기본적으로 사람들을 행동하게 하는 동기를 말하며 우리가 어떤 일을 하는 이유이기도 하다. 우리는 대부분 자신이 한 행동에 대해 설명할 수 있는 정당한 이유가 있다.

동기부여의 세 가지 기본 원칙
1. 당신은 절대 다른 사람에게 동기부여할 수 없다.
2. 모든 사람은 동기부여되어 있다.
    혹시 당신은 이렇게 이야기할지도 모른다. "일주일에 2일은 지각하고, 다른 3일은 늘 아픈 사람들도 동기부여되어 있다는 말인가요?" 물론이다. 그들은 정시에 오고 열심히 하는 것보다 아프고 지각하는 것에 동기부여되어 있는 것이다.
    대부분의 사람은 어떤 일을 어떤 목적으로 하는지에 대해 자신에게 타당한 이유가 있다. 그러므로 모든 사람은 동기부여되어 있다고 할 수 있다. 그들의 행동이 당신의 생각과 다를 수 있지만 그들은 자신의 동기에 따라 행동하고 있다.
3. 사람들은 당신의 동기가 아니라 자기 자신의 동기로 행동한다.

이 말은 사람들은 WII-FM("이 안에서 무엇이 내게 도움이 되는가?")에 귀를 기울이고 있으며 무엇을 할 때는 그들만의 이유가 있다는 뜻이다. 기본 원칙 첫 번째에서는 당신은 절대 다른 사람을 동기부여시킬 수 없다고 했지만, 사람들이 스스로 동기부여 할 수 있는 환경과 분위기를 만들 수는 있다.

이 말은 우리가 앞 장에서 다룬 것처럼 참가자들은 "이 안에서 무엇이 내게 도움이 되는가? 이 정보를 배우고 습득해서 여기서 가르치는 대로 행동하면 내게 무슨 이익이 있을까?"라는 질문을 한다는 것을 다시 강조하는 것이다.

교육 프로그램을 진행할 때는 참가자들과 참가자들의 상사, 그리고 교육 비용을 지출한 사람들에게 무슨 이익이 있을 것인가를 늘 생각해야 한다. 당신이 교육의 이익을 분명히 아는 것으로 끝나는 것이 아니라 참가자들도 그것을 아는 것이 매우 중요하다.

내가 강사들을 관찰하여 보면 그들은 동기부여의 기본 원칙을 조금씩 어기곤 한다. 일부 강사들이 학습자에게 동기부여를 못하는 모습을 보고 나는 동기부여를 막는 다섯 가지 지름길을 알아냈다.

동기부여를 막는 다섯 가지 방법

1. 개인적인 접촉은 적게 하라

점심시간과 휴식시간은 철저히 당신 자신만의 시간임을 알게 하라. 비록 내용을 가르치고 있다 하더라도 그곳에 있는 참가자들과는 친분을 나눌 필요가 없다.

몇 년 전에 콜로라도를 방문해서 3시간씩 10회에 걸쳐 인간관계와 의사소통에 대한 세미나를 진행하였는데 세미나 진행뿐 아니라 그 프

> **연구결과**
>
> "강사와 학습자 간의 상호 작용은 학습을 촉진시키는 중요한 요소 중의 하나이다. 학습자들 사이의 상호 작용도 마찬가지이다."
> (Angelo, 1993, P. 7)

로그램의 마케팅까지 내가 책임져야 했다. 월·화·목요일 저녁, 수요일과 금요일 아침, 그리고 월 1회 주말 3시간짜리 세미나를 진행하는 일은 쉽지가 않았다. 게다가 마케팅 일까지 하게 되어 너무 바빴기 때문에 누군가가 나 대신 세미나 한 부분을 진행해 주면 좋겠다는 생각이 들었다.

한 과정이 끝났을 때 참가자 중 MBA학위가 있고 덴버의 대규모 자원 봉사단의 책임자로 있는 팀(Tim)이라는 사람이 내게로 와서 "혹시 세미나를 대신 진행할 누군가가 필요하시다면 제가 배우기도 할 겸 그 일을 하고 싶은데요"라고 말했다.

나는 정말 기뻤으며 당시 내 비서였던 어머니께 여쭈어 보았다. 만약 어머니께서 화요일 저녁에 사람들을 맞이하고 음료를 준비해 주실 수 있다면 팀이 그날의 세미나를 진행하면 되는 것이었다.

세미나는 7시부터 10시까지였다. 어머니는 6시 30분에 그곳에 도착하여 커피를 준비하고 이름표를 달아주며 오는 사람들을 맞이하였다. 6시 59분이 되어 팀이 도착하자 정확하게 세미나가 시작되었고, 밤 10시 1분이 되자 그는 제일 먼저 강의실을 떠났다. 하지만 어머니는 그곳에 남아 사람들이 이야기하는 것을 듣거나, 함께 이야기를 하고 모든 뒷정리를 마친 후 10시 30분에 집으로 돌아왔다.

강사

참가자

그 후 팀이 일곱 번째 부분을 진행할 수가 없어서 내가 다시 강의를 맡게 되었다. 그런데 휴식시간이 끝나 갈 무렵 학생의 75% 정도가 왜 어머니가 세미나를 진행하지 않으셨는지 물어왔다. 어머니는 대학을 나오지도 않았고 토의 주제에 대한 전문지식도 없었지만 사람들에게 팀보다 더 좋은 인상을 주었다. 그 이유는 어머니가 사람들을 보살피고 있다는 인상을 주었기 때문이다. 동기부여를 시키고 싶지 않으면 강의실에 정시에 나타나서 프레젠테이션을 한 후 즉시 떠나고, 휴식시간에는 참가자들과 이야기를 나누지 말라.

2. 참가자들을 수동적으로 만들고 그 분위기를 유지하라

예를 들면 어떤 질문도 허락하지 말라는 이야기다. 점심식사 후에는 영화를 보여 주고, 방의 온도를 5~10도 정도 더 올리고 물을 준비하지 말라. 그리고 단조로운 톤으로 이야기하고 눈맞춤을 피해라. 이러한 분위기에서는 참가자들이 수동적으로 학습에 임할 것이다.

우리의 세미나에서는 이 원칙을 다음과 같이 한 단계 더 확장시켜 적용하였다. 강사들이 테이블 사이를 지나다니면서 자료를 나누어 주고 참가자들은 그냥 가만히 앉아서 기다리기보다는, 각 테이블의 자원자들이 앞으로 나와서 자신이 속한 테이블의 자료를 가져가게 한 것이다. 절대로 참가자들 자신들도 충분히 할 수 있는 것을 강사가 해서는 안 된다.

3. 참가자들이 배운 내용을 적용할 것이라고 가정하라

구체적인 예를 들어 그들을 귀찮게 하지 말라. 그들은 어른이라는 사실을 명심하라. 그러므로 그들을 위해서 그림을 그려 줄 필요는 없고 그저 내용만 전달하라. 예 따위를 들지 않는다면 시간을 훨씬 단축할 수 있을 것이다. 내용을 전달하는 것은 당신의 책임이고, 배운 내용을 적용하는 것은 그들의 몫이다.

대부분의 사람들이 가끔 예제나 삽화를 다른 내용보다 잘 기억한다는 사실과 이것이 기억하는 데 중요한 점이라는 것도 잊어버려라.

우리는 참가자들을 위해 적용 방법들을 제시하지 않고 내용만을 전달한 후, 적용하는 부분에서 멈추고 작은 그룹으로 나눠서 적용 방법에 대해 토론하게 하는 것이 더 효과적임을 알게 되었다. 하지만 전달된 내용을 적용할 만한 적절한 시간을 제공해야 한다는 것을 기억하라. 우리는 경험에 비추어 참가자들이 그 적용 방법들을 집에 가서 생각하지는 않을 것이라는 사실을 잘 알고 있으므로 강의 중에 그 시간을 마련해 주어야 한다.

4. 즉시 비판하라

"비판은 공개적으로, 칭찬이 필요한 경우는 사적으로"라는 경영속담을 기억하라.

누군가가 멍청한 질문을 하면 멍청하다고 이야기하고, 누군가 내용을 놓쳤다면 구체적으로 말해 주라. "당신이 질문한 내용은 내가 3분 전에 이미 이야기한 것인데요. 아마 참가자 중에는 당신보다 잘 듣는 사람이 있을 거예요."

그래서 나는 처음부터 비판하지 못하도록 토론에 관한 질문서나 자료를 배부하지 않고 소그룹들이 적용 방안에 대한 질문들만을 가지고 토의하게 한다. 누군가 배운 내용을 실무에 어떻게 사용할 것인가를 토론하고자 할 때 비판이 나올 가능성은 거의 없고, 옳고 그름의 결론도 거의 나오지 않을 것이다.

5. 수업 시간에 질문하는 것은 멍청한 일임을 참가자들이 느끼게 하라

편안한 학습 분위기를 만드는 것은 학습 내용을 기억하고 교육장의 긴장을 낮추는 데 중요한 요소이다. 그러나 질문을 어리석다고 여기면 편안했던 학습 분위기는 순식간에 썰렁해지고 만다. 그렇기 때문에 우리의 세미나에서는 소그룹들이 궁금해 하는 질문들을 모두 적게 하거나, 휴식이나 점심시간에 개인이 익명으로 질문을 적어 부착할 수 있는 게시판을 활용한다.

몇 년 전에 40명의 교육 전문가를 대상으로 한 프레젠테이션에 참석한 적이 있었는데 그곳에서 내가 본 것들이 바로 지금 이야기하고 있는 요점들이며 앞으로도 이 책에서 계속 이야기할 것이다.

그때 초대 강사는 이런 말로 시작했다. "내가 왜 여기 있는지 모르겠군요. 저는 이 교육과 아무 관련이 없거든요. 그러나 나를 여기 초청한 사람은 내가 무엇인가 이야기할 것이 있다고 하더군요. 그래서 내가 이 일을 맡기로 했지요. 그런데 세미나가 다음 주인 줄 알고 있었습니다. 오늘이라는 전화 메시지를 어제야 받았어요. 미리 준비를 했다면 더 잘할 수 있었을 텐데……."

우리는 그가 시각 교구라도 쓸 것을 기대했지만 그는 분필을 집어 들었다. 45분 정도가 지난 후에 그가 물었다. "태도를 바꾼 후에 행동이 바뀐다고 생각하십니까? 아니면 행동이 바뀐 뒤에 태도가 바뀐다고 생각하십니까?"

그는 잠시 쉬고 그룹의 반응을 기다렸다. 20~30초간 아무도 말을 하지 않아 내가 손을 들었다. "한번 대답해 보실래요?"라고 그가 말했다.

나는 "태도를 바꾸면 행동도 변한다고 믿습니다. 하지만 행동이 변

화하면 때로는 태도도 변화하지요"라고 대답했다. 그의 반응은 이랬다. "정말 그렇게 믿으세요? 모든 자료가 말하기를……." 그 이후로도 계속 그런 말투였다.

나는 즉각적으로 이렇게 생각했다. '어떤 모든 자료를 말하는 거지?' 나도 자료나 정보는 꽤 많이 읽는 사람이라고 자부하고 있었으며 그 주제에 대해서는 서로 다른 주장이 있다고 알고 있었다.

그 강사는 프레젠테이션을 계속해 나갔다. "한번은 특정 문제로 힘들어 하고 있는 보험회사를 조사한 적이 있습니다. 그들이 새로운 생명보험 설계사를 채용하면 처음 18개월 동안은 영업 실적이 계속 성장하다가 갑자기 떨어지기 시작한다고 하더군요. 그래서 회사는 그 18개월 동안 무슨 일이 일어나는지 알고 싶어했지요. 그 일은 모든 설계사에서 공통적으로 영업 실적을 떨어뜨리게 했다고 생각한 거지요. 우리는 모든 가능성, 모든 일을 다 조사한 결과, 18개월동안 한 가지 심각한 일이 일어났다는 사실을 알아냈지요." 그러고는 다시 우리에게 물었다. "그것이 무엇인지 아시겠어요?"

마침내 내가 다시 손을 들었고 그는 나를 알아보고 말했다. "다시 한 번 시도해 보시려고요?" 나는 이렇게 대답했다. "부탁할 친척들이 더 없기 때문이 아닐까요?" 그는 나를 노려보더니 비웃듯이 말했다. "틀렸습니다. 대답해 볼 다른 분 없으세요?" 아무도 없었다.

프레젠테이션이 끝났을 때 그는 매우 정중한 박수를 받았다. 그는 그룹의 대표에게로 가서 우쭐대면서 "이 프레젠테이션에 대해 조금 미심쩍어 했지만 모두들 잘 이해를 하시는군요. 다시 오고 싶은데요"라고 말하면서 그곳을 떠났다.

약 35~40명의 사람들이 라운지에 모였는데 그 장소야말로 진짜 학습이 일어난 장소였다. "그가 그런 말 하는 거 들었어요?" "그가 그렇게 하는 거 보셨어요?" 강사와 함께 있을 때는 혹시 비웃음을 받을까 겁이 나서 감히 질문을 하지 못하던 사람들이 이제야 질문을 하기 시작하고 함께 경험을 나누기 시작했다.

　동기부여를 막는 다섯 가지 방법으로 돌아가 보면, 그 강사가 얼마나 그 방법들을 효과적으로 사용했는지 알 수 있을 것이다.

1. 개인적인 접촉은 적게 하라 — 그는 가장 늦게 도착해서 가장 먼저 떠난 사람이었다.
2. 참가자들을 수동적으로 만들고 그 분위기를 유지하라 — 그는 두 시간 동안 참가자들이 원하지도 않은 질문을 두 개 했을 뿐이다.
3. 참가자들이 배운 내용을 적용할 것이라고 가정하라 — 그는 보험회사의 사례를 들긴 했지만 긴 시간에 걸친 프레젠테이션 중에서 단 하나의 예였다.
4. 즉시 비판하라 — 그는 훌륭히 그렇게 했다.
5. 수업시간에 질문하는 것은 멍청한 일임을 참가자들이 느끼게 하라 — 그는 질문하는 행위뿐만 아니라, 질문에 답하는 것도 어리석은 일이라고 느끼게 해 주었다.

　그 미숙한 강사는 구체적인 사례를 들기는 했지만 비판적이었다. 예를 들어 그는 "무슨 이유로 판매 실적이 떨어졌는지 아시겠어요?"라고 질문했을 때, 더 이상 부탁할 친척들이 없기 때문일 것이라는 내 답변을 무시했다. 그대신 "그것도 재미있는 대답이군요. 가능성이 있지만 이 경우는 아니에요. 다른 분이 한 번 더 추측해 보시겠어요?"라고 했다면 어떠했을까? 그랬더라면 여러 가지 다양한 반응을 더 이끌어 낼 수 있었을 것이다.

　하지만 그는 앞으로 토의해 보고 싶은 아주 좋은 예를 한 가지 들었다. 그가 근무하는 회사에서 보험회사를 연구조사한 바에 의하면 신입 보험 설계사는 보험 가입을 고려하고 있는 고객의 집에 찾아가 이렇게 질문했다고 한다. "이곳에 얼마 동안 사셨지요? 저당권은 얼마나 되나요? 상환금은 어떻게 되지요?" 45분간의 질문이 끝나고 신입 보험설계사는 이렇게 이야기했을 것이다. "답변해 주신 결과를 종합하여 고객의 보다 나은 재정 관리를 위한 새로운 계획과 전략을 세울 수 있겠습니다."

18개월 동안 이런 질문들을 반복한 결과, 신입 설계사는 이제 전문가가 되었다. 고객의 집을 한번 훑어본 후 이렇게 결론을 내린다. "여기서 4.6년 동안 사셨고, 저당권은 86,900달러이고, 상환금은 869.50달러입니다. 2.6명의 자녀가 있고, 그 중 1.6명은 대학에 다니고 있지요." 10분 내에 그 설계사는 고객의 요구에 대해 이렇게 이야기할 것이다. 이처럼 설계사가 전문가가 되고 난 후에 질문은 거의 하지 않고 자기 말을 시작하는 순간부터 판매 실적은 떨어졌던 것이다.

참가자들은 스스로가 어떤 사실을 발견해 나가기를 바란다. 그러나 사람들은 자신의 지식과 경험에 대해서는 논쟁하지 않는다는 것을 유념하라. 참가자들이 무엇인가를 사실이라고 생각한다면 그대로 받아들이겠지만 당신이 그것을 사실이라고 이야기해 준다면 아마도 그들은 의심할 것이다. "강사니까 저렇게 말하겠지." 게다가 대부분의 사

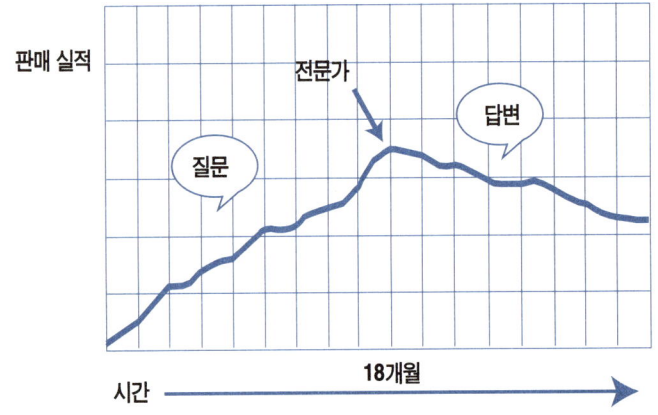

람들은 전문가를 좋아하지 않으며 오히려 난처하게 만들고 싶어한다. 예를 들어 당신의 10살 난 딸이 학교에서 돌아와 "엄마, 아빠, 이 공식 푸실 수 있어요?"라고 말한다고 하자. 문제를 한참 보고 난 후 당신은 마침내 "글쎄, 모르겠는데"라고 고백한다. 그러면 그 아이는 뽐내면서 "저는 할 수 있어요"라고 말할 것이다. 그러면 당신은 아마 이렇게 이야기할 것이다. "굉장한걸. 그런데 네 방 청소는 했니? 쓰레기는 비웠니? 지난 주까지 해야 하는 숙제는 다 했니?" 아이가 모든 것을 알고 있다는 태도가 왜 당신을 화나게 하는 것일까? 아무리 자기 아이라고 할지라도 "나는 당신이 모르는 것을 알고 있어. 하지만 당신이 운이 좋다면 멍청한 당신에게 내가 알고 있는 걸 알려 주지"라고 말한다면 당신의 기분이 나빠지는 것은 당연하다.

이렇게 한번 상상해 보자. 아이가 집으로 돌아와서 말하기를, "제가 오늘 무엇을 배웠는지 한번 보세요. 저는 이 공식을 풀 수 있어요. 4를 곱해서 36이 나오면 그 다음에 3을 곱하고 그 다음에 빼고……." 아이가 열정을 기울이며 새로 배운 것을 나누려는 모습을 보고 우리는 이렇게 반응할 것이다. "아버지를 꼭 닮았구나! 여기에 와서 쿠키와 우유를 먹으렴. 그리고 이리 와서 이것 좀 볼래? 이것은 할머니를 위해 남겨 놓자꾸나."

이 두 시나리오의 다른 점은 간단하다. "나는 당신이 모르는 것을 알고 있어요"라고 하는 대신에 "내가 무엇을 배웠는지 당신과 나누게 해 주세요"라고 하는 것이다.

당신이 참가자들의 동기부여를 막을 수 있듯이 참가자들 스스로 동기부여할 수 있는 분위기와 환경도 당신이 조성할 수 있다. 나는 그런 환경을 만들 수 있는 열한 가지 방법을 알아냈다.

학습자의 태도를 가져라

어떻게 동기부여를 할 것인가

1. 필요를 느끼게 하라

사람들은 끊임없이 자기 자신에게 "여기에서 무엇이 내게 도움이 되는가?"라고 질문한다는 것을 기억하라. 즉 사람들이 WII-FM 라디오 주파수에 귀를 기울이고 있는 한, 당신은 모든 프레젠테이션의 첫 부분에서 그들에게 도움이 되는 것을 이야기하는 데 시간을 할애해야 한다.

- 왜 이 정보가 필요한가?
- 어떻게 이익을 얻을 것인가?
- 실제로 어떻게 활용할 것인가?

2. 개인적인 책임감을 키워 주라

동기부여의 기본 원칙을 기억하라. 즉 당신은 다른 사람에게 동기부여할 수 없고 단지 그들이 스스로 동기부여할 수 있는 환경과 분위기를 조성할 수 있을 뿐이다. 학습에 대한 책임은 개인에게 있지만 학습할 수 있는 최고의 분위기를 조성하는 것은 당신의 책임이다.

그렇게 할 수 있는 효과적인 방법은 수업을 시작할 때 참가자들이 다음 사항을 이야기하도록 기회를 주는 것이다.

- 무슨 기대를 갖고 있는가?
- 기대하는 성과는 무엇인가?
- 성과를 얻기 위해 기꺼이 할 수 있는 것은 무엇인가?

또한 참가자들에게 앞으로 유용하게 쓰일 자료의 일부를 배부하여 그들이 그 자료를 채워 넣게 할 수도 있다. 또한 다양한 학습 활동을 하면서 그룹의 책임감을 조성할 수도 있다. 예를 들어 휴식 시간이 끝난 후 수업 시간에 정확히 맞춰서 돌아오기 등의 방법을 이용하여 그룹의 책임감을 조성할 수도 있다.

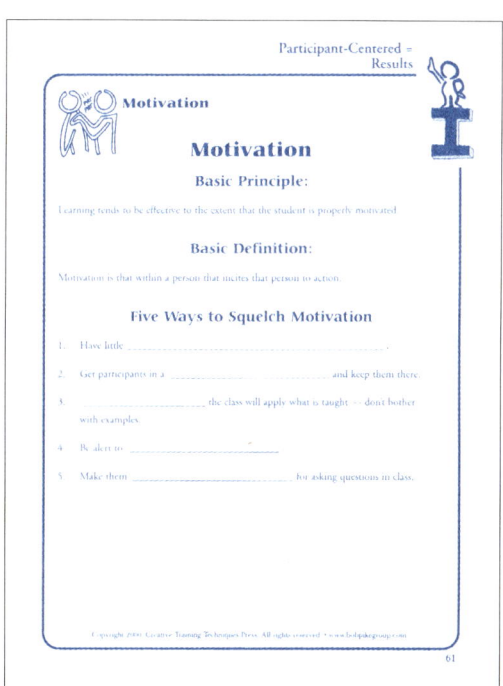

3. 흥미를 불러일으키고 지속시켜라

이를 위한 효과적인 방법은 계속해서 질문을 하고 격려하는 것이다. 질문은 흥미를 자아내고 주의를 환기시킨다. 질문보다 대답하는 것이 더 잘 어울리는 경우는 전화할 때뿐이다. 흥미를 유발하고 지속시킬 수 있는 다른 방법은 게임이나 역할 연기 외에도 4장에 나와 있는 다양한 방법과 기법을 활용하는 것이다. 예를 들면 차트, 토의, 강의, 필름, OHP, 프로젝트(Project), 사례 연구 등이 있다. 참가자들의 주의를 집중시키고 학습 과정에 참여시키기 위해서는 여러 방법들을 혼합하여 활용하도록 하라.

동기를 부여하는 또 다른 방법은 참가자들이 채워 넣을 자료를 제공하는 것이다. 예를 들면, 과정이 진행되면서 주요 단어를 적어 넣을 부분 트랜스페어런시(Transparency) 또는 부분적 개요를 주는 것이다. 이 활동들은 참가자들을 학습 과정에 참여시키고 그들에게 과정 후에 활용할 가치 있는 것들을 제공하여 준다.

이 간단한 방법들은 제한된 시간에 보다 많은 자료를 다룰 수 있도록 해 준다. 잘 준비된 자료는 당신이 프레젠테이션을 아주 꼼꼼하게 준비했음을 참가자들에게 보여 준다.

4. 배운 내용을 생활에 어떻게 적용할 수 있는지 알려라

당신이 하는 대부분의 프레젠테이션과 교육 프로그램에서 사람들은 "이것이 어떻게 내게 유용할 것인가?", "이것이 정말로 의사 결정, 문제 해결, 판매 등에 도움이 될 것인가?"에 대해 알고 싶어한다.

물론 이론도 중요하지만 그들은 배운 것을 실제로 적용하고 싶어한다. 사람들은 그 이론을 어떻게 적용해야 실제 상황에서 일을 능률적으로 할 수 있는지 그래서 자신들의 인생과 일이 얼마나 더 재미있어지는지 확인하고 싶어한다.

5. 칭찬하고 인정하고 격려하라.

하버드의 심리학자 윌리엄 제임스(William James)는 "모든 사람의 가장 큰 욕구는 칭찬받는 것"이라 말했다. 대부분의 사람들은 칭찬의 물방울을 기다리는 마른 스펀지와 같다. 사람들은 누군가 무엇을 잘못하기만 하면 매우 재빨리 그것을 지적하지만 잘한 일을 칭찬하는 데는 시간이 오래 걸린다.

우리는 자신도 믿기가 어려울 정도로 대단한 일을 해냈을 때 누군가가 우리가 성취한 것을 칭찬해 주기를 기다린다. 기다리고 또 기다린다. 결국 사람들을 붙잡고 우리가 한 일에 대해 생생하게 설명한 다음 "정말 대단하군", "그것이 당신이 한 일이었어?", "엄청난 노력의 결실이군"이라는 얘기를 듣기 바란다.

강사는 강의실 내에서의 칭찬의 필요성을 알아야 한다. 참가자들이 하는 말을 반복적으로 되풀이하는 것이다. 예를 들어 세미나 중간에 누군가가 와서 바로 전 수업 내용에 대해 무엇인가를 이야기했다면, 다음 세미나가 시작될 때 긍정적인 방식으로 짧은 설명을 할 수도 있다. "방금 전 우리가 배운 내용을 적용할 수 있는 방법에 대해 프란이 매우 재미있는 이야기를 했는데 우리가 함께 나눌 필요가 있다고 생각합니다."

이렇게 간단한 방법으로 얻을 수 있는 효과는 무엇인가?

- 당신은 칭찬해 주었다.
- 프란을 격려했을 뿐 아니라 나머지 다른 사람들도 참여할 수 있도록 격려했다.
- 당신이 피드백과 설명을 원한다는 사실을 명백히 보여 줬다.

칭찬은 강(river)처럼, 또는 RIVR처럼 흘러야 한다는 점을 기억하라.

- 무작위로(Random)
- 간헐적으로(Intermittent)
- 다양하게(Variable)
- 강화지속(Reinforcement)

'무작위'는 예측할 수 없는 시점에 칭찬하라. '간헐적'이라는 것은 가끔 칭찬하라는 뜻이다. '다양하게'는 매번 다른 방식으로 칭찬하라는 의미로 이 세 가지 원칙을 지킨다면 놀랄 만큼의 강화지속이 실현된다.

내가 미국 해군 사관학교의 생도로 있을 때 훈련 일정을 마치고 밴크로프 홀(Bancroft Hall)로 돌아오던 날이었다. 일곱 번째 복도에 들어서는 순간 자판기 옆에 사탕 껍데기가 있는 것을 발견했다. 아무 생각 없이 그것을 집어서 휴지통에 던져 넣고 계단을 뛰어 올라갔다. 갑자기 "생도, 정지!"라는 말을 듣고 나는 곧장 멈춰선 뒤 소리 나는 쪽을 바라보며 외쳤다. "1학년 사관생도 파이크입니다." 그 4학년 사관생도가 내가 집었던 종이가 내 것인지를 물어보았을 때 나는 "아닙니다"라고 말했다. 그러자 그는 다른 사람이 나에게 그것을 집으라고 시켰는지 물어보았고 나는 다시 "아닙니다"라고 대답했다. 그는 나에게 왜 그 종이를 집어서 휴지통에 버렸는지 물어보았다. 내 대답은 "거기에 그 종이가 있으면 안 되기 때문입니다"였다. 그는 내 부서의 전화번호를 물었고 사라졌다. 며칠이 지나서 나는 부서장의 사무실로 불려갔다. 그 4학년 생도가 편지를 보내왔기 때문이었다. 편지에는 1학년 사관생도가 명령이 아닌데도 해야 할 일을 실천하는 모습이 신선한 충격이었다고 적혀 있었다.

지금부터가 이야기의 핵심이다. 그 후 10년이 지나 나는 처음으로 디즈니랜드에 갔다. 중심가를 걸어 올라가다가 종이조각 하나를 발견했다. 내가 그것을 집으려고 하자 어떤 흰 옷을 입은 젊은이가 그것을 집어서 휴지통에 버리는 것이었다. 그 순간 내게 디즈니랜드는 지구상에서 가장 깨끗한 곳이 되었다. 나는 그 후 단 한 번도 다시 편지를 바라지는 않았지만(사실은 하나도 받은 적이 없다!) 수천 번을 쓰레기를 주워서 버렸다. 매번 그러한 행동을 할 때마다 그때 얼마나 기뻤는지를 기억했다.

6. 건전한 경쟁을 하게 하라

건전한 경쟁은 사람들로 하여금 스스로를 돌아보게 해 준다. 사람들로 하여금 "나는 다른 사람과는 경쟁하지 않아. 내 자신과 경쟁하는 거야"라고 이야기하게 하라. 그리고 "내가 현재 어디쯤에 와 있고, 어떻게 해야 더 나아갈 수 있을까?"라고 묻게 하라.

> **연 구 결 과**
>
> "정보를 역동적인 방법으로 강의하고 가르치는 것에 스스로 흥미를 느끼는 선생님은 학생들의 목표 달성에 긍정적인 영향을 미친다."
> Larkins, A.G., McKinney.C.W.,
> & Gilmore, A.C., McKinney. (1984)

7. 스스로 즐겨라

당신보다 참가자들이 프로그램과 내용에 더 열광하기를 기대할 수는 없다. 주제에 대한 당신의 순수한 열정을 사람들에게 보여 주라.

당신의 성향에 상관없이 다음 두 가지 방법을 사용할 수 있다.

첫째, 사람들과 만나라. 최소한 세미나 시작 15분 전에 도착해서 사람들에게 주제와 참가자들에 대한 당신의 흥미와 열정을 보여 주고 그들과 이야기하는 것이 좋다.

둘째, 눈을 맞추어라. 주제에 대해 자신이 없거나 관심이 없는 강사들은 절대 참가자들을 똑바로 보지 않는다. 그들은 '부드러운 응시'에만 익숙하여 이마 근처나 코 주위만 계속 바라볼 뿐 절대 눈을 맞추지 않는다.

8. 장기적 목표를 세워라

당신은 토의하고, 소개하고, 가르치는 영역에 대해 그들이 자신감을 가지고 임할수록 장기적으로 이익이 된다는 점을 깨닫게 하라. 어른이 아이들과 다른 점이 여기에 있다. 아이들에게 과제를 주면 아이들은 단순히 그것만 하며 특별히 그 과제가 다른 것과 연관되어야 한다고 생각하지 않는다. 하지만 어른들은 큰 그림을 먼저 보고 난 후 그 다음 세부 조각에 초점을 맞춘다.

9. 개인적 동기를 인정하라

당신은 강사로서 동기를 갖고 있으나, 참가자들은 개인적이고 내적인 열망으로 동기부여가 더 잘될 수 있다. 따라서 그들의 개인적 동기를 인정하고 격려하라.

나는 관리자 교육이 승진에 도움이 될 것이라고 생각하고 교육에 참가한 사람들을 보았다. 당신은 이것이 좀 치사한 이유라고 말할 수도 있지만 아예 이유가 없는 것보다는 낫다.

10. 참가자들 사이의 관계를 강화하라

강의실 내에서 참가자들에게 다른 사람들을 만나고 사귈 수 있는 기회를 주고 당신 자신도 참여하라. 일찍 강의실에 도착하여 늦게까지 머무르고, 휴식 시간, 점심 시간, 사교 시간에도 함께 어울릴 수 있도록 하라. 참가자와 관계를 맺는 것은 귀중한 일이지만 참가자들이 다른 사람과 관계를 맺는 것은 더 귀중한 일이다.

교육이 모두 끝난 후에 참가자들과 연락을 하고 만나는 것은 대단히 어렵다. 당신은 곧 다른 그룹과 함께 일하게 될 것이므로 이 그룹을 다시 만나는 일은 더 어려워진다.

하지만 우리가 한 사람 한 사람과 친밀해진다면 교육이 끝난 후에도 충분히 관계를 유지할 수 있고 그들의 네트워크를 활용하여 그들이 배운 교육 내용을 실천하게 할 수 있다.

11. 선택할 수 있게 하라

예를 들어 2~3개의 사례를 준비하여 참가자들에게 그 중 하나를 선택한 다음 연구하게 하거나, 또는 사전에 3개의 실행 활동을 준비하여 사람들로 하여금 그 중 하나를 실행하게 하라.

우리 모두는 자기 인생을 스스로 통제할 수 있다고 느끼고 싶어하는데, 선택을 할 때 그 기분을 느낄 수 있다.

개개인 모두를 흥분시킬 수 있는 연습 문제, 과제, 사례나 활동들을 기획하는 것은 불가능하다. 하지만 2개나 3개, 혹은 4개의 활동 과제 중 하나를 선택하게 하면 사람들에게 보다 개인적인 동기부여 환경을 조성해 줄 수 있다.

통제(Control)는 참가자들이 강의가 시작될 때 강사에게 넘겨주는 하나의 수단인데 이것이 없으면 강사가 강의를 진행할 수 없을 것이다. 현명하지 못한 강사는 참가자들이 자발적으로 넘겨준 통제력을 남용해서 자기가 통제하고 있다는 것을 과시하며 강의실 전체를 지배하려고 한다. 현명한 강사는 가능한 한 빠르고 완벽하게 그 통제력을 참가자들에게 돌려줄 수 있는 방법을 찾는다.

이러한 방법 중에 하나는 참가자들에게 선택권을 제공하는 것이다. 물론 처음에는 선택권이 주어졌을 때 개인적인 책임이 뒤따른다는 사실을 참가자들이 인식하지 못할 수도 있다. 그러나 참가자들은 자신의 학습에 대해 개인적인 책임을 느끼기를 원하고 있으므로 선택권은 필수적으로 부여해야 한다.

  그러면 의무감 때문이 아니라, 매우 자발적으로 프로그램에 참석하는 참가자를 만날 수 있게 될 것이다. 학습 환경을 조성하는 일이 항상 쉽지는 않다. 그렇지만 뒤에 나오는 가이드를 잘 따른다면 학습 효과를 보다 향상시키는 환경을 만들 수 있을 것이다.

4
시각 교구

교육 중 관심을 집중시키는 방법

왜 시각 교구가 중요한가?

시각 교구가 적절히 사용될 경우 주어진 시간 내에서 보다 많은 학습을 할 수 있다는 연구 결과가 있다. 위스콘신(Wisconsin) 대학의 연구 결과에 따르면, 시각 교구를 사용하여 어휘를 학습했을 때 학습 효과가 200% 향상되었다고 한다. 하버드(Harvard)와 콜럼비아(Columbia) 대학에서도 시각 교구를 사용하면 14~38%의 기억력 향상이 가능하다는 연구 결과가 나왔고 펜실베니아 와튼 스쿨(Pennsylvania Wharton School)과 미네소타(Minnesota) 대학에서 연구한 바에 의하면 시각 교구를 병행한 프레젠테이션은 개념 설명에 소요되는 시간을 40%나 단축시키고 좋은 의사 결정의 가능성을 높여 준다고 한다. 이렇게 적절한 시각 교구의 사용은 언어, 시간, 장소의 장벽을 낮추는 것을 알 수 있다.

시각 교구는 일반적으로 비추는 것과 비추지 않는 것, 두 가지로 나눈다. 비추는 시각 교구는 필름, 비디오 테이프, 슬라이드, 필름 스트립(Strips), 컴퓨터 그래픽, 불투명 프로젝트, OHP 등이다. 비추지 않는 시각 교구에는 사진, 포스터, 플립 차트, 플란넬(Flannel) 그래프, 모델, 오브젝트 레슨(Object Lessons), 시뮬레이터(Simulators), 지도, 오디오 테이프, 게시판, 칠판, 마커 보드(Marker boards) 등이 포함된다.

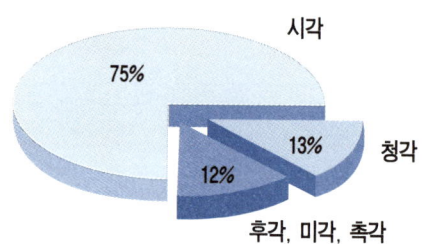

IBM 컨설턴트 데이비드 피플즈(David A. Peoples)는 그의 저서 《프레젠테이션 플러스(*Presentation Plus*)》에서 사람들은 75%는 보는 것에서, 13%는 듣는 것에서, 나머지 12%는 냄새·맛·감촉을 통하여 사물을 인식한다고 하였다. 그리고 그림은 말보다 세 배의 효과가 있고, 말과 그림을 같이 소개하면 말로만 하는 것보다 여섯 배의 효과가 있다고 했다.

연구결과

"프레젠테이션이나 강의에서 도표나 그림을 활용하면 학습 시간을 28%정도 줄일 수 있다."
Mucciolo, Tom & Mucciolo, Rich. (1994)

시각 교구를 잘 기획하고 사용해야 하는 이유는 다음과 같이 열 가지가 있다.

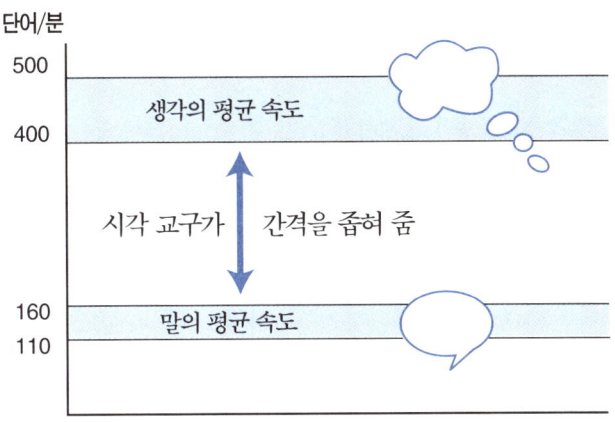

1. 주의를 환기시키고 유지하기 위하여

성인들은 평균 1분에 약 110~160개의 단어를 이야기하지만 머릿속으로는 약 400~500개의 단어를 떠올린다. 시각적인 자극은 그들로 하여금 머릿속에서 다른 생각을 하지 못하게 하고 프레젠테이션에 집중하도록 한다.

2. 아이디어를 강조하기 위하여

우리는 들은 것보다 본 것을 더 강조하는 경향이 있다. 이 말을 믿을 수 없다면 교재 없이 시각 교구만 보여 주었던 프레젠테이션을 기억해 보라. 많은 사람들이 그 시각 교구가 없어지기 전에 그 안의 정보를 급하게 적지 않았는가? 하지만 강사가 중요하다고 말로 강조하는 내용을 그렇게 급하게 적은 적이 있었는가?

3. 구체적으로 설명하기 위하여

중국 속담에 "그림 하나는 천 마디 말과 똑같다"는 말이 있다. 하지만 우리는 그 말을 조금 다듬어서 "잘 선택된 그림이나 시각 교구는 천

마디 말과 같다"라고 할 수 있다.

4. 오해의 소지를 줄이기 위하여

시각 자료는 잘 이해되지 않는 단어의 의미를 설명해 준다. 한 번도 가 보지 않았던 친구의 집을 처음 방문하려고 할 때 어떻게 가는 길을 알아낼 것인가? 단지 방향을 듣기만 할 것인가? 그것을 기록할 것인가? 아니면 지도를 사용할 것인가? 시각 교구의 중요성은 점점 커질 것이다. 최근에 쇼핑 센터에 갔던 일이나 빌딩의 방향을 조사했던 경우를 생각해 보라. '현재 위치(You are Here)'라고 표시된 빨간 점에서 시작해서 가고 싶은 장소나 방향을 쉽게 파악할 수 있었을 것이다.

5. 기억력 향상을 위하여

"들은 것은 잊어버리고, 본 것은 기억되나, 직접 한 것은 이해된다"라는 공자의 말처럼 무언가를 활용하기 위해서는 먼저 기억을 해야 한다.

6. 현실감을 더하기 위하여

강의실에 필요로 하는 모든 자료를 다 준비해 놓을 수는 없지만 시각 교구를 통해 현실 세상의 한 부분을 보여 줄 수는 있다.

7. 시간과 경비를 절약하기 위하여

시각 교구는 명쾌하고 빠르게 의사소통할 수 있게 해 줌으로써 전달하려는 내용을 참가자들이 더욱 잘 이해할 수 있도록 도와준다.

8. 생각을 정리하는 것을 돕기 위하여

시각 교구는 우리의 생각을 명확히 해 주고 의사소통에서 논리성을 더해 준다.

9. 중요 포인트를 확인하기 위하여

시각 교구는 진행을 쉽게 해 주며 중요한 포인트를 놓치지 않게 해 주고 적절한 순서로 이야기할 수 있도록 도와준다.

10. 자신감을 갖게 하기 위하여

프레젠테이션을 할 때마다 당신의 기억력에 의존할 필요는 없다. 시각 교구는 당신이 프레젠테이션을 보다 자신감 있게 할 수 있도록 도와주는 지도이다.

비추는 시각 교구(Projected Visuals)

비디오 테이프

비디오는 기계 조작 순서처럼 움직이는 모습을 보여 줄 수 있다는 특징이 있다. 또한 교육 프로그램에서 고객과 영업 사원, 매니저와 직원과의 상호 작용 등과 같은 내용을 실연하여 보여 줄 수 있다.

비디오를 사용하려면 매우 신중하게 선택해야 하며 미리 내용을 확인해야 한다. 이 과정에서 다음 사항을 검토하라.

- 이 비디오가 꼭 필요한 것인가?
- 참가자들이 생각하기에도 적절한 연관성이 있는가?
- 참가자들이 이미 알고 있는 용어를 사용하는가? 아니면 새로운 용어를 사용하는가?
- 직접 적용할 수 있는 내용을 담고 있는가?
- 사용설명서, 적용 활동 등 학습 과정 전반을 도와주는 자료가 포함되어 있는가? 아니면 당신 스스로 만들어야 하는가?

비디오는 단순한 분위기 전환용이 아니라 적용을 요구하는 중요한 학습 자료로 사용한다. 당신이 스위치를 켜는 순간부터 참가자들을 무관심하게 만들어서는 안 된다. 어떻게 내용을 소개할 것인가에 대해 생각하라. 참가자를 소그룹으로 나누어 각 그룹으로 하여금 비디오 내용의 특정 부분을 관심을 가지고 보게 할 수도 있고, 다 본 후에는 각 그룹이 본 내용에 대해 다양한 의견을 나눌 수도 있다. 비디오 전체를 한꺼번에 다 보여 줄 것인가? 아니면 전체를 다 보여 주기 전에 잠시 멈추고 적용, 토의 등을 하는 것이 더 효과적인가?

참가자 수가 적으면 비디오 프로젝터보다 TV모니터를 통해 상영할 수 있다. 나는 참가자 한 사람당 1인치를 모니터 크기로 생각한다는 것이다. 즉 참가자가 25명이라면 25인치(혹은 19인치 × 2개)의 모니터가 적절하고, 75명 이상일 경우는 비디오 프로젝터를 사용하는 것이 효과적이다. 하지만 이 경우에도 비용이 제한 요소가 된다. 25인치 모니터는 300~500달러 정도면 구입할 수 있고, VHS 비디오 플레이어는 200달러 미만이면 살 수 있으나 비디오 프로젝터는 2,000~5,000달러 정도이다. 얼마나 자주 이러한 기자재를 사용하느냐에 따라 투자의 정도를 결정할 수 있다. 대규모 그룹으로 그렇게 자주 사용하지는 않을 것 같으면 비디오 프로젝터를 빌리는 편이 좋다. 빌리는 비용은 지리적 위치에 따라 다르기는 하지만 하루에 75~400달러 정도이다.

비디오 테이프는 참가자들이 프레젠테이션을 하거나 성과를 평가하는 연습, 판매 마감 상황, 고객의 불만 상담하기 등 실제적인 기술을 연습할 때 실시간(Real-time)으로 활용할 수 있어 매우 유용하다.

나는 버니 번브라우어(Bernie Birnbrauer)와 린 타이슨(Lynn Tyson)의 수업 방법을 좋아한다. 우리는 밴더빌트(Vanderbilt) 대학의 대학원 과정이었던 'IBM의 기술 강사를 위한 교육 포럼' 교수로 함께 일한 적이 있었다. 35~40명 정도의 참가자들에게 그냥 비디오 테이프를 틀어 주지 않고 약 6명 정도로 구성된 그룹을 만들어서 그들을 녹화하였다. 각 그룹 안에서 다시 소그룹 혹은 3명씩 한 조를 만들어 다음과 같은 순서로 진행하였다.

1. 6명의 그룹에게 짧은 프레젠테이션을 준다. 5명은 발표자를 관찰한다. 모든 사람이 각자 자기의 비디오 테이프를 가지고 있기 때문에 모든 프레젠테이션은 같은 테이프에 보관되고 개인적으로 검토하는 데 활용된다. 발표자들은 자신의 프레젠테이션 기록을 자기만 가진다는 사실에 마음이 편할 것이다.
2. 프레젠테이션 중간에 각 그룹 멤버는 나중에 발표자에게 줄 피드백 용지를 작성한다.
3. 프레젠테이션이 끝나고 참가자들은 소그룹으로 모인다.
4. 각 참가자들은 소그룹에서 조언자, 학생, 관찰자의 세 가지 역할을 차례대로 하게 된다. 예를 들어 크리스, 얀, 리 이렇게 세 명의 참가자가 있다면, 1회에선 크리스가 조언자, 얀은 학생, 리는 관찰자 역할을 하게 된다. 3명 모두 얀의 비디오 테이프를 보는데 크리스는 조언자로서 봐야 할 확인 리스트를 가지고 있고, 리도 조언자의 점검표를 가지고 있다. 비디오 테이프를 본 다음, 학생인 얀은 프레젠테이션의 강점과 약점을 간략하게 이야기할 기회를 갖는다. 얀의 설명 후에 크리스(조언자)는 프레젠테이션의 강점과 약점을 이야기한다. 마지막으로 리는 관찰자로서 얼마나 효과적으로 크리스가 얀을 지도하고 상담했는지에 대해 피드백을 하면서 정리한다. 차트에 나와 있는 대로 3명이

	조언자	학생	관찰자
1회	크리스	얀	리
2회	리	크리스	얀
3회	얀	리	크리스

각 역할을 돌아가면서 하면 3명 모두 세 가지 역할을 하게 된다. 4명의 멤버가 있을 경우는 다음과 같이 하게 된다.

	조언자	학생	관찰자
1회	크리스	팀	리
2회	리	안	팀
3회	팀	크리스	안
4회	안	리	크리스

이 방법에는 여러 장점이 있다. 첫째로 그룹의 참여를 극대화하여 연습하고 피드백을 전달할 기회를 모두 갖게 된다. 둘째, 중요한 개념을 지루하지 않게 몇 번씩 검토하고 되돌아볼 수 있으며 많은 프레젠테이션을 보더라도 각각을 전부 새롭게 볼 수 있다. 한번은 피드백을 전달해야 하는 사람의 입장에서, 한번은 바뀐 입장에서의 피드백까지도 고려해야 하는 관찰자의 입장에서 보게 된다.

또 다른 장점은 균형 잡힌 피드백이다. 내가 조언자라면 코치나 카운셀러로서 내 역할에 대한 피드백을 받게 될 것이다. 이것은 피드백이 너무 좋거나 냉혹하지 않고, 너무 사무적이지도 자유롭지도 않은 적절한 골디록(Goldilock)의 접근법을 따르도록 해 준다. 우리들 대부분은 때때로 사실인지 의심스러울 정도로 지나치게 낙천적인 피드백을 받는 경우도 있고, 지나친 비판으로 정말 그 정도일까 의심하면서도 낙담하게 되는 경우도 있다. 당신이 이미 짐작했겠지만 이 모델은 역할 연기에서도 적용될 수 있다.

이 방법은 그렇게 비용이 많이 들지 않는다. 각 소그룹에 필요한 비디오 카메라는 품질에 따라 다르지만 500달러 정도이고 VTR은 200달러, 텔레비전 모니터는 200달러 정도이다.

비디오 테이프는 가정용을 사용하면 된다. 그러나 비디오를 대량 구입하기 전에 얼마나 자주 사용할 것인지, 과연 사용할 만한 가치가 있는지 살펴보아야 한다. 예를 들면 1년에 한 번씩 강사를 위한 5일짜리 프로그램을 진행하는 고객이 있다고 하자. 그는 이 비디오 피드백이 매우 효과적인데도 불구하고 1년에 단 한 번밖에 쓰지 않는다는 사실을 알았다. 그들에게는 이미 두 대의 카메라, 비디오 카메라와 모니터가 있었는데, 추가로 필요한 모니터는 일주일 동안 저렴하게 빌렸고 캠코더(Camcorder)는 참가자들이 가지고 있는 것을 빌려서 상당한 비용을 절약할 수 있었다.

다른 방법은 방마다 VTR이 있는 호텔에서 교육을 하는 것이다. 나는 4일짜리 강사 양성 과정을 위한 프로그램을 호텔에서 진행한 적이 있었는데 그 이유는 객실 응접실마다 TV와 VTR이 있었기 때문이다. 이 방법으로 VTR을 대여하는 비용도 절약했고, 참가자들에게 소그룹 모임 공간도 제공할 수 있었다.

최종 구입 결정을 하기 전에 기자재를 빌리는 방법을 고려해 보라. 얼마나 자주 쓸 것인가를 고려하고 당신이 바라던 결과를 확실하게 보여 줄 것인지를 생각해 보라. 만약 당신이 그 자재들을 아주 광범위하게 사용하고 대부분을 보유하고 있다면 비디오 컨설턴트 같은 외부 전문가나 내부 스탭을 두어 기자재들을 관리하고 운영하게 해야 한다.

컴퓨터 그래픽

오늘날 컴퓨터 그래픽은 교육 프로그램뿐 아니라 비즈니스 현장에서도 광범위하게 쓰이고 있으며 슬라이드나 OHP를 대신하여 사용하기도 한다. 이것은 컴퓨터로 작성되고 컴퓨터 모니터상으로 나타낸다. PC 파워포인트(PowerPoint) 같은 프로그램으로 컴퓨터 모니터상에서 슬라이드나 필름 스트립처럼 시각 자료를 만들 수 있다. 또한 와이프(Wipes)나 디졸브(Dissolves), 패이드(Fades) 등은 비디오와 같은 효과를 내며 애니메이션도 활용할 수 있게 한다.

컴퓨터 그래픽은 컴퓨터를 통한 프레젠테이션 도구로서 폴라로이드 팔레트(Polaroid Palette)를 사용해서 35mm의 슬라이드를 만들어 낼 수도 있다. 이러한 그래픽은 레이저 프린터만 있으면 자료로 사용할 문서를 만들 수도 있고, 컬러 프린터나 컬러 플로터를 사용하여 컬러 슬라이드도 출력할 수 있다.

컴퓨터 그래픽은 비디오 테이프와 연결할 수도 있다. 코닥의 데이터 쇼(Kodak's Datashow)나 프록시마의 오베이션(Proxima's Ovation) 같은 디스플레이 프로그램을 사용하면 OHP로 컬러나 흑백으로 볼 수도 있다. 이 방법으로 컴퓨터 그래픽상의 정보를 보다 많은 참가자들에게 보여 줄 수 있는데 커다란 모니터나 비디오 프로젝터로도 가능하다.

제너럴 파라메트릭(General Parametrics)은 보다 편리한 컴퓨터 그래픽을 제공한다. 비디오쇼(VideoShow) 같은 프로그램으로는 IBM PC보다 5배나 많은 256,000컬러를 사용한 컴퓨터 그래픽을 만들 수 있다. 또 프리랜스 플러스(Freelance Plus), 하버드 그래픽(Harvard Graphics), 픽처 잇(Picture It) 등과 같은 컴퓨터 그래픽 프로그램과 프리랜스 라이브러리(Freelance Library), 이미지 라인(Imageline)의 픽처 팍스(Picture Paks) 같은 클립아트 라이브러리(Clip Art Library)는 효과적인 시각 자료를 만드는 데 필요한 여러 가지 도구들이다. 이러한 시각 자료는 IBM 호환용 컴퓨터에서 작성되어 비디오 쇼 시스템을 거쳐 텔레비전 모니터나 비디오 프로젝터로 보여 줄 수 있고, 고화질 컴퓨터 그래픽은 슬라이드, 컬러 슬라이드 등으로 출력될 수 있다.

35mm 슬라이드

슬라이드는 교육 프로그램이나 여러 종류의 프레젠테이션에서 아직도 많이 쓰이고 있다. 주로 80장의 슬라이드를 보여 줄 수 있는 회전식 프로젝터가 사용된다. 새로 나온 원형식 슬라이드 트레이(Round Slide Tray)는 120장의 슬라이드까지 보여 줄 수 있지만, 가끔 슬라이드가 끼기도 하여 못 쓰게 되거나 구겨지기도 하기 때문에 반드시 확인해 봐야 한다. 슬라이드 프로젝터를 구입할 때는 사용하기 편한지를 꼭 확인해야 한다. 프로젝터는 견고하고 믿을 만하고 또한 작동시 소음이 적은 것이 좋다. 35mm 슬라이드는 플라스틱, 판지, 금속, 혹은 유리 프레임(Glass Frames)에 넣을 수 있다. 일반적으로 슬라이드 프로젝터는 어두운 장소에서 사용해야 하고, 어둠 속에서 교환하기가 어렵다. 또 시간에 따라서는 조명이 꺼져 참가자들이 졸 수도 있다는 단점이 있다.

다양한 장소에서 슬라이드 프로젝터를 사용하는 경우에는 줌 렌즈(Zoom Lens)를 구입하여 사용하라. 그러면 스크린 크기에 초점을 맞출 수 있는 위치에 슬라이드 프로젝터를 놓을 수 있다.

불투명 프로젝터/엘모/프랫폼 프로젝터/비디오 카피 스탠드

불투명 프로젝터를 사용하면 그림이나 잡지 등의 자료를 슬라이드로 만들 필요 없이 직접 보여 줄 수 있다. 복잡한 표나 그림을 보여 줄 때나 차트로 만들고 싶은 자료를 보여 줄 때도 효과적이다. 플립 차트로 만들어 두고 나중에 사용할 수도 있다.

이 프로젝터(흔히 Elmo 혹은 Platform Projector 라고 부른다)를 사용하면 강사가 참가자 수가 많은 교육을 할 때 즉석 그림도 그릴 수 있기 때문에 전자식 이젤로 생각하면 된다.

OHP(Overhead Projectors)

OHP는 프로젝터의 종류 중 가장 광범위하게 쓰이고 있는데, 방의 조명이 밝아도 사용할 수 있다. 강사는 참가자들을 바라볼 수도 있고 토의 진행에 따라 자료를 교환할 수도 있다.

> **INSIDER'S TIP**
>
> 가능한 한 전구가 유리 아래에 있는 OHP를 선택하라. 전구가 위에 있는 OHP는 바닥의 거울에 반사되어 화면이 겹쳐서 나올 수 있다. 내부의 빛은 슬라이드를 두 번 통과한다. 만약 평평하게 펴지지 않은 슬라이드를 사용하면 이미지가 번져 두 개로 보일 수 있다.
> 슬라이드는 비싸지 않고 쉽게 만들 수 있다는 장점이 있다.

비추지 않는 시각 교구(Nonprojected Visuals)

사진

사진은 회사 전체와 다양한 부서를 소개하는 오리엔테이션 같은 프레젠테이션에 특히 효과적인 시각 교구이다. 그리고 새로운 기계나 자재, 상품 등을 설명하는 경우에 매우 효과적이다.

포스터

대부분의 교육 프로그램은 중요 개념을 적어 포스터 보드에 붙여 놓는데, 여러 번에 걸쳐 프레젠테이션을 해야 할 경우에는 포스터가 매우 효과적이다. 다른 종류의 영구적인 시각 교구들처럼 사용될 수 있는데 포스터는 다른 시각 교구와 함께 사용하면 더욱 효과적이다.

펀넬(Funnel) 개념을 소개할 때는 나도 포스터를 사용한다. '모름(Unknown)'이라는 단어로 시작하는 펀넬을 보여 주는데 그 단어 밑에 있는 여러 개의 가망고객(Prospects)은 펀넬(깔때기)을 통해 걸러진다. 펀넬의 오른쪽에는 '가망고객(Prospecting)', '방문약속(Appointments)', '프레젠테이션(Presentations)', '고객등록(Enrollments)', '고객추천(Referrals)' 등의 단어가 있다.

이 펀넬에는 다음 단계에서 제거될 가능성 등을 알려 주는 홀이 있지만 그것들은 미리 결정되지 않는다. 어떤 것들은 방문 약속 단계에서 취소되기도 한다. 방문 약속이 취소되면 절대 프레젠테이션을 할 수 없고 어떤 것들은 펀넬의 맨 밑으로 나온다. 이러한 개념을 설명한 후에 포스터를 다시 맨 첫 장으로 넘긴다.

또 다른 예로 '성공 판매', 또는 'PAPER 주기'로 불리는 개념을 소개하는 세미나가 있는데 주요 포인트는 다음과 같다.

다섯 가지 색깔로 이 서클을 설명해 주는 그림을 그린 적이 있다. 내가 이 개념을 세미나에서 처음 소개할 때는 가망고객(Prospecting)에서 시작하여 시계방향으로 화살표를 슬라이드에 그리면서 소개하였다. 화살표는 마지막으로 고객추천(Referrals)을 가리키고 그 다음은 다시 가망고객(Prospecting)을 가리키게 된다. 슬라이드로 먼저 기본을 참가자들에게 설명한 후에 그들이 나머지 세미나 시간에 참조할 수 있도록 포스터를 벽에 붙여 둔다.

칠판과 화이트 보드

화이트 보드는 칠판의 현대판이라고 할 수 있는데 이것들은 참가자들과 정보를 주고 받는 데 매우 효과적이다. 마커의 색깔은 매우 다양하며 대부분의 보드는 자성이 있어서 자석으로 사물을 고정시킬 수도

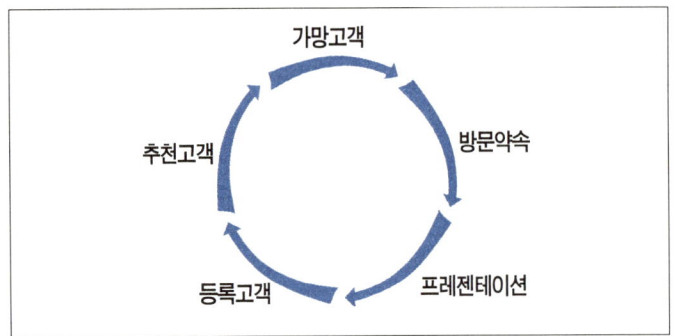

있다. 기본적인 개념을 소개하려면 자석이 부착되어 있는 카드에 키워드를 적고 원하는 카드를 보드에 부착시킨다.

나는 새로운 개념을 설명할 때면 주로 이 방법을 사용한다. 각 개념들이 소개된 다음에 참가자들은 그 개념들이 서로 어떻게 연관이 되는지를 알 수 있다.

플립 차트

플립 차트는 교육 프로그램에서 많이 쓰이기도 하지만 잘못 사용되는 경우도 있다. 실제적인 사물을 그리는 데 매우 효과적인 도구로서 프레젠테이션 중간에 직접 그릴 수 있고 미리 그려 놓을 수도 있다.

기본적으로 플립 차트는 15~20명 정도 되는 비교적 작은 그룹에는 적합하지만, 참가자가 많은 그룹에서는 뒤에 앉은 사람들이 차트를 보기가 어려울 수도 있다.

이미 OHP와 슬라이드 준비 과정에서 설명된 대부분의 규칙이 플립 차트에도 적용된다.

플립 차트의 효과를 높일 수 있는 몇 가지 간단한 방법을 소개하겠다.

1. 프레젠테이션 시작 전에 플립 차트의 여러 장에 소개해야 할 기본 요점들을 희미하게 써 놓은 다음에 마커로 모두가 볼 수 있도

록 쓴다. 어떤 의미에서 이러한 플립차트는 커다란 노트나 개요가 될 수 있다.
2. 보여 줄 내용의 앞장에 여분의 종이를 둠으로써 참가자들에게 내용이 미리 보이는 것을 방지할 수 있다.
3. 미리 차트를 준비한 상태에서 기본 포인트는 종이로 가려 놓고 프레젠테이션 중간에 종이를 하나씩 떼어 가며 설명한다.
4. 우리가 자주 사용하는 기본색인 검정색, 빨강색, 그리고 파랑색 외의 다양한 색상의 마커와 사람들이 흔하게 볼 수 없었던 밝은 색을 사용해 보라. 예를 들면 나는 에버하트-파버(Eberhart-Faber)에서 나오는 설계용 마커를 사용하는데 자주색, 녹색 등 특별한 색상들이 있다.
5. 차트의 삼분의 일 아랫부분은 빈칸으로 남겨 둔다. 그래야 뒤쪽에 있는 사람도 전체 내용을 다 볼 수 있고 플립 차트를 벽에 붙여 놓았을 때 나중에 정보를 추가해서 써 넣을 수 있다.
6. 차트의 시각적 효과를 높여라. 줄을 긋거나 주요 단어를 박스 처리하고 여러 가지 색, 그래픽 디자인, 기하학적 모델을 사용하여 재미있는 차트를 만든다.
7. 플립 차트를 정보 기록용으로 사용하라. 예를 들어 브레인스토밍 단계에서 참가자들의 아이디어를 반영하는 키워드를 적는다. 두세 명의 참가자로 하여금 플립 차트에 내용을 기록하게 하면 그룹을 잘 통제할 수 있다. 내용을 기록하는 참가자에게 다른 색의 마커 2개를 주고, 아이디어가 나올 때마다 다른 색 마커를 사용하게 한다.

■ 플립 차트의 네 가지 T를 기억하라
1. Turn—플립 차트에 쓴 정보를 사용할 때에는 그것을 찾아 보여주고, 그 정보를 이야기할 때에는 플립 차트의 한쪽 옆에 선다.

2. Touch—이야기하고 있는 중간에는 그 정보를 가리켜라. 플립 차트 상에 서너 개의 항목이 있는 경우에는 지금 이야기하고 있는 주제를 먼저 가리키고 그 다음 주제로 옮겨 가면서 그 다음 항목을 가리킨다.
3. Tear off—다 사용한 플립 차트는 그냥 뒤로 넘기지 말고 뜯어 낸다. 가치가 있는 중요한 정보가 있는 것도 뜯어 내어 벽에 붙인다.
4. Tape—내용을 오랫동안 기억할 수 있도록 플립 차트를 벽에 붙여 놓는다. 이것은 다른 시각 교구에는 없으며 플립 차트에만 있는 장점 중의 하나이다.

플란넬 그래프/플란넬 보드(Flannel Graphs/Flannel Boards)

주일학교에서 사용하던 플란넬 그래프를 기억하는 사람들이 있을 것이다. 선생님이 성경 이야기를 할 때에는 플란넬 보드를 놓고 다양한 인물들을 설명하곤 하였다. 오늘날에도 플란넬 그래프가 쓰이고 있는데 프레젠테이션을 진행하면서 플란넬 그래프에 부가적 자료를 추가할 수 있다.

플란넬 보드의 최대 장점은 휴대가 용이하고 프레젠테이션의 요소들이 보드에 계속 올라오기 때문에 참가자들은 아직 펼쳐지지 않은 그림에 집중하게 된다는 것이다.

모델

모델은 손쉽게 사용할 수 있는 효과적인 시각 교구이지만 실물이 너무 커서 강의실 안으로 가져올 수 없는 것들도 있다. 대부분의 모델은 실제 물건을 본떠서 만든 것들로 펌프나 자동차, 또는 여러 종류의 기계에서부터 집에 이르기까지 다양하다. 초고층 빌딩의 단면을 보여 줄 수도 있는데, 작은 것들이 있는가 하면 어떤 모델들은 매우 크다. 예를 들면 사우디아라비아 항공사는 실제 크기보다 큰 보잉 747기 모델을 보유하고 있는데, 파일럿(Pilot) 교육에 사용되는 이 모델은 실제보다 다섯 배가 크다고 한다. 이것은 실제 비행기와 똑같이 작동되며 한 번에 20명이 참가할 수도 있다. 강사는 설명과 실연을 위해 모델을 사용하고 참가자는 새로운 기술을 연습할 수 있다.

때때로 모델은 실제 자재의 한 부품이 될 수도 있기 때문에 가능한 한 현실감 있게 만드는 것이 좋다. 내 친구 중의 한 명은 기계를 분해하고 트랜스미션을 고치는 교육에 참가한 적이 있었다. 강의실에서 사용된 모델은 매우 정교하게 설계되었으며 여러 다양한 색상들로 되어 있어서 교육이 끝나갈 무렵에는 거의 모든 참가자들이 트랜스미션을 분해·조립할 수 있었다. 각 부품을 위치와 기능에 따라 식별할 수 있었을 뿐만 아니라 색상으로 식별할 수도 있었다. 그러나 교육시간에는 테이블 위에서 조립했던 트랜스미션을 불행하게도 실제 현장에서는 바닥에서 조립해야 했고, 어떤 트랜스미션도 그들이 수업 중에 보았던 다양한 색상을 가지고 있지 않았다. 그들은 강의실에서 보았던 그 모델보다 한층 현실감 있고 다양한 각도에서 트랜스미션을 볼 수 있는 교육을 받아야 했었다.

시뮬레이터

시뮬레이터는 실제 사물의 모델이다. 상점 카운터에 있는 현금계산기처럼 단순한 것에서부터 비디오, 비디오 디스크, 첨단 기기, 그리고 기계 전기 시스템까지 갖춘 수백만 달러에 달하는 우주선이나 747제트기와 똑같을 수도 있다. 시뮬레이터는 강의실에서 실제로는 사용할 수 없는 장비나 물건들을 사용할 수 있게 한다.

각종 물건들

여러 가지 물건들도 강의실에서 수업용으로 사용될 수 있다. 예를 들면 나는 경쟁과 협동을 설명하기 위해 아이들의 퍼즐을 사용한다.

감자와 빨대는 무엇인가를 꿰뚫을 필요를 설명할 때 사용한다. 그리고 유치원에 다닐 때 제일 좋아했던 휴식 시간의 재미를 상기시키기 위해 과자를 사용하기도 한다.

좋은 시각 교구를 만드는 방법

프레젠테이션을 준비할 때 당신이 사용하는 모든 시각 교구의 효과를 알아보기 위해 다음의 일곱 가지 질문을 해 보라.

1. 시각 교구는 명확한가

한눈에 보기에 명확한가? 당신이 전달하려는 의미를 잘 나타내고 있는가?

2. 쉽게 알아볼 수 있는가

참가자들이 정보를 쉽게 읽을 수 있는가? 아니면 너무 복잡하거나 글씨가 너무 작아서 알아보기가 힘들지 않는가?

3. 한 가지 아이디어만을 전달하고 있는가

이야기하고자 하는 중요 포인트를 알아낼 수 있는가?
아니면 한 가지 이상의 아이디어를 나타내어 참가자들이 혼란스러워 하는가?

4. 연관성이 있는가

당신이 왜 이 시각 교구를 쓰고 있는지 참가자들이 알 수 있는가? 프레젠테이션의 내용과 부합하는가?

5. 재미있는가

참가자들의 주의를 집중시키고 지속시키는 데 도움이 되는가?

6. 간단한가

참가자들이 보기에 간단한가? 아니면 너무 자세하거나, 너무 그래픽이 많거나, 너무 화려하거나, 너무 다양한 종류의 정보가 많아서 집중하기가 어렵지 않은가?

7. 정확한가

이야기하고 싶은 것을 정확히 이야기하고 있는가? 예를 들어 보자. 다음 두 종류의 그래프는 똑같은 정보를 전달하고 있다. 처음 것은 중간이 잘려져 있어서 두 막대그래프의 차이가 그다지 크지 않은 것처럼 보인다. 두 번째 것은 두 막대의 차이를 명확하게 보여 준다. 지면을 아끼기 위해서라거나 정확한 비율이 아니기 때문이라고도 말할 수 있지만, 정확하게 내용을 보여 주기 위해서는 한눈에 두 그래프의 차이를 알 수 있어야 한다.

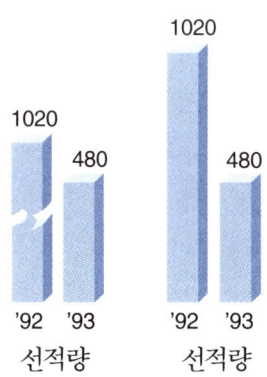

강의실과 기자재 준비하기

프로젝트 시각 교구

프로젝터를 사용할 경우에는 16mm 필름, 비디오, 오버헤드, 불투명, 혹은 슬라이드 프로젝터에 상관없이 미리 프로젝터의 위치를 고려해야 한다.

다음은 OHP를 중심으로 설명하고 있지만 모든 프로젝터에 다 적용될 수 있다.

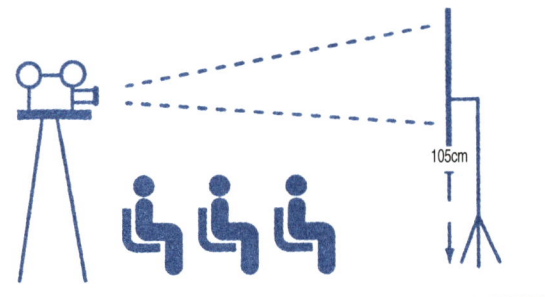

1. 누구나 스크린을 쉽게 볼 수 있어야 한다.
   스크린의 맨 밑은 바닥으로부터 105cm 떨어져 있어야 한다. 이 높이는 앉아 있는 참가자 95%의 머리 높이보다 높아야 한다.
2. 스크린을 코너에 놓은 후 대각선으로 강의실 중앙을 향하게 하라.
   OHP나 불투명 프로젝터의 경우는 반드시 이렇게 배치해야 하고, 다른 종류의 프로젝터도 마찬가지다. 프로젝터를 쓰지 않는데도 커다랗고 빈 스크린이 시선을 받게 할 필요는 없다. 이런 위치는 당신이 참가자들의 시선을 방해하지 않으면서 다른 종류의 시각 교구를 자유롭게 쓸 수 있게 한다.

효과적인 시야를 확보하는 방 배치의 몇 가지 예가 있다.
쉐브론(Chevron) 스타일은 일반 강의실 스타일과 비슷하지만 이 배치는 참가자들이 서로 얼굴을 볼 수 있게 한다. 강당식과 이중 프로젝터 배치는 쉐브론식과 같은 목적에서 반달형으로 의자를 배치한 것이다.

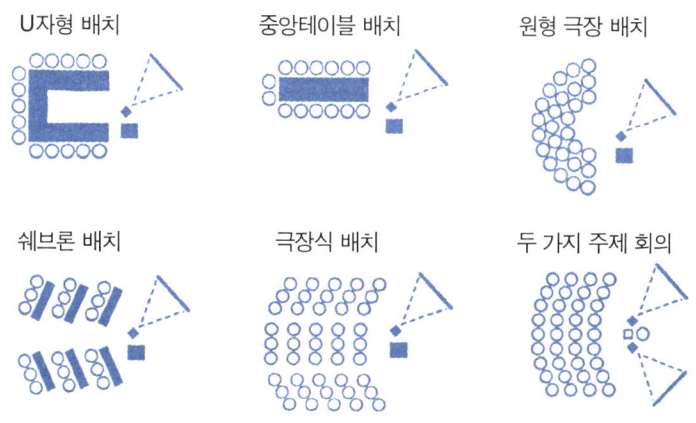

3. 프로젝터가 참가자들의 시야를 방해해서는 안 된다.

만약 액정 프로젝터를 사용할 경우에는 참가자들의 전체 시야를 가리지 않는 곳에 프로젝터를 놓아야 한다. 특별한 렌즈를 사용하면 프로젝터를 방 뒤쪽의 높은 위치(보통 135cm)에 놓을 수 있어 프로젝터가 참가자들의 머리 위쪽으로 비치게 된다. 참가자들의 앞에서 OHP를 사용할 경우에는 참가자들의 시야를 방해하지 않도록 주의한다.

여러 다른 시각 교구와 보조 자재를 함께 놓을 수 있는 여유 공간에 OHP를 놓아야 하는데, 이렇게 함으로써 이미 사용한 것과 앞으로 사용할 시각 교구를 자유자재로 옮길 수 있다.

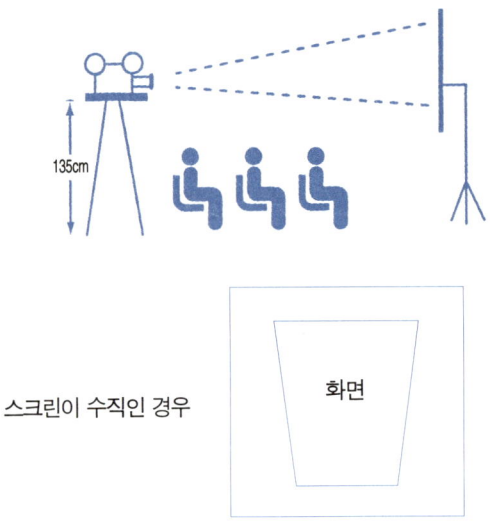

스크린이 수직인 경우   화면

4. 스크린과 프로젝터 빔이 90도 각도가 되게 하여 상의 퍼짐 현상을 방지하라.

상의 퍼짐 현상(Keystoning)은 프로젝터가 참가자의 시선보다 아래쪽에 위치했을 때 일어난다. 초점과 스크린 사이에 아래쪽과 위쪽의 빛의 거리가 다를 때 일어나는 현상으로 빛이 멀리 가면 갈수록 이미지는 커지게 된다. 스크린의 맨 위나 맨 아래쪽을 조금만 기울어지게 하면 이동하는 빛의 거리가 어느 쪽에서든지 똑같게 되어 이런 현상이 일어나지 않는다.

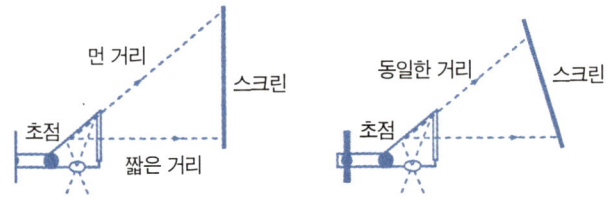

5. 가능한 한 윤기가 없고 평평한 스크린을 사용하라.

    반짝이는 스크린은 중앙에서 보면 환하게 보이지만 양쪽 옆에서 보면 화면이 퍼지고 흐리게 보인다. 길고 좁은 방이라면 이런 화면도 무방하나 광택 없는 스크린이 모든 상황에 가장 무난하다.

6. 적절한 스크린 크기와 배치를 선택하라.

    2대 6의 원칙을 기억하라.

    - 첫 줄에서 스크린과의 거리는 스크린 넓이의 두 배로 한다(2W).
    - 맨 뒷줄에서 스크린과의 거리는 스크린 넓이의 6배로 한다(6W).
    - 스크린까지의 거리보다 더 넓게 앉아서는 안 된다.

7. 보이는 상은 스크린의 크기와 맞게 하라.

    만약에 스크린을 위아래로 움직일 수 있다면 보이는 상의 크기에 맞도록 스크린을 조정하라.

8. 언제나 보조기구를 가지고 다녀라.

    전기선, 플러그, 마스킹(Masking) 테이프, OHP용 마커, 여분의 슬라이드와 OHP 전구 등을 가지고 다녀라. 이러한 여분을 가지고 다님으로써 프레젠테이션을 할 수 없게 되는 상황을 예방할 수 있다.

9. 사용할 방을 미리 살펴라.

    전기 스위치, 전기 콘센트, 에어컨과 히터의 위치, 그리고 사용법을 미리 알아 두어라.

    조명을 어둡게 하려면 어떤 스위치를 사용해야 하는가? 스크린 앞에서 바로 조명을 끌 수 있는가?

10. 전화의 위치와 자재가 고장났을 경우에 연락해야 할 사람, 전화 번호를 알아 두어라.

11. 자재들을 미리 설치하고 확인하라.

상의 퍼짐 현상 여부도 미리 확인하라. OHP를 시험해 보고 미리 초점을 맞추어 둔다. 음향시설을 사용하는 경우에는 미리 소리의 크기를 확인하라. OHP를 사용하려면 렌즈와 유리판을 물이나 렌즈 클리너, 또는 부드러운 천으로 미리 닦아 둔다. 전기선은 테이프로 붙여서 바닥에 고정시켜 두고 만약을 대비해서 OHP 전구 교환 방법을 알아 둔다.

12. 시각 교구를 미리 확인하라.

    번호를 확인하고 사용할 면이 앞으로 되어 있는지, 올바른 순서인지, 즉시 사용할 수 있도록 준비되어 있는지 확인한다.

13. OHP의 환기통은 깨끗한지 확인하라.

    만약 환기통이 막혀 있으면 전구가 가열되어 탈 수도 있다.

14. 스크린 위와 바닥의 거리를 확인하면서 OHP와 스크린의 위치를 정해야 하는데, 이때 맨앞에 앉아 있는 사람의 머리 위로 비춰지게 하라.

15. 방의 뒤쪽에 OHP를 놓고 싶다면 OHP를 조정해 줄 사람을 정해 두라.

    만약 슬라이드 프로젝터를 사용하는 경우에는 조정하는 사람에게 프레젠테이션의 내용을 미리 알려 주어서 일일이 "다음 장이요"라고 말하지 않도록 한다. 언제 슬라이드를 교환해야 하는지 알려 주고 미리 연습해 본다. 혹은 슬라이드를 교환할 때가 되면 넥타이나 목걸이를 만지는 등의 신호를 줄 수도 있다. 슬라이드가 서로 엉키게 되었을 때, 필름이 고장 났을 때, 비디오 테이프에 문제가 생겼을 때 당신과 조정하는 사람이 어떻게 해야 하는지 미리 약속해 둔다.

16. OHP 렌즈를 깨끗이 하라.

17. 큰 방일 경우에는 큰 화면과 먼 거리에도 제대로 빛을 내는 고화질 OHP를 사용하라.

18. 짧은 거리에 있는 스크린에 큰 화면을 비춰야 할 경우에는 단거리용 초점 렌즈를 사용하라. 이 렌즈를 사용하면 좁고 넓은 방에서도 크고 선명한 화면을 볼 수 있다.
19. 장거리용 초점 렌즈는 작은 화면을 보여 줄 필요가 있을 때 사용한다.
20. 보다 효과적인 화면을 위해 의자의 배치는 스크린 중앙에서부터 70도 이내로 하라.

강의실 선택하기

가능한 한 가장 적절한 규모의 방을 선택하라. 하지만 너무 작은 방과 너무 큰 방, 둘 중의 하나를 선택해야 할 경우에는 큰 방을 선택하라. 너무 큰 방은 작고 아늑하게 보이도록 적절하게 조절할 수 있지만 좁은 방은 대책이 없다. 이상적인 방의 크기는 넓이가 1일 때 길이는 1.2인 방이다. 최적의 교육장소로 활용하기 위해서는 일인당 0.34~0.56평 정도가 적절하다.

방의 형태를 미리 파악하여야 최적의 배치를 할 수 있고 참가자들이 충분한 공간을 확보하게 되어 여러 장비를 건드리는 일이 없게 된다.

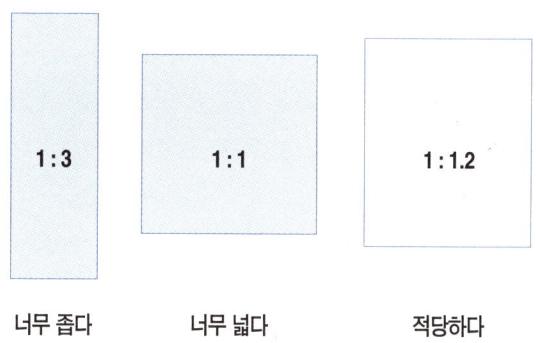

의자

의자가 편한지 미리 확인한다. 불편한 의자는 집중력을 떨어뜨린다. 가능한 한 팔걸이가 있는 의자를 사용하라. 참가자의 수에 맞는 충분한 의자와 테이블이 있는가? 배치를 끝낸 뒤 방은 깨끗하게 청소가 되었는가? 출입구는 방 뒤쪽에 두어 늦게 오는 사람 때문에 강의에 방해가 되는 일은 없도록 한다. 필요한 것보다 약 10% 정도로 의자를 넉넉하게 준비하되 여유분은 뒤쪽에 쌓아 둔다. 처음부터 너무 많은 의자를 놓고 시작하는 것보다 중간중간에 더하는 것이 좋다.

스크린

강사나 참가자들 때문에 시야가 가려지는 일이 없도록 하고, 참가자들이 의자에 앉았을 때 잘 보일 수 있어야 한다.

> **INSIDER'S TIP**
>
> 가운데 통로를 내지 말라. 가운데 자리는 시야가 제일 넓으므로 통로는 양쪽 옆으로 내도록 하라.

조명

조명이 잘 들어오는지 확인하고 너무 밝아서 눈이 부시지 않게 한다. OHP를 사용할 수 있을 만큼은 어둡고 필기를 할 수 있을 정도로는 밝아야 한다. 조명의 밝기를 조절하는 스위치와 켜고 끄는 스위치가 별도로 되어 있는지 확인한다. 그렇지 않다면 스크린 주변을 어둡게 하기 위해서 스크린 앞의 조명을 끌 수 있는지도 확인한다. 가능하다면 조명의 밝기 조절이 가능한 백열 전구를 사용하라. 모든 전기 스위치의 위치를 확인해서 표시를 해 두고, 스위치를 켜고 끌 사람을 미리 정해 둔다. 깜박이는 조명은 진행을 방해하고 불편함을 준다.

전기

전기 콘센트는 적절하고 편리한 장소에 있는가? 얼마나 긴 전선이 필요한가? 현재 전류가 교류인지 직류인지 미리 확인하고 그것이 기자재에 적합한지의 여부도 확인한다. 어댑터를 가지고 있지 않다면 사용에 어려움이 있을 수 있다. 과잉 사용으로 전력이 중단될 수도 있으므로 얼마나 많은 전력이 필요한지도 알아야 한다.

전기 콘센트와 퓨즈가 조명과 분리되어 있는지 확인하고 여분의 퓨즈와 회로선이 준비되어 있는지 확인하라. 강사가 필요할 때마다 모든 기자재를 활용할 수 있도록 앞 테이블 쪽에 전기 콘센트가 있는지도 확인해야 한다.

음향 시설

음향이 떨리면 말하는 사람과 듣는 사람의 신경에 거슬린다. 천천히 손뼉을 쳤을 때 깨지거나 울리는 소리가 나면 음향 시스템이 좋지 않다는 뜻이다. 이런 경우 바닥에 카페트를 깔고 벽에 커튼을 침으로써 떨리는 소리의 파장을 막을 수 있다. 가능하다면 바닥과 천장에 음향 흡수 타일을 설치할 수도 있다.

방의 각 위치에서 소리를 확인하라. 어느 특정한 위치에서 소리가 잘 안 들린다면 참가자들이 당신의 목소리를 제대로 듣지 못할 것이다. 참가자들이 가까운 위치에 있는 OHP 소리에 방해받지 않도록 하고, 강의실 밖에서 나는 소음이 수업을 방해하지 않도록 주의하라.

시각 교구를 준비하기 전에 알아야 할 13가지 사항

1. 최대한 20~25cm 크기 내에서 작업하라.

   이렇게 하면 준비한 내용을 한 부분도 빠짐없이 제대로 보여 줄 수 있다.

   매체에 문제가 있다 하더라도 실제로 사용하는 영역을 15% 정도 줄이면 중요한 모든 정보들을 보여 줄 수 있다.

2. 한 장에 한 가지 아이디어만 기록하라.

   소개하려는 아이디어가 복잡한 내용이라면 슬라이드를 추가하라. 또한 컴퓨터 스크린에서 서로 겹치는 기능(Overlay)을 사용할 수 있다. 슬라이드 위에 몇 장의 슬라이드를 겹치게 놓으면 복잡한 주제를 연속적으로 설명할 수 있다.

3. 단어 선택을 신중하게 하라.

   대부분의 시각 교재는 너무 많은 단어들을 사용한다. 한 장의 슬라이드 안에 너무 많은 단어와 도형이 있으면 설명하기도 힘들고 참가자들이 보기에도 불편하다. 6×6 원칙을 기억하라. 한 장에 최대한 6줄, 한 줄 안에는 최대한 6개 이상의 단어는 넣지 않도록 한다.

4. 글자를 적절하게 활용하라.
   - 최소한 18포인트 크기나 그 이상을 사용한다.
   - 굵은 글씨체와 단순한 글자 모양을 사용한다.
   - 너무 화려한 문자체는 읽기 불편하므로 사용하지 않는다.
   - 상대적 중요성을 표시하기 위해 글자 크기를 다양하게 한다.
   - 임의대로 글자체를 만들어 내지 않는다.
   - 각 시각 교구에 동일한 글자체를 사용한다.
   - 1/4인치(Inch) 크기의 글자는 보통의 시력을 가진 사람이 영사 이미지의 5배 거리에서 볼 수 있다.

5' (feet) 화면 = 25'
6' 화면 = 30'

화면	6'	8'	10'	12'	15'
1/4"	30'	40'	50'	60'	90'
3/8"	45'	60'	75'	90'	135'
1/2"	60'	80'	100'	120'	180'

1/4인치 글자의 폰트 사이즈는 폰트의 종류에 따라 다르다.

Times Roman is 20 point
Book Antigua is 20 Point
Arial is 18 point
Bookman Oldstyle is 21 point
Impact is 18 point

- 각 서체들은 서로 다르다.

대소문자에 따른 폰트의 크기는 언제나 일정하지 않지만 72포인트 글자는 약 1인치 크기이다. 하지만 프린터의 경우에는 대문자의 가장 윗부분부터 소문자의 가장 아랫부분, 예를 들어 소문자 'g'의 아랫 부분까지를 잰다. 시각교재를 제작할 때는 대문자의 크기만을 재는데 1/4인치 높이의 대문자는 대략 20포인트 정도이다. 위의 예제를 보면 가독성(Readability)은 글자의 크기, 복잡성, 글자간의 간격에 따라 결정된다는 것을 알 수 있다.

비디오에서의 최소 폰트 크기는 1/4인치가 아니라 3/8인치인데 그 이유는 비디오의 초당 60줄 주사율과 픽셀(Pixel-Picture Element)의 크기 때문이다. 이것이 화면의 해상도를 결정하는데 이전의 비디오는 가독성을 위해 1/2인치나 36포인트가 필요했다. 그러나 텔레비전 모니터의 해상도가 증가하면서 이것이 3/8인치로 줄어들었다. 가독성은 CBT와 비디오가 동일하다. 컴퓨터 모니터의 해상도가 더 높기는 하지만, CBT가 사용하는 화면 이미지는 대역폭을 줄이고 빠른 로딩을 위해서 보통 크기가 작으며 화면의 일부분만 채운다.

작은 이미지를 보충하기 위해서는 더 큰 텍스트와 진하고 간단한 이미지를 사용해야 한다.

또한 세밀하고 색이 있는 그림들은 로딩이 오래 걸리므로 간단한 그림을 사용하도록 한다.

다음은 텔레비전에 사용되는 최소한의 글자 크기이다.

화면(인치)	화면 폭 × 10				
	18"	20"	26"	30"	36"
3/8"	15'	17'	22'	25'	30'
3/4"	25'	30'	38'	45'	55'
1"	32'	40'	48'	55'	70'

OHP와 35mm 슬라이드에서 흰 영역은 비디오테이프 이미지와 텔

레비전 리시버로 전송되는 이미지를 표현하는 데 반드시 필요한 것이기도 하다. 이미지 크기의 15%인 바깥쪽 여백, 안전 지대(Safe Area)는 잘린 부분이 없다는 것을 확인시켜 준다. 컴퓨터 모니터는 모서리에서 모서리까지 이미지를 모두 보여 주지만 텔레비전 리시버에서는 항상 잘리는 부분이 있다.

5. 영문일 경우 대문자와 소문자 모두를 활용하라.

일반적으로 대문자보다 소문자가 읽기 쉽다. 대문자는 대비하는 경우나 제목에만 쓰인다. 모두 대문자를 사용했을 경우 읽기가 어려우며 강조를 해야 할 때는 대문자를 사용할 수 없게 된다.

- 글자 사이, 낱말 사이, 줄 사이를 충분히 띄어 쓴다. 영문일 경우에 행간은 쓰고 있는 글자의 대문자 크기만큼 띄운다.

6. 시각화하라.

오늘날 대부분의 시각 교구들은 글자로만 되어 있다. 그러나 강의를 듣는 참가자들은 머리 속에서 그림을 떠올린다. 가령 내가 "집"이라고 말했을 때 당신은 "집"이라는 단어를 생각하는 게 아니라 당신만의 집이나 꿈속에서의 집을 떠올리는 것이다. 단어와 숫자들에만 의지하지 말고 삽화, 만화, 그래프, 차트 등을 가능한 한 많이 사용하도록 해라.

7. 배경 색상을 사용해서 시각 교구의 가독성(Readability)과 흥미를 촉진하라.

8. 슬라이드의 상단 부분에 정보를 적어 넣어라. 이렇게 함으로써 참가자들은 내용을 금방 알아볼 수 있다.

9. 세로 형태와 가로 형태를 동시에 쓰지 말라.

즉 풍경(Landscape) 모드, 초상화(Portrait)모드를 함께 사용하지 말라. 전문가들은 가로 형태(풍경 모드)를 사용하는 것이 더 효과적이라고 한다. 당신은 가로 형태 또는 풍경 모드로 화면의 윗부분으로 내용을 올릴 수 있다.

10. 색상을 사용하되 너무 많이 쓰지는 말라.

한 장의 슬라이드에 두세 가지 색상이면 충분하다. 그 이상의 색상을 사용하면 중요 포인트가 어디에 있는지 찾기가 어렵다.
색상은 다음과 같은 용도에 효과적으로 쓰인다.

- 중요한 단어를 부각시킬 때
- 중요한 문장을 강조할 때
- 구분을 할 때
- 강조할 때
- 심리적으로 영향을 줄 때
- 가독성(Readability)을 향상시킬 때

색상은 중요한 의사소통 도구이기 때문에 올바르게 사용해야 한다. 각 줄마다 다른 색상으로 되어 있는 시각 교구를 본 적이 있는가? 이런 교구는 읽기도 힘들 뿐만 아니라 집중하기도 힘들다.
다음은 색상을 효과적으로 사용한 예제이다.

- 프레젠테이션에서 각기 다른 주제를 구분할 때 색상을 사용
- 상품 또는 지역, 경비 목록, 여러 종류로 구분될 수 있는 항목을 표시할 때
- '파이 그래프'와 '막대 그래프'를 사용할 때

프레젠테이션에서 각 부문에 대한 토론을 할 때, 그래프에 사용된 색상과 동일한 것을 사용하면 강조 효과와 구별이 가능하다.
검은색과 노란색의 조합이 가장 읽기 쉬운 색상 조합이다. 노란색 배경의 검은색 글자는 커 보이고 다른 어떤 색상 조합보다 가독성이 높다.

또한 밝은 배경에 어두운 글자의 시각 교구는 부분적으로 어두운 방에서 영사되었을 때 더 잘 보인다. 예를 들어 강의실에서 OHP를 사용하거나, 아주 어둡지 않은 회의장에서 LCD 프로젝터를 사용할 경우이다. 액정 패널을 OHP 위에 놓고 쓰는 경우도 마찬가지이다.

또한 다른 색상들을 조합했을 때 효과도 알고 있어야 한다.

- 앞서 보여진 글들이 흐려지면(Grayed-Out) 어떤 배경에서는 거의 눈에 띄지 않아 읽을 수 없다.
- 역상 이미지(Reversed Images)는 어두운 배경에 흰색이나 밝은 색의 글자가 있는 것으로 매우 어두운 방에서는 특히 부각될 수 있지만, 약간이라도 빛이 있는 방에서는 희미하게 보이고 읽기 어려울 수도 있다.

11. 글씨를 세로로 쓰지 말라.

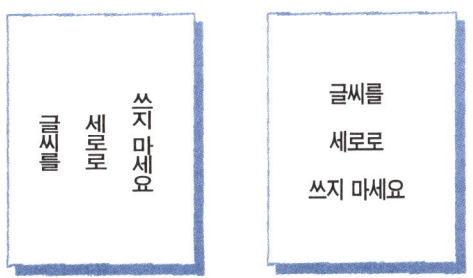

그림의 두 가지 예를 통해 금방 알 수 있듯이 세로로 쓴 글씨는 멋있어 보이지만 읽기는 매우 어렵다.

12. 시각 교구 하나에 두 종류 이상의 글자체를 쓰지 말라.

두 종류 이상의 글자체를 쓰는 것은 정보들끼리 글자체로 서로 경쟁하게 만든다.

13. 시각 교구로 비연속적인 항목을 사용할 경우에는 번호를 달기보다는 화살표, 박스, 확인 마크 등을 사용하라.

> **INSIDER'S TIP**
>
> 도버(Dover)에서 제공하는 클립 아트 책들은 저작권 없는 삽화들로서 전문가 수준의 그림을 값싸고 손쉽게 사용할 수 있다.
> 여러 클립 아트 자료들은 온라인이나 CD를 통해 사용할 수 있다.

보다 효과적인 그래픽 기법

윈도우 패닝(Window Panning)

대부분의 사람은 들은 정보를 그림으로 떠올린다는 얘기는 앞에서 이미 했다. 그림은 선명하고 오래 기억할 수 있도록 도와준다. 1930년대 AT&T에서 전화번호를 정하기 위해 조사한 바에 의하면 사람들은 단기적으로 일곱 단위의 정보를 기억할 수 있다는 사실이 발견되었다. 그래서 현재 미국의 전화번호는 일곱 자리이다.

즉 처음 세 자리의 한 그룹과, 그 다음 네 자리, 이것은 기억력의 덩어리(Chunking)로 알려졌다.

전화번호를 급하게 찾아 전화를 걸어 본 경험은 누구에게나 있을 것이다. 이때 우리는 단기 기억력으로 전화번호를 외웠지만 장기 기억력 속에 저장되지는 않았다. 이러한 경우에 AT&T의 아이디어를 이용하여 사람들의 기억력을 돕기 위한 그림이 등장했는데 이것을 윈도우 패닝 기법이라 한다.

예를 들어 위에 있는 여섯 장의 창유리 그림을 보라.

첫 번째 그림인 컴퓨터는 1990년대의 교육 책임자들이 기술 발전과 기술활용방법에 중점을 두었다는 의미이다. 그 다음에 있는 발레 슈즈는 교육 책임자가 개인과 조직의 니즈(Needs)를 균형 있게 다루어야 한다는 것을 의미한다.

세 번째 플로피 디스크 그림은 교육 책임자들이 정보의 홍수에 빠지는 것을 나타낸다. 지식의 양은 18개월마다 두 배로 증가하는데 사람들이 어떻게 이것을 습득하게 하는가를 보여 준다. 달걀에서 별이 나오는 그림은 교육 책임자들이 급격하고 역동적으로 변화하는 조직에 대응할 수 있는 스타를 발견하고 키워 내는 것을 의미한다.

그 다음 그림에는 한 사람이 '하지 마시오(Do Not)'라는 푯말 안에 갇혀 있다. 이것은 훌륭한 사람들이 감옥 안에 갇혀 있다는 생각이 들지 않도록 교육 책임자들이 보유(Retain)하려는 것을 나타낸다. 마지막으로 출구를 나타내는 화살표 그림은 교육 책임자가 감원의 필요성을 인식하고 개인과 그룹에 기울이는 관심의 균형을 의미한다.

이와 같이 여섯 장의 창유리와 여섯 종류의 중요한 정보는 늘 하던 방식대로 소개하는 것보다 그림과 함께 제시하면 더욱 잘 기억할 수 있다는 사실을 알려 준다.

다음은 1991년 1월에 발표된 ASTD 연구에 나타난 교육 책임자의 여섯 가지 관심사이다.

1. 기술의 발전
2. 개인의 필요와 조직의 필요 사이의 균형
3. 18개월마다 두 배가 되는 정보의 홍수
4. 급격하고 역동적으로 변화하는 조직에 대응할 수 있는 슈퍼 스타들을 어떻게 찾아내고 키울 것인가?
5. 갇혀 있다는 느낌을 주지 않으면서 어떻게 훌륭한 직원들을 보유할 것인가?
6. 개인과 조직의 균형을 맞추면서 어떻게 감원할 것인가?

개념은 말로 설명하는 것보다 그림을 이용하면 기억하기가 훨씬 쉬워진다. 그러므로 시각 교구를 만들 때마다 그래픽이 기억력을 향상시킨다는 점을 기억하라. 여러 개의 요점을 가지고 있다면 그래픽을 이용하여 윈도우 패닝으로 소개해 보라. 단순히 그림뿐만이 아니라 그림이 어디에 위치하고 있는지도 알고 있어야 한다. 꼭 기억해야 할 단계를 소개할 때 어떤 단계가 어디에 있으며 어떤 단계가 빠졌는지를 좀더 잘 알 수 있도록 한다.

윈도우 패닝의 핵심

- 박스를 9개 이상은 만들지 말라.

- 간단한 그림, 손으로 그린 그림을 이용하라.
- 참가자들로 하여금 각자 자기 것을 채우게 하면 기억력을 높일 수 있다.

- 참가자들로 하여금 자신만의 윈도우 패닝을 만들게 하라.

35mm슬라이드의 제작과 사용

슬라이드를 만들고 사용하는 기본적인 규칙은 대부분 35mm 슬라이드를 사용할 때도 적용할 수 있다. OHP 대신에 35mm 슬라이드를 사용할 계획이라면 다음의 18가지 기본 지침을 고려하라.

1. 슬라이드가 바른 순서, 바른 방향인지를 미리 확인한다.
2. 가로, 세로 혹은 두 가지를 다 사용할 것인지를 결정하라. 이 방향은 스크린과 이미지의 크기에 영향을 미친다. 대부분의 경우 가로 방향의 슬라이드가 쓰이는데, 그 이유는 대부분의 스크린의 면적이 넓기 때문이다.

INSIDER'S TIP

당신이 자신의 팔 정도 거리에서 슬라이드를 읽을 수 있을 때 참가자들도 스크린에서 그것을 제대로 읽을 수 있다.

3. 슬라이드를 뒷줄부터 정렬한다.
4. 맨 뒷줄에서도 잘 보이도록 큰 글자가 좋다. 일반적으로 한 줄에 최대한 5~6개 단어, 그리고 한 장의 슬라이드에 최대한 5줄을 넘지 않도록 한다. 최대한의 가시거리는 프로젝트 이미지의 8배 길이로 하라.
5. 되도록이면 한 장의 슬라이드에 단어 10개 이상은 쓰지 않는다.
6. 글씨가 잘 보이도록 사방 2~3cm의 여백은 남겨 두어야 한다.
7. 읽기 쉽도록 굵은 글자체를 사용하라. 단어와 글자 사이에는 충분한 간격을 둔다. 그리고 영문일 경우 대문자는 사용하지 않는 편이 좋다.
8. 간단한 단어를 사용한다. 능동적이고 짧은 문장과 대화체를 사용하여 시각 교구를 강조해야 한다.
9. 슬라이드가 깨끗한지 확인한다. 여러 종류의 세정제를 사용할 수 있다.
10. 슬라이드를 활동감 있고 역동적으로 만들어라.
11. 프레젠테이션을 연습하라.
12. 예, 만화, 그림 등을 많이 사용하라.
13. 컬러 대비를 잘 활용하라. 진한 청색, 검정색, 그리고 밤색 등을 배경으로 사용하고 흰색, 노랑색, 빨강색 등을 글씨나 그림에 사용하라.
14. 리모트 컨트롤 프로젝터를 사용하거나 슬라이드를 교환해 줄 사람을 미리 지정해야 참가자들의 얼굴을 마주 보며 진행할 수 있다.
15. 리모트 스위치의 진행 방향을 미리 표시해 둔다. 그래야 어두운 방에서도 제대로 슬라이드를 찾고 뒤로 돌리는 경우가 없다.
16. 시작과 마지막은 검정 슬라이드로 한다. 그래야 갑자기 환한 빛으로 참가자들을 놀라게 하는 일이 발생하지 않는다.

17. 어떤 종류의 프로젝터를 사용하느냐에 따라 슬라이드를 플라스틱, 금속, 혹은 유리 홀더에 넣을 수 있다. 종이판지(Cardboard)에 넣은 슬라이드는 가끔 구겨지고 슬라이드 트레이에 끼기도 한다.
18. 정해진 시간 내에 마칠 수 있도록 슬라이드의 수를 제한하라. 한 슬라이드당 15~20초가 적당하다.

요약

시각 교구는 메시지를 소개하는 도구일 뿐 메시지 그 자체는 아니라는 점을 명심하라. 잘 전달할 수 있고 효과적이며 간단한 시각 교구를 선택하라. 사용하게 될 기자재에 당신이 먼저 익숙해져야 한다. 미리 몇 분 간 조작 연습을 해 보면 프레젠테이션 중간에 당황하지 않고 부드럽게 진행할 수 있게 된다.

미리 프레젠테이션을 연습하라. 시각 교구를 소리 내어 연습도 해 보고 예상되는 질문을 미리 생각해 보라. 투자한 시간과 노력만큼 당신은 보다 자신감 있고 침착하게 프레젠테이션을 할 수 있을 것이고, 참가자들도 보다 효과적으로 참여할 수 있을 것이다.

이제까지 한 번도 프레젠테이션을 해 본 경험이 없는 경우라도 잘 준비된 시각 교구와 사전 연습을 통해 숙련된 강사가 될 수 있다. 잘 선택되고 준비된 시각 교구가 프레젠테이션에 큰 힘과 영향력을 준다. 다음 여섯 가지의 P가 당신이 원하는 결과를 성취하도록 도와줄 것이라는 점을 명심하라.

"**Proper Preparation and Practice Prevent Poor Performance.**"
(적절한 준비와 연습은 빈약한 성과를 예방한다.)

5 Group Involvement
그룹 참여

참여를 통해 학습을 촉진하기

그룹 참여의 기본 원칙

많은 강사들이 참여 중심의 교육을 두려워한다. 특히 강의 중심의 교육을 진행해 온 강사들이라면 더욱 그럴 것이다. 그들은 대개 "참여 중심의 교육을 하기에는 시간이 부족하다" 또는 "다루어야 할 내용이 너무 많다"라고 말한다. 그러나 스스로에게 물어볼 필요가 있다. 강사가 해야 할 일이 "다루어야 할 내용을 모두 다루는 것인가? 아니면 업무에 복귀해서 실제로 일을 더 잘할 수 있도록 능력을 길러 주는 것인가?" 답은 분명하다. 나는 업무를 더 잘하도록 능력을 길러 주는 것이 강사의 역할이라고 생각한다.

기억력에 대한 아래의 통계에 대해 생각해 보라.

읽은 것은 10%를 기억하고,
들은 것은 20%를 기억하고,
본 것은 30%를 기억하고,

듣고 본 것은 50%를 기억하고,
말한 것은 70%를 기억하고,
우리가 말하고 행동한 것은 90%를 기억한다.
(출처: *Communication for the Safety Professional*, Robert Kornikau and Frank McElroy, National Safety Council: Chicago(1975), pg. 370)

연구결과

"능동적인 학습은 수동적인 학습보다 더 효과적인데 학습 활동 그 자체가 더 좋은 학습 효과를 가져오는 것은 아니다. 학생들이 물리적, 정신적 에너지를 자신의 활동에 쏟아 부어 자신들이 현재 배우고 있는 것이 의미 있는 것이라는 것을 깨우칠 때 활동적인 학습이 이루어진다."
(Angelo, 1993 p.5)

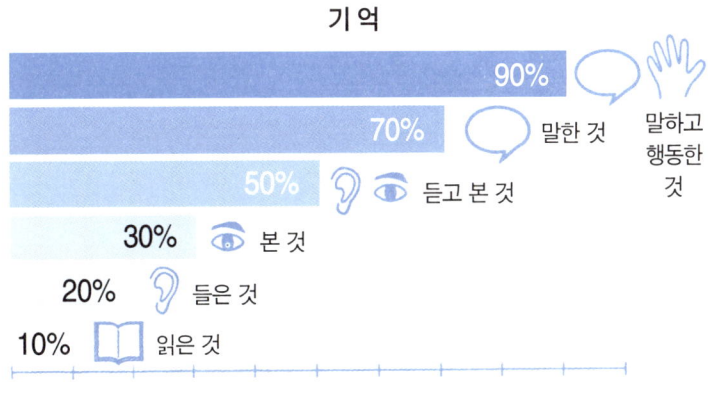

참여 학습이 중요한 이유

성인 학습 원칙 중의 하나는 사람들은 절대 자신의 정보나 의견을 두고 논쟁하지 않는다는 것이다. 강사인 내가 무엇을 이야기했다면 나는 분명 그것을 믿고 있는 것이다. 자신이 믿지 않는 것을 어떻게 가르치겠는가?

사람들이 자신의 일터로 돌아가서 스스로 배운 것을 적용하려면 우리가 소개한 개념이나 기술을 그들이 받아들여서 기억하게 해야 한다. 이렇게 받아들이고 기억하는 데는 참여가 중요하다.

어떤 강사들은 통제가 불가능해질까 봐 참여 중심의 교육을 반대하기도 한다. 그들은 계속적인 강의가 참가자들을 통제할 수 있다고 생각하는지 모르지만 내 경험은 다르다. 참여를 적절히 활용하면 학습자들에게 적절한 기회를 줄 수 있고, 스스로를 통제하고 관리할 수 있게 되기 때문에 강사의 수고가 줄게 된다. 나는 그룹 참여를 위해 강사의 지도 아래 참가자 중심으로 이루어지는 교육 기법을 사용하게 되었는데, 이 방법은 가능한 한 참가자들이 참여하는 학습 활동에 초점을 맞춘 것이다. 물론 여기에는 사전 준비와 창의력이 요구되지만 이 방법은 긍정적인 결과를 만드는 매우 성공적인 학습 도구가 될 수 있다.

이 접근법을 성공적으로 사용하기 위해서 당신은 강사로서 참가자에 대한 몇 가지 질문에 답해야 한다.

1. 그들은 어떤 경험과 지식을 가지고 있는가? 아무 경험이나 지식이 없다면 참여를 기대하기 전에 먼저 사전 정보를 주어야 할 것이다. 나는 어떤 강사에게서 이런 전화를 받은 적이 있다. "제 수업이 엉망진창이 되었어요. 수강자들의 참여를 시도하려고 했는데 전혀 그렇게 되지 않았어요." 나는 자세하게 이야기해 보라고 했다. 그 강사는 신입 영업 사원들을 위해 잘 기획된 토의 질문을 준비하여 그들에게 토의 주제를 나누어 준 후, 그룹별로 한 사람을 뽑아서 문제를 읽고 토의를 이끌어 나가게 했다고 한다. 그런

데 애석하게도 토의는 거의 진행되지 않았다. 그의 첫 번째 질문은 이러했다. "잠재 고객을 어떻게 찾아낼 것인가?" 참가자들은 현장 영업 경험이 없는 신입 영업 사원들이었기 때문에 토의가 활발히 진행될 수 없었던 것이다. 만약 그들이 잠재 고객을 찾아내는 법을 알고 있었더라면 아마 그 강의실에 있지도 않았을 것이다. 해결책은 분명하다. 토의를 진행하기 전에 참가자들은 사전 정보가 필요했다. 강사는 일곱 가지의 다른 방법을 적은 카드를 준비하고 각각의 정보가 어떻게 쓰일 수 있는지 예를 보여 준다. 그런 후에야 참가자들은 각 정보가 자신의 제품과 영역에서 어떻게 쓰일 수 있는지를 적용할 수 있을 것이다.

2. 수업이 끝난 후에 참가자들은 무엇을 알아야 하는가? 그리고 무슨 정보나 자료가 필요한가? 예를 들어 갈등 관리(Conflict Management) 수업에서 우리는 화가 나 있는 사람을 다루는 다섯 가지 방법을 설명한다. 참가자들이 이 다섯 가지 단계를 아는 것은 매우 중요하다. 만약에 어떤 사람이 당신의 사무실에 들어와 주먹으로 책상을 치면서 소리를 지른다고 하자. "질렸어요. 더 이상 참지 못하겠어!" 이때 갈등 관리에 대한 책을 뒤적이면서 '제1단계: 분노를 인정하라'를 찾은 후 "화가 많이 나셨군요. 상황을 제대로 이해하셔야지요. 진정하세요"라고 말하는 것은 전혀 도움이 되지 않을 것이다.

혹은 보다 극적인 예를 생각해 보자. 당신이 만약 심폐소생기(CPR : Cardiopulmonary Resuscitation)를 다룰 때 당신의 눈과 귀, 그리고 손은 전적으로 그 일에 집중하여 기계들을 다룰 수 있어야 하는데, 이때 가서 사용 기법을 익힌다고 책을 뒤적일 수는 없을 것이다.

사람들이 깊이 생각하지 않고도 필요한 것을 알게 되고, 또 그것을 하게 되는 것은 그들의 자발적인 참여가 있기 때문이다. 그렇기 때문에 참여가 교육 시간의 상당 부분을 차지해야 한다. 참가자들에게 필요한 것들, 즉 참고 매뉴얼 속에 있는 자료 찾기를 참여에 활용할 수도 있다. 참고 매뉴얼에 익숙해질수록 일로 돌아가서도 필요한 자료들을 쉽게 찾아낼 수 있을 것이다.

교육과 프레젠테이션에서 내가 배운 것과 대부분의 강사들이 참여를 통해 알게 된 사실은 사람들은 다른 사람과 이야기하는 것을 좋아하고 어울리기를 좋아한다는 것이다. 이러한 인간 행동의 기본 요소들은 강력한 학습 경험을 만들어 참가자들로 하여금 좋은 결과를 얻게 한다.

INSIDER'S TIP

프레젠테이션을 기획할 때 CPR을 기억하라.

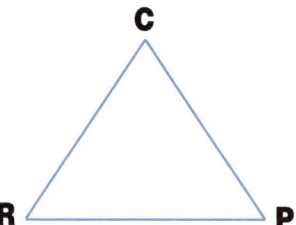

- 적합한 내용인지 확인하라(Content).
- 적절한 참여가 이루어지는지 확인하라(Participation).
- 핵심 포인트를 복습하고 강화시키는 방법을 준비하라(Review and Reinforce).

연 구 결 과

"설명을 할 때는 명확하고 초점이 분명하며 작은 단계들로 이루어져야 하는데, 학생들이 직접 각 단계를 실행할 수 있어야 한다(Brophy & Good, 1986; Druian & Butler, 1987; Rosenshine, 1988; Taylor & Valentine, 1985)."
(Reynolds, 1992, p. 19)

연 구 결 과

"실습을 통하여 학습한 내용은 학생들의 '학습중 기억'에서 '장기적 기억'으로 옮겨지게 된다."
(Rosenshine, 1988, Reynolds, 1992, P. 20)

그룹 참여를 효과적으로 사용하기 위해서는 다음 몇 가지 지침을 참고해야 한다.

1. 사람들이 서로 쉽게 의사소통 할 수 있는 좌석 배치가 필요하다. 방 배치는 강사의 통제력, 시야, 그리고 참여의 정도를 결정한다.

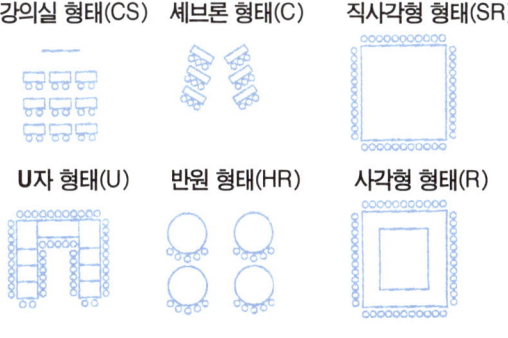

앞 페이지에 있는 그림은 교육을 위한 여섯 가지의 일반적인 배치 형태를 나타낸 것이다.

당신이 원하는 것은 무엇인가? 어느 수준으로 참가자들이 시선을 맞추게 할 것인가?

당신이 학습 환경을 더 잘 통제하려면 통제권을 소그룹이나 조장에게 넘겨 주어야 된다는 점을 인식해야 한다. 직접적인 통제력은 없지만 참가자들 자신이 참여와 학습에 대한 책임감을 느끼기 때문에 더 높은 통제력의 효과를 나타내는 것이다. 강사가 어느 수준으로 통제할 것인가?

참가자들이 시선을 자주 맞출수록 서로에 대해 더 많은 책임감을 느낀다는 것을 기억하라. 이것은 참가자들을 소그룹으로 나누어 강사뿐만 아니라 서로를 잘 볼 수 있는 좌석 배치를 만드는 또 다른 이유이다. 강사의 통제력을 원하는가? 아니면 참가자들과 눈을 맞추고 싶은가?

그룹의 크기가 클수록 각 개인의 참여가 줄어들고, 참가자들끼리 서로를 보거나 듣는 것이 어려울수록 참여도는 낮아진다.

방 배치는 이러한 요소들에 매우 큰 영향을 미친다.

좌석배치형태	CS	U	HR	C	R	SR
강사의 통제	H	H	M	M	M	M
시야	L	M	H	H	M	M
참여도	L	M	H	H	L	M

H:높음　　M:중간　　L:낮음

2. 다양한 기법들이 그룹 참여를 이끌어 내기 위해 사용된다. 어떤 방법들은 15명, 20명, 200명 혹은 500명의 사람을 대상으로 하기도 하는데 바로 강의가 그러한 방법이다. 물론 그 중 질문을 하

는 몇 사람은 더 적극적으로 참여하는 것이다. 전체 그룹을 보다 효과적으로 참여시키기 위한 다른 방법으로는 그룹을 작은 단위로 나누는 것을 들 수 있다. 예를 들어 200명의 사람을 두 사람씩 짝을 짓게 하거나 세 사람씩 나누어서 참여시킬 수 있다.

가능하다면 사람들을 반달형으로 앉게 하거나 V자 모양으로 앉게 하라. 그리고 반달형으로 각각 5~7명씩 앉게 하면 반쪽의 테이블은 비어 있게 되어 강사와 마주 대할 수도 있고, 질문을 하거나 시각 교재를 자유롭게 볼 수도 있다. 그리고 사람들과 서로 상호 작용하면서도 당신이 지시나 프로그램의 다른 부분을 소개하는 것을 쉽게 볼 수 있다.

소그룹은 5~7명이 적당하다. 7명 이상이 되면 그 중에서 쑥스러워서 참여를 못하거나 토의 주제에서 벗어나 엉뚱한 방향으로 갈 수도 있다. 또 5명보다 적은 경우에는 한 사람이 전체 토의를 독점할 가능성이 있다.

3. 그룹 리더는 참여를 유도하는 데 도움이 된다. 예를 들어 50명 정도의 큰 그룹을 여러 개의 작은 소그룹으로 나누면 그룹의 리더는 여러 가지 방법으로 그룹의 참여를 촉진할 수 있다.

- 그룹의 리더는 주어진 방향 안에서 그룹 활동을 주관한다. 이들은 학습 방향이나 지침을 알려 주거나 아니면 자료를 나누어 줄 수도 있다. 자료를 나누어 줄 때 두 가지 방법이 있는데 그룹 리더에게만 주어서 그들이 토의 주제나 할당된 과제를 그룹 멤버에게 읽어 주게 하거나, 모든 사람에게 나누어 주고 주어진 과제를 하게 할 수도 있다.

- 그룹 리더는 그룹 멤버들이 잘 따라올 수 있도록 그룹 과제를 소리 내어 읽는다. 몇몇 리더들은 다른 참가자를 시켜서 읽게 하는 경우도 있는데 이 경우는 효과가 떨어진다. 리더가 직접 읽을 경

우 참가자들은 다음과 같은 네 가지의 이익을 얻을 수 있다.
- 그룹의 멤버들이 함께 주제에 집중할 수 있다.
- 듣고 보는 것을 동시에 함으로써 좀더 잘 기억할 수 있다. 이 방법은 특히 읽는 것에 약한 참가자에게 매우 중요하다.
- 자신감이 향상된다. 다른 사람이 자기에게 귀를 기울이고 자신의 방향대로 따라오게 되는 것이다. 그룹 리더에게만 필요한 과제를 주어서 자신감을 높일 수도 있다.
- 각각의 참가자에게 리더십의 역할을 부여한다. 그룹 리더에 의해 활동이 진행되면 리더의 역할은 더 명확해진다. 참가자들이 리더의 역할을 돌아가면서 하게 되면 모두에게 기회가 돌아갈 수 있다.

- 그룹 리더는 결론이나 토의의 결과를 간략하게 요약한다. 이때 앉아서 설명하지 말고 반드시 일어나서 나머지 사람들과 눈을 맞추며 간략하게 설명한다. 그룹 리더에게는 프레젠테이션 기본 기술이 필요한데 이때 리더의 보고는 간단해야 한다. 나는 보통 1분 안에 마쳐 달라고 부탁한다.

다음과 같은 이유로 발표 시간은 엄격히 지켜져야 한다.
- 누구나 1분 동안은 이야기할 수 있다. 모든 사람이 짧은 시간 안에 끝냄으로써 프레젠테이션 스타일을 서로 비교하지 않도록 한다. 스타일이 우리의 초점은 아니기 때문이다.
- 그룹 리더가 두세 차례 더 발표하게 함으로써 무엇인가 공헌을 하고 있다는 느낌을 줄 수 있다.
- 그룹 리더들이 중언부언하기보다는 잘 요약해서 설명하게 한다. "자, 이상입니다. 감사합니다" 등의 짧은 멘트로 발표를 마칠 수 있고 잠시 말을 쉼으로써 요약을 마치면 된다. 강사는 리더의 발표에 대해 의견을 말하지 말고 같은 내용으로 중립적 입장에서 종합하여 결론을 낸다.

25개 이상의 그룹이 있는 경우에는 모든 리더가 모든 결과를 보고하지는 않는다. 나는 보통 3명 정도의 리더에게 발표를 하게 하고 나머지 리더에게는 혹시 덧붙일 말이 있는지 물어 본다.

4. 자료를 어떻게 배부하는가는 그룹의 크기에 달려 있다. 40명 이상의 참가자가 있는 그룹의 경우는 프로그램을 시작하면서 모든 자료를 한 바인더에 넣어 처음부터 배부할 수도 있지만, 참가자들이 자료를 미리 볼 수도 있기 때문에 이 방법을 사용하지 않는 경우도 있다. 참가자들이 생각하고 탐구하게 하려면 나중에 사용될 자료들을 미리 보게 해서는 안 된다. 나중에 쓰일 자료는 번호를 매긴 후에 뒤집어 놓거나, 순서를 다르게 하거나, 바인더 외의 다른 장소에 보관하였다가 나중에 적절하게 나누어 주면 된다.

참가자 수가 많은 그룹이라면 여유분의 자료를 미리 준비해서 그룹 리더들이 필요한 때에 집어 가도록 한다. 이 방법이 참가자 개개인에게 나누어 주는 것보다 훨씬 더 효과적이다.

'강사 지도 아래 참가자 중심'의 기법을 사용할 경우 참가자들의 강사에 대한 의존도를 얼마로 하느냐가 중요하다. 나는 그룹이 논쟁에 빠져 있거나 의견이 양분되어 있더라도 그룹 토의나 논쟁에는 절대 끼어들지 않는다. 이 기법은 참가자로 하여금 배운 내용을 현장에 적용할 수 있는 경험을 얻게 하는 것이지 강사가 언제나 대답을 해 주거나 문제 해결에 도움을 줄 수 있는 것도 아니라는 점을 명심하라. 참가자들 스스로 문제를 해결할 수 있도록 해야 한다. 그들의 질문에 대답을 하면 할수록 그들은 더 의존적이 되어 현장에서의 응용력이 떨어지게 된다. 그들은 탐구하고 고민하고 발견할 수 있는 환경을 만들어 주기를 원한다. 스스로 통찰력을 기르는 과정을 통해 그들은 더욱 자신감을 얻게 될 것이다.

참가자 중심 교육 프로그램에서 강사의 역할

그룹 참여를 최대한으로 끌어올리기 위해서 '강사 지도 아래 참가자 중심'으로 이뤄지는 기법을 사용하고 싶다면 강사로서 자신의 위치를 잘 알아야 한다. 전문 지식이나 강사로서의 권위를 내세울수록 참가자들은 자기 자신의 아이디어를 찾거나 스스로 문제를 해결하기가 어려워진다. 자신이 하고 있는 방법이나 토의가 옳은지를 알아보기 위해 당신에게 자꾸 의존하는 경향이 생기기 때문이다. 강사는 전문가이기보다는 촉매자나 조정자가 되어야 하므로 나는 다음과 같은 도전적인 역할들을 제안한다.

책임(Responsibility)

모든 교육 프로그램의 목적은 참가자로 하여금 도구와 기법을 적용하고 참고자료를 활용하여 자료와 해결 방법을 스스로 찾을 수 있도록 도와주는 것으로, 수업 시간이나 일터에서 동료들과 함께 해결책을 찾아낼 수 있도록 하는 것이다.

정답과 오답이 분명한 상황에서는 참가자들이 스스로 정답을 찾아낼 수 있도록 적절한 자료와 모델을 제공하여야 한다. 단순히 강사의 지도 아래 무엇이 옳고 그른지를 판단하는 것 이상으로 자신들이 알고 있는 것을 활용하여 정답에 접근할 수 있어야 한다. 강사는 단지 상담하고, 해석하고, 지시하고, 해답을 찾는 데 도움을 주는 존재만은 아닐 것이다. 우리는 세미나, 도구, 과제, 사례 연구, 다른 자료들을 통해 참가자들 스스로가 자신의 문제를 발견하고 적절한 해결을 위한 행동 계획을 작성하도록 하는 데 목표를 두고 있다.

모든 일상생활을 우리 스스로 하듯이 인생도 우리 스스로 해내는 프로젝트(Do-It-Yourself Projects)라는 개념을 이 방법에 최대한 반영하고자 한다. 이는 참가자로 하여금 배우고 문제를 해결하고 적절한 자료를 찾아내는 통찰력을 길러서 일상생활에서 부딪히는 수많은 도전에 대처하도록 하는 것이다. 또한 참가자들이 그들의 일에서 좀더 생산적이 될 수 있도록 동료들과 보다 더 협력하게 해야 한다.

강사의 지도 아래 이루어지는 참가자 중심의 교육은 스스로 해내는 프로젝트이기 때문에 참가자들은 최대한 노력을 기울여야 하고, 또 노력한 만큼 보상을 받을 수 있는 교육 기법이다. 또한 당신과 함께한 시간이 끝난 후에도 그들은 통찰력, 깨달음, 의사 결정을 통해 보다 책임감 있는 사람이 될 것이다.

이렇게 다른 어떤 방법보다 많은 자기 규율(Self-Discipline)이 필요하긴 하지만 그 규율들을 꾸준히 실천하면 참가자들이 다른 어떤 방법으로도 할 수 없는 스스로 발견해 내는 일(Self-Discovery)을 도와줄 수 있다. 이 과정에서 당신의 역할이 그다지 중요하지 않게 보일 수도 있지만 사실은 그렇지 않다. 당신의 존재는 미미하게 보일 수도 있지만 실제로 당신의 영향력은 대단히 큰 것이다.

나는 자녀 교육을 위해 시골로 이사한 어느 세미나 참가자를 만난 적이 있다. 하루는 그와 어린 딸이 오리가 알에서 깨어나는 것을 보고 있었다. 한 마리가 알에서 나오려고 애를 쓰자 어린 딸이 껍질을 깨는 것을 도와주었는데 약 한 시간 후에 그 오리는 죽고 말았다. 그 참가자는 이렇게 말했다.

"그때의 경험을 통해 우리는 오리가 알에서 깨어 나오는 과정은 그가 세상에서 살아남을 수 있는 기술을 배우는 과정이라는 것을 알았습니다. 그 과정을 거치지 않고는 살아남을 수 없는 거지요."

이 교훈은 강사들이 강의실에서 어떻게 해야 하는지를 이야기해 주고 있다. 참가자들이 좋은 성과를 얻기 위해 스스로 노력하고 애쓰도록 내버려 두라. 당신의 역할이 미미해 보인다 해도 실제로는 그렇지 않다. 내가 추천하는 이 방법은 강의는 최소화하고 그 대신 참여를 극대화하는 것이다.

때로 당신이 필요 없는 존재처럼 생각될 수도 있지만, 참가자들이 인지하지 못하더라도 당신은 필요하다. 당신은 여러 질문에 답을 하면서 통찰력을 길러 주고, 변화와 성장을 촉진하는 최고의 선생이다. 교육 목적을 위한 당신의 진지함, 체계적인 교육 계획, 당신이 세운 원칙을 지키는 태도, 그리고 참가자들을 향한 당신의 흥미와 열정은 각 참가자들의 변화와 학습을 촉진할 수 있을 것이다.

여기에 몇 가지 문제점이 있을 수도 있다. 어떤 참가자들은 비협조적일 수 있고, 무관심하거나 지각을 하고 부정적 태도를 보일 수도 있다. 하지만 그것은 하나의 과정으로 당신이 끈기 있게 참으면 그들 스스로 문제를 해결할 것이다. 이는 소규모 그룹이 서로 상호 작용하는 데서 생기는 초기 현상이다. 그들은 느끼지 못하겠지만 소규모 그룹의 멤버들은 서로에게 책임이 있고, 한 사람의 행동은 바로 다른 사람에게 영향을 주게 된다. 그래서 개개인은 다른 사람의 변화 과정을 돕게 되고, 당신도 그 과정의 한 역할을 맡게 되어서 결국 변화가 일어나게 되는 것이다.

다행히도 몇 사람을 제외한 대부분의 참가자들은 열정적이고 우호적이다. 불평하기도 하고, 비판도 하고, 이성적이었다가 농담도 하고, 퇴보하기도 하는 현상들을 이해하고 참아라. 당신이 어떤 강의 방법을 사용하든지 이러한 참가자들은 있게 마련이다. 이러한 행동에 대한 당신의 이해심과 인내심은 결국 좋은 성과를 가져올 것이다. 참고 이해하는 긍정적 태도를 취함으로써 당신은 참가자들에게 목표를 달성할 수 있는 기회를 부여하게 되며, 당신의 반응에 따라 참가자들도 똑같이 반응할 것이다. 이 기법이 지니고 있는 궁극적 가치에 대해 자신감을 보여 주고 당신의 역할을 지속해 나감으로써 당신은 참가자들이 긍정적으로 반응하도록 유도할 수 있을 것이다.

리더로서 자신의 역할을 포기하지 말라. 최소한의 통제는 유지한 상태에서 일정에 맞게 진행해 나가고 정시에 시작하고 끝내라. 15분 먼저 강의실에 도착하고 수업을 마친 후에도 남아서 당신의 열성을 보여주어라. 미리 준비하고 계획한다면 매우 효과적인 프로그램을 만들 수 있다. 당신의 가이드에 가능한 한 충실하게 따르고, 다른 아이디어나 더 좋은 방법이 떠오르면 나중으로 계획되어 있는 후속 프로그램에 남겨 두어라. 참가자들이 프로그램을 마친 후에도 스스로 자원해서 학습을 계속하기를 원한다면 프로그램이 끝난 후에 상의하라.

그룹 운영(Group Management)

소규모 그룹의 역동성은 참가자들을 5~7명의 소그룹으로 나눌 때 가장 적당한데, 주어진 시간 내에 각각 다른 활동이나 과제를 끝내야 한다.

성인들은 대부분의 교육 프로그램에서 제공되는 것보다 더 많은 신체적인 움직임을 필요로 한다. 당신이 진행하는 프로그램이 하루 종일 계속되는 것이라면, 하루에 두 번씩은 그룹 구성원을 교체하라. 예를 들어 5개의 그룹이 있다면 멤버들에게 1번부터 5번까지의 번호를 매기고 1번은 1번끼리, 2번은 2번끼리 모이게 하면 몰랐던 사람들끼리 만나게 될 수 있다. 만약 이 방법을 싫어하는 사람이 있다면 그 사람은 그 그룹에 남도록 한다. 모든 그룹이 그 사람 때문에 고민할 필요는 없다. 그룹 멤버를 교체함으로써 지금까지 함께했던 사람들을 떠나 새로운 사람을 만날 수 있다. 참가자가 만약 부정적이고 반항적인 사람과 한 그룹에 있었다면 이제는 해방될 수 있다. 세 시간마다 그룹을 교체하라. 얼마나 자주 그룹 구성원을 교체할 것인가는 당신에게 달려 있다. 5명으로 구성된 5개의 그룹이 있다면 여기 간단한 두 가지 방법이 있다.

1. 1번부터 5번까지 번호를 붙여서 같은 번호의 사람끼리 만나게 하면 5개의 전혀 다른 그룹이 생길 것이다.

2. 모든 사람을 일어서게 한 후 3명씩 그룹을 짓게 하는데 그 3명은 다른 그룹에서 온 사람으로 구성되어야 한다(이때 4명이 되는 그룹도 있을 수 있다). 각각 배운 것 한 가지씩을 나누게 한 후, 그 다음에는 5명으로 그룹을 만들게 하는데 모두 새로운 사람으로 만나게 한다. 그 다음에 이전의 3명 그룹에서 배운 새로운 것 하나씩을 나누게 한 후 이 5명이 새 그룹이 되게 하여 지정된 테이블에 앉게 한다.

각각 다른 사람이 과제마다 리더 역할을 하게 하면 프로그램이 훨씬 재미있고 흥미로워진다. 그룹 리더를 뽑는 데는 아래와 같은 다양한 방법이 있다.

- "각 테이블에서 한 명씩 자원할 사람이 필요합니다. 자원하시면 무엇을 하게 되는지 말씀드리지요." 일반적으로 이렇게 이야기하면 몇몇은 웃는데 각 테이블에서 자원자가 나오면, "감사합니다. 당신들은 나를 도와 첫 번째 그룹 리더를 선발해야 합니다. 당신들 왼쪽에 앉아 있는 분들이 첫 번째 리더입니다"라고 말한다.
- 모두에게 손가락을 위로 치켜 올리도록 한다. 그리고 "하나 둘 셋 하면 리더가 될 사람을 가리키세요"라고 해서 가장 많이 지목된 사람이 리더가 된다.
- 제일 큰 고등학교를 졸업한 사람이 리더가 된다.
- 제일 작은 고등학교를 졸업한 사람이 리더가 된다.
- 이름이 제일 긴 사람이 리더가 된다.
- 이름이 제일 짧은 사람이 리더가 된다.
- 휴식 시간이 3분쯤 남았을 때, "그룹 리더들은 그룹 구성원들을 정시에 제자리로 돌아오게 해 주세요. 제일 늦게 자리에 앉는 사람이 다음 리더가 될 것입니다"라고 말한다.

처음 시작할 때 모든 그룹 멤버들에게 번호를 주고 1번이 그룹 리더를 하게 한 후 시간이 지나면서 번갈아 가며 리더를 하게 한다. 이때 가능한 한 돌아가면서 리더로서의 책임을 맡아 보게 한다.

활동 / 토의 / 적용 기법
(Action/Discussion/Application Approach)

활동/토의/적용 기법은 그룹 참여를 효과적으로 할 수 있게 한다. 즉 먼저 활동을 하고 난 다음 무엇을 하였는지 토의한다. 활동 중간에 어떻게 느꼈는지, 어떤 감정을 느꼈는지, 결과는 어떠했는지, 그리고 마지막으로 이 활동이 실제 삶의 현장에서는 어떻게 적용될 수 있을지를 이야기한다.

내가 종종 하는 감자 활동(Potato Activity)은 이 공식을 잘 활용한 것이다. 세미나 초반부터 나는 감자를 사람들에게 상으로 주기 시작했는데 누군가가 재미있는 설명을 하면 감사의 표시로 감자를 주고, 도움을 주면 또 감자를 준다. 때로는 감자를 무작위로 주기도 하고, 이따금씩 감자를 가지고 있는 사람에게 자기 감자를 다른 테이블에 있는 사람에게 선물하라고 하기도 한다. 이 독특한 감자 활동은 사람들의 궁금증을 불러일으킨다.

그리고 휴식시간 전에, "감자를 가지고 계신 분은 휴식시간 중에 오늘 감자를 받지 않은 사람에게 선물하세요. 그리고 그 감자를 받으신 분은 다시 감자를 받지 않은 다른 고마운 사람에게 줄 수 있습니다"라고 하면 휴식시간 동안 6~8개의 감자가 건네질 것이고, 참가자들은 이 감자에 대해 농담을 할 것이다.

휴식시간이 끝나면 나는 몇 분간 강의를 한 후에 감자를 가지고 있는 사람들을 일어서게 한 후, 마지막으로 감자를 다른 테이블의 사람

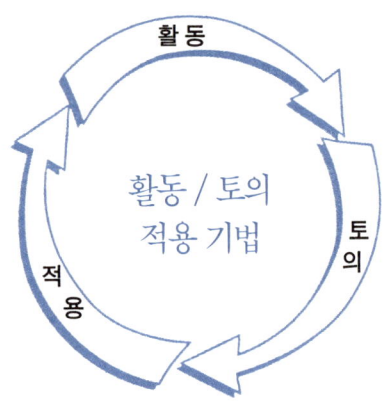

에게 건네도록 한다. 그리고 감자를 갖고 있는 사람들을 앞으로 나오게 한 후 음료수용 빨대를 준다.

나는 모든 참가자들에게 이렇게 말한다. "우리가 이야기한 것 중의 하나는 동기부여의 핵심은 신념이라는 것이었습니다. 그러면 제가 이 사람들에게 이 빨대로 감자를 한 번에 뚫어 관통하는 방법을 말해 줄 수 있다고 여러분 중 몇 명이나 생각하십니까? 저는 말해 준다고 했지 시범을 보여 준다고는 하지 않았기 때문에 실제 하는 것을 볼 수는 없습니다. 저는 그저 방법을 이야기하고 이 사람들이 하게 되는 거지요. 여러분 중 몇 명이나 가능하다고 믿으세요? 손을 들어 주시겠어요?" 대개 3분의 1쯤이 손을 든다. 그 다음에는 주머니에서 큰 액수의 지폐를 꺼내서 "제가 그렇게 할 수 있다는 쪽에 돈을 걸고 내기할 수 있을 정도로 확신하시는 분은 얼마나 되세요?" 그러면 그 중 반은 손이 내려간다. 그러면 내가 이야기한다. "우리가 지금 이야기하는 것은 동기부여의 핵심은 신념이라는 것입니다. 우리가 말뿐이 아니고 확신한다면 내기를 하지 않겠어요?"

그런 다음에 앞에 나와 있는 사람들에게 빨대로 감자 관통시키기를 설명하면서 신념을 가지고 빨대를 내려치는 비법을 강조한다. 먼저 빨대를 주먹으로 쥐고 빨대 위쪽 끝을 엄지손가락으로 막는다. 그리고 "내려쳐라"라고 크게 소리치게 한다. 다른 손은 C자 모양으로 하여 감자를 받게 되는데 빨대가 관통할 때 다칠 염려가 있기 때문에 손바닥으로 감자를 받치고 있으면 위험하다. 나는 다시 "우리는 어떠한 안전 규칙도 위반하면 안 되지요!"라고 말할 것이다. 만약 복잡한 안전 규칙들을 잘 알고 있는 안전교육 강사나 인사 부서의 사람이라면 이 말에 웃을 것이다.

그리고 나서 나는 사람들에게 몇 번 연습해 보게 한다. 그들이 준비가 되면 간단히 빨대로 감자를 뚫을 수 있게 된다. 다시 한 번 나는 그들에게 빨대로 뚫는 것은 힘의 세기가 아니라 위에서 내려치는 것임을 상기시킨다. "단순히 빨대를 쥐고 감자를 목표로 하여 크게 '내려쳐라'라고 외치면서 관통시키는 거지요." 일반적으로 반 정도의 사람들은 처음 시도에 성공한다. 몇 번의 시도로 빨대가 휘어지면 새로운 빨대를 주어 모두가 성공하게 한다. 그런 다음에 모두의 박수를 받으며 감자를 기념으로 가지고 자리로 돌아가게 한다.

이제 위의 시범에 관한 토의를 할 차례로서 전체 그룹을 대상으로 할 수도 있고 소그룹으로 진행할 수도 있다. 이 토의의 목적은 다음의 질문을 생각해 보는 것이다. 시범을 보여 주는 것(Showing)과 말로만 하는 것(Telling)은 어떻게 다른가? 처음 활동을 시작할 때 그들의 성공에 대한 확신 여부가 결과에 어떤 영향을 주는가? 긍정적인 태도가 참여와 성공에 어떠한 영향을 미치는가?

여기에 내용을 확실하게 잘 가르쳐 주기 위하여 활용하는 다음과 같은 세 가지 방법이 있다.

1. E-T-A : 경험(Experience)-이론(Theory)-의식(Awareness)
처음에 경험을 하게 하고, 그 다음에는 그 경험을 설명하는 이론을 제공함으로써 모든 것을 파악하고 의식하게 한다.

예를 들면 사람들은 전통적인 학교 스타일과는 다른 반원 형태의 테이블이 있는 강의실에 들어와서 다른 사람들과 상호 작용하게 된다. 그 후에 우리는 방 배치의 다른 점에 대해 이야기한다. 반원 형태의 테이블에 5~7명이 함께 앉게 되면 금방 그룹이 형성되고 참여에 대한 책임감을 느끼게 되며 각자의 행동이 그룹에 영향을 미치게 됨을 깨닫게 된다. 이 이론에 대해 알게 되면 사람들은 전통적인 학교 스타일보다 반원 스타일이 학습에 더 효과적임을 깨닫게 된다.

2. E-A-T : 경험(Experience)-의식(Awareness)-이론(Theory)

경험을 먼저 하게 하면 나중에는 자연히 알게 되어 결국 이론이 필요하지 않게 된다는 접근법은 기존의 경험―의식―이론의 전통적인 학습 순서와 대조적이다. 고객서비스라는 주제를 가지고 기존의 방법을 사용해서 교육을 한다고 가정해 보자. 먼저 훌륭한 고객 서비스를 하는 올바른 방법에 대한 파워포인트 강의로 강사가 이론을 먼저 제시한다. 이론을 먼저 제시해도 참가자들은 자연히 의식할 것이므로, 강사는 조금 전 제시한 이론을 사용해서 참가자들이 역할 연기를 하게 한다.

만약 강사가 역할 연기를 먼저 하도록 했다면(이 경우에는 경험이 먼저 오게 된다) 얼마나 더 효과적이고 많은 참여를 이끌어 낼 수 있었을까? 그 다음에 소그룹으로 나누어 역할 연기에서 어려운 점이 무엇이었는지 토의를 하게 한다. 그리고 나서 참가자들이 스스로 발견한 내용에 대한 보충으로 강사가 이론을 제시하는 것이다. 마지막으로 강사는 역할 연기를 다시 한 번 해서 이전의 게임에서 얻은 경험과 이론을 토대로 개선할 부분이 있는지 찾아볼 수도 있다. 이론은 단지 그 일이 왜 생겼는지에 대해서만 설명할 뿐인데 이는 이미 경험을 통해 그 일에 관해 알았기 때문이다. 이 장의 뒷부분에서는 교육 내용을 강의 형식이 아닌 새로운 실험적 방법으로 전달하는 다양한 방법들이 소개될 것이다.

어떤 세미나에서는 보통 1시간이나 1시간 30분 정도 다양한 방법으로 정보를 전달한 후에 휴식을 가진 다음, 참가자들로 하여금 행동 아이디어 리스트를 작성하게 한다. 이는 아이디어를 정리하여 현장에서 활용할 수 있도록 하기 위해서다. 몇 분 동안 이 일을 한 후에는 테이블의 다른 사람과 아이디어를 나누고 자신이 들은 아이디어 중 유용한 것은 리스트에 추가하기도 한다.

그 다음에 다른 테이블에 있는 사람들과 아이디어를 나누며 아이디어 리스트가 완성될 때까지 계속 테이블을 옮겨 다니는데, 이를 통해 유용한 아이디어를 자신의 리스트에 추가할 수 있다. 진행 중간에 사람들은 이렇게 이야기할 것이다. "이거 정말 좋은 방법이네. 아이디어를 모으고 정리하는 데 좋은걸. 다음 학습 때도 이런 방법을 써야겠어." 그러고는 정리 시간(Reflection Time)의 중요성을 이야기한다. 그렇게 함으로써 단지 내용을 적고 아무 생각도 하지 않는 것보다 잠시 멈추어서 무엇을 배웠는지 정리할 시간을 갖게 하는 것이다.

이 같은 정리 시간을 가지면 복습하라는 말을 하지 않고도 복습의 필요성을 강조할 수 있다. 생각을 정리하는 시간에 사람들은 기본적으로 자신이 배운 내용을 복습하였고, 소규모 그룹에서 아이디어를 나누면서 그에 관해 검토하고 보충하였다. 정리와 복습에 대한 이론은 참가자들이 행동 리스트를 만드는 동안 스스로 터득하게 된다. 그들은 인식을 창조하는 경험을 한 것이다. 이 과정에서 스스로 터득한 이론은 그들의 경험을 강화하는 역할을 한다.

3. T-E-A : 이론(Theory)-경험(Experience)-의식(Awareness)

때때로 참가자가 주제에 대해 아무런 경험이나 사전 지식이 없을 수 있기 때문에 처음에 약간의 이론을 설명하고 나면 그 다음에 경험을 통해 의식하게 된다.

영업 교육 프로그램을 진행한다면 판매 마감 이론에 대해 처음에 설명할 필요가 있을 것이다. 주문하기 전에 미리 해야 할 것이나, 상품을 다루는 것 등을 포함한 판매 마감의 기본적인 단계들을 이야기한다. 그 후에 실제 판매 마감을 시험해 볼 수 있는 경험을 하게 한다. 상품을 직접 다루어 본 참가자들은 성공적인 판매를 위해서는 계획을 세우는 것이 더 효과적이라는 사실을 의식하게 된다.

참가자 중심 교육에서 꼭 기억해야 할 것

1. 정시에 시작하라. 늦게 오는 사람들을 기다린다면 모든 단계가 다 늦게 시작될 것이고, 결국 당신은 사람들에게 늦게 시작하는 것을 가르치는 셈이 된다. 당신이 정확하게 정시에 시작하는 것을 보게 되면 참가자들도 정확하게 시간을 지키는 것을 배울 것이다. 강의를 할 때는 크게 중요하진 않지만 유용하게 활용할 수 있는 보조 자료를 갖고 시작하라. 그렇게 하면 정시에 온 사람들에게는 유익하고 늦게 온 사람들은 중요한 정보를 놓치지 않게 된다.
2. 모든 그룹 활동을 완전히 마쳐야 하는 것은 아니다. 여러 부분으로 구성된 그룹 활동을 순차적으로 하지 않아도 될 경우 그룹별로 활동의 일부를 나누어 준 다음 발표를 시키면 참가자들이 모든 정보에 익숙해질 수 있다. 이 방법은 짧은 시간에 많은 것을 할 수 있게 해 주는데, 만약 참가자들이 조금 더 많은 시간을 필요로 하면 그들의 요구를 받아 줄 수도 있다.
3. 강사는 촉매자로서의 역할에 충실해야 한다. 자기의 생각을 일방적으로 설교하거나 강요하지 말고, 자신의 의견 쪽으로 토의를 몰고 가지 말라. 물론 당신은 이 내용을 잘 알고 있기 때문에 더

명쾌하게 요약할 수 있겠지만 우리의 목적은 그것이 아니다. 사람들은 자신의 발견과 통찰력을 가치 있게 여기는데, 만약에 참가자들이 당신과 경쟁하고 있다는 느낌을 갖게 되면 미리 포기하고 이렇게 말할 것이다. "그래요, 똑똑하신 양반, 당신이 다 이야기하세요." 그러고는 다시 참여하지 않을 것이다.

4. 상사의 이미지를 피하고 모범을 보여라. 참가자들을 비판하고 놀리고 당황하게 하면 그들은 당신을 존중하지 않을 것이다. 참가자들이 다른 의견을 제시하면 그에 동의하지 않더라도 그것을 존중하라.

5. 참가자들의 이름을 외워라. 가능하다면 참가자 모두의 이름을 외워라.

6. 참가자들이 서로 어울리게 하라. 그룹을 자주 바꾸어 전체 그룹의 단결력을 높이고 서로 친밀감을 느끼게 하라.

7. 개인의 문제를 그룹의 문제로 만들라. 누군가가 질문을 했을 때, "아주 흥미로운 질문이군요. 다른 사람들은 어떻게 생각하는지 물어볼까요?"라고 이야기하면 덜 권위적이면서 모범이 될 수 있다. 개인의 질문을 전체 과제로 바꾸어 토론하면 참가자에게 많은 도움이 된다.

8. 누가 옳고 그른지 참가자와 논쟁하지 말라. 그 대신 그들이 옳은 답을 찾는 데 도움이 되는 자료를 활용하도록 도와주어라.

9. 참가자들이 다른 사람들과 함께 일할 수 있게 하라. 함께 일하는 사람을 언제나 우리 마음대로 선택할 수는 없다. 같은 문제로 고민하고 해결책을 찾기 위해 협동하면 이해심을 기르고 스스로 성장할 수 있다.

10. 제일 먼저 도착하고 맨 나중에 강의실을 떠나라. 모든 자재를 미리 확인하라. 프로그램 진행을 위한 자료를 미리 준비하고 배치해 두라.

11. 프로그램의 정신을 실천하라. 열정적이고 긍정적으로 참가자들을 배려하라.
12. 친근감을 주는 리더십을 가져라. "중단하세요" 등의 문장을 사용하지 말고 "시작할까요?", "시간이 다 되었네요" 등의 말을 사용하면 더 편하게 들릴 것이다. 참가자들은 스스로 통제하는 것을 좋아하는 어른들임을 기억하여 명령하기보다는 제안을 하라.
13. 토의 내용을 엿듣거나 토의에 끼어들지 말라.
14. 조장이 발표 시간을 준수하게 하라. 이 점에 대해 부드러우면서도 확실하게 해야 하는데, 이러한 통제를 하지 못하면 대부분의 참가자들로부터 불만을 듣게 된다.

> **INSIDER'S TIP**
>
> 그룹 참여에 음악을 활용할 수 있다.
> - 밝고 경쾌한 음악으로 참가자들을 자리에 앉게 할 수 있다.
> - 개별 활동을 할 때에는 조용한 음악이 좋다.
> - 보통 속도의 음악은 소그룹의 대화를 계속하게 한다.
> - 게임 쇼에서 사용되는 음악은 게임이나 시뮬레이션에서 다음 단계를 나타내게 한다.
> - 음악 소리를 크게 하거나 낮춤으로써 활동 시간이 끝났음을 알릴 수 있다.

다음의 교수 설계 그리드(Instructional Design Grid)는 여러 상황에 대해서 적절한 방법을 선택하는 데 도움을 주는 강력한 도구이다. 이 그리드는 1987년 '인재 개발을 위한 대학 연합 대회(University Associates Annual for Developing Human Resources)'를 위해 쓴 논문에서 처음 발표되었는데 이것을 이해하는 데는 세 가지 중요한 요소가 있다.

다음 페이지에 나와 있는 그림을 보면 맨 위 정보 수신(Information Receiving), 토의(Discussion), 정보 찾기(Information Finding), 극화(Dramatization)가 나와 있다. 이 차트에 나와 있는 17개의 교육 방법 가운데 그룹 참여가 가장 적게 필요한 것은 왼쪽 끝에 있고, 게임과 흥미로운 요소들을 통해서 그룹 참여가 가장 활발히 일어나는 것이 오른쪽 끝에 나열되어 있다.

그 밖에 일곱 가지 가능한 학습 성과들이 왼쪽 열의 윗부분에 나열되어 있다. 차트를 쭉 따라가 보면 각각의 방법들이 어떤 성과를 나타내는지 알 수 있고 또한 하나의 방법이 어떤 성과에 대해서는 전혀 권할 만하지 않다는 사실(예를 들어 강의는 문제 해결을 위해서는 별로 권장할 만하지 않다), 좋은 성과를 나타낸다는 사실(예를 들어 브레인스토밍은 문제 해결이 성과일 때는 보통의 괜찮은 방법이지만, 창조성이 성과일 때는 아주 훌륭한 방법이 된다), 또는 최상의 결과를 내는 방법들을 제시할 수 있다(예를 들어 사례 연구나 프로젝트 경험은 원하는 성과가 기술의 변화일 때 최상의 결과를 가져온다).

끝으로 학습 도구가 학습 환경에 미치는 영향을 주의 깊게 살펴 보아야 한다. 일방적 의사 소통(One Way Communication)부터 시간 효율(Time Efficiency)까지 아홉 가지 공통 학습 환경 요인(Common Learning Environment Factors)이 기록되어 있는데 여기에 연관된 교육 방법에 따라 추천하지 않는 경우(예: 일방적 의사소통에서의 버즈 그룹), 좋은 결과가 나오는 경우(예: 조장의 참여가 중요한 요소인 경우의 판넬), 최고의 결과(예: 작은 그룹에서의 시뮬레이션과 게임)가 있을 수 있다. 따라서 여기에 제시된 여러 가지 방법들을 활용한다면 다양하고 좋은 성과를 낼 수 있을 것이다.

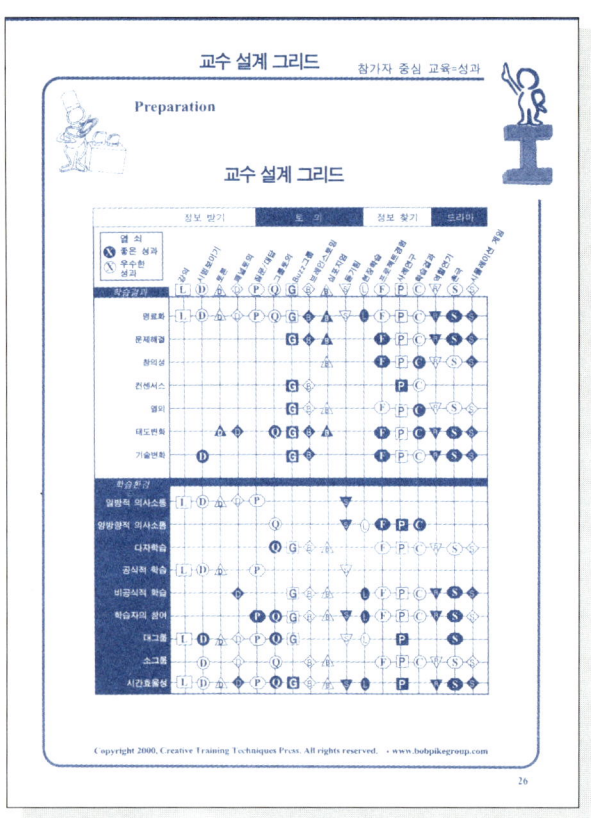

교수법

교수법은 문제 해결, 새로운 이해, 새로운 태도에 대한 경험을 쌓기 위한 목적으로 정보를 찾고 제공하는 시스템이다.

내용을 전달하는 방법에는 여러 가지 방법이 있는데 여기 몇 가지 일반적인 예를 소개한다.

방법 : 강의(Lecture)
내용 : 한 사람이 체계적으로 정보를 소개한다.

장점 : 제한된 시간에 많은 양의 정보를 소개할 수 있다. 체계적인 순서 내에서 여러 다양한 자료와 아이디어를 전달할 수 있다.
단점 : 한 사람의 시각에서 한 가지 의사소통 채널만 활용되기 때문에 학습자의 참여가 없다. 강사의 개성에 많은 영향을 받는다.
상호 작용 패턴:

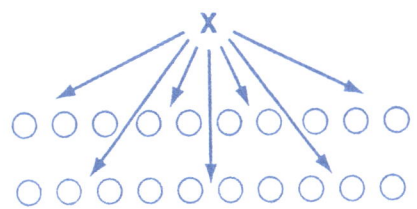

방법 : 질의응답(Question and Answer)
내용 : 한 사람이 질문에 답하고 나면 질문은 그 사람에서 다음 사람으로 이어진다.
장점 : 학습자의 구체적인 필요에 명확한 답변을 전달한다. 다른 방법과 쉽게 병행할 수 있다.
단점 : 따로 형식이 있는 것이 아니므로 당황하는 상황이 생길 수 있다. 또 참가자들이 지루해 하거나 흥미를 잃을 수도 있다.
상호 작용 패턴:

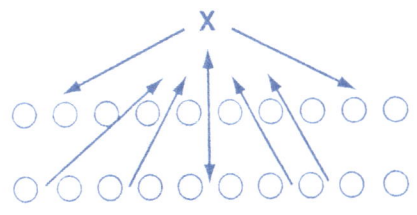

방법 : 그룹 토의(Group Discussion)
내용 : 두 명이나 그 이상의 사람이 의견, 경험, 정보를 나누고 함께 아이디어를 제시한 후 평가를 한다. 동의나 더 나은 의견을 위해 서로 협동한다.
장점 : 높은 수준의 상호 작용, 흥미, 참여를 통해 그룹 멤버의 니즈(Needs)를 충족시킨다.
단점 : 신뢰할 만한 정보가 제공되지 않거나 전체 그룹에 도움이 되지 않을 수도 있다. 시간과 인내심, 그리고 능력 있는 리더가 필요하다.
상호 작용 패턴 :

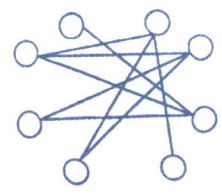

방법 : 강의식 포럼(Lecture Forum)
내용 : 한 사람이 강의도 하고 특정 부분에 대한 질문에도 답한다.
장점 : 아이디어를 명확하게 하는 쌍방 의사소통 강의도 있고, 특정 니즈를 만족시키기도 한다.
단점 : 한 사람의 시각에서만 질문에 답하기 때문에 피상적이 될 수도 있고, 몇몇 사람에게만 참가가 제한될 수도 있다.
상호 작용 패턴:

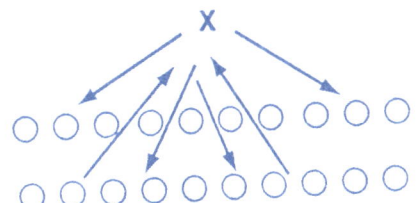

방법 : 심포지엄(Symposium)
내용 : 3명이나 그 이상의 사람들이 서로 다른 시각으로 짤막한 발표를 하고 난 뒤 사회자의 진행으로 질문과 답변을 한다.
장점 : 여러 다양한 시각을 소개할 수 있고 질문을 통해 궁금증을 해소할 수 있다.
단점 : 발표자들의 동일한 능력과 참여의 자유가 요구되고, 능력 있는 사회자가 필요하다.
상호 작용 패턴:

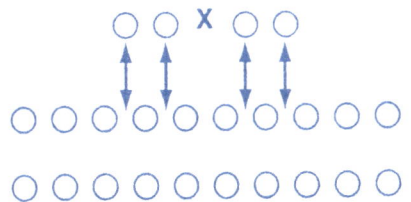

방법 : 패널(Panel)
내용 : 3명이나 그 이상의 사람들이 그룹 앞에서 특정 주제에 대해 토의를 한 후에 사회자의 진행으로 그룹 토의를 한다.
장점 : 다양한 시각이 사고를 자극한다.
단점 : 토의가 독점되지 않고 패널들이 주제에 집중할 수 있도록 질

문의 수를 제한할 수 있는 능력 있는 사회자가 필요하다. 아울러 토의에 영향을 주지 않는 범위에서 자신을 절제할 수 있는 균형 잡힌 패널이 요구된다.

상호 작용 패턴 :

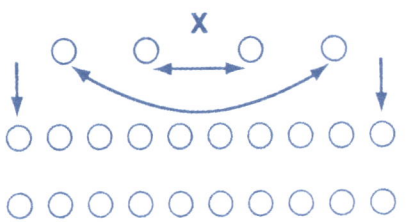

방법 : 토론(Debate)
내용 : 2명의 발표자가 사회자의 진행으로 한 주제를 놓고 서로 다른 관점에서 이를 발표한다.
장점 : 주제의 양쪽 면(찬성과 반대)을 그룹에게 잘 보여 줄 수 있다.
단점 : 사회자의 중재가 필요할 정도로 감정적이 될 수 있다.
상호 작용 패턴 :

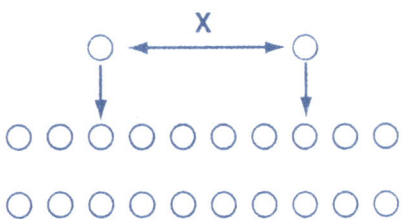

방법 : 대화(Conversation)
내용 : 두 사람이 참가자 앞에서 주제에 관해 자유롭게 토의한다.
장점 : 토의를 진행할 때 자유로운 분위기 속에서 흥미 있고 감정적

인 내용의 정보도 전달할 수 있다.

단점 : 참가자 개인 성향에 의해 토의가 무질서해지거나 독점될 수 있다.

상호 작용 패턴 :

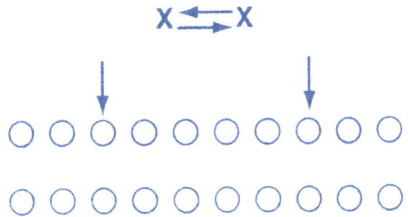

방법 : 버즈 그룹(Buzz Groups)

내용 : 큰 그룹을 5~10명의 소그룹으로 나누어 주제를 토의하고 나중에 큰 그룹으로 모여 결과를 보고한다.

장점 : 한정된 시간에 토의를 최대한으로 할 수 있는 기회를 주고 열정과 참여를 증가시킨다.

단점 : 토의가 건성이 되거나 무질서하게 될 수 있고, 그룹 내의 한두 사람이 토의를 독점할 수 있다. 토의 과정을 잘 조정할 수 있는 능력 있는 리더가 요구된다.

상호 작용 패턴 :

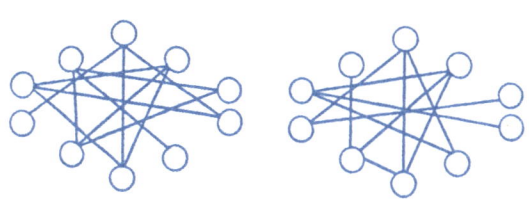

방법 : 역할 연기(Role-Playing)
내용 : 그룹 멤버들 중 몇 명이 나와서 분석하고 평가할 수 있도록 인간관계에 관한 상황이나 사건을 설정해 자연스럽게 연기한다.
장점 : 인간관계와 관련된 상황을 느낄 수 있고, 실험을 통해서 가능한 해결책을 생각할 수 있도록 기회를 제공한다.
단점 : 자칫 형식적이 되거나 단지 즐기는 방향으로 치우치기 쉽다. 그룹의 문제 상황과는 관계없이 결론을 맺을 수도 있다.
상호 작용 패턴 :

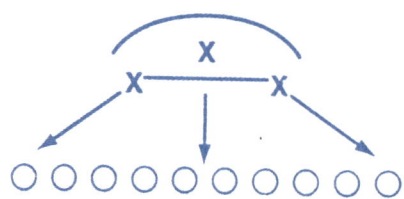

방법 : 시범(Demonstrations)
내용 : 한 사람이 그룹 앞에서 과정을 설명한다.
장점 : 기법과 기술을 실연하여 보여 주고 특정 절차의 결과를 보여 준다.
단점 : 그룹 멤버의 참여가 제한된다.
상호 작용 패턴 :

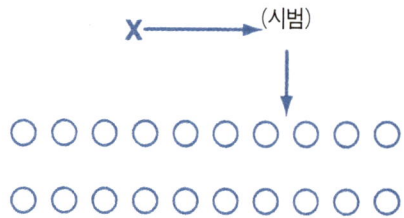

방법 : 실험(Laboratory)
내용 : 한두 사람이 시험과 실험을 통해 문제를 해결한다.
장점 : 이론을 실제로 실험해 볼 수 있다. 실제 경험과 정보를 제공하고 많은 직감을 얻게 되며 직접 해 봄으로써 그 결과를 보여 준다.
단점 : 일반적으로 시간, 숙련된 기술, 장비 등이 요구된다.
상호 작용 패턴 :

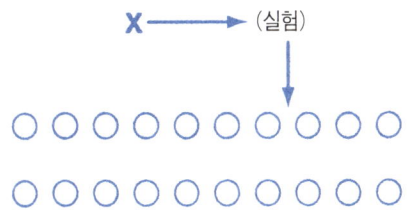

방법 : 전시(Exhibits)
내용 : 수집한 자료들을 배열해서 보여 준다.
장점 : 필요한 정보를 보기 쉽게 전시하여 보여 준다.
단점 : 오직 시각 효과만 있다. 의사소통이나 토의는 부족하다. 시간과 준비가 필요하다.
상호 작용 패턴 :

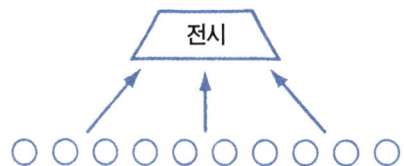

방법 : 프로젝트(Projects)
내용 : 그룹 멤버들이 협동적으로 문제를 조사한다.
장점 : 경험을 통해 정보를 전달하고 흥미를 자극하며 그룹간의 친밀
감을 돈독하게 한다.
단점 : 끝내는 데 시간이 필요하다. 활동 그 자체로 끝나는 경향이
있다.
상호 작용 패턴 :

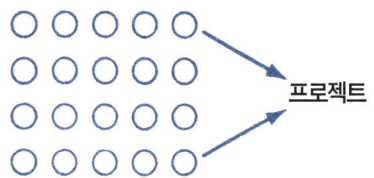

휴식시간 이후에 참가자들을 정시에 돌아오게 하는 방법

시간
예를 들어 "11시 6분까지 쉬겠습니다"처럼 일상적이지 않은 시각을 사용하라.

음악
휴식시간 도중에 음악을 틀고 휴식시간이 끝나는 것을 알리기 위해 소리를 높이거나 줄인다.

보상

사람들이 참여하도록 활동 점수를 준다. 예를 들어 정시에 오는 사람들에게 1점씩 주고, 전체 테이블이 다 정시에 돌아오면 두 배의 점수를 준다.

시간 알리는 사람

한 사람을 지정하여 휴식시간이 끝나는 것을 알리게 하거나 벨을 울리게 한다. 강사가 하는 것보다 참가자가 하는 것이 더 효과적이다.

조명

휴식시간이 끝나기 5분 전에 조명을 깜박인다.

퀴즈 게임

휴식시간이 끝나갈 무렵 퀴즈나 퍼즐 등 간단한 활동을 시작하여 사람들이 자리로 돌아오게 한다.

힌트

휴식시간이 끝났을 때 참가자들이 의자에 앉도록 하기 위해 힌트를 알려 준다. 늦게 오는 사람은 중요한 힌트를 놓치게 된다.

그룹 리더

각 테이블별로 그룹 리더가 정시에 돌아오는 것을 책임지게 한다. 그룹 리더는 휴식시간이 되었을 때 제일 먼저 자리에서 일어나는 사람이거나 맨 마지막으로 일어나는 사람이 될 수 있다.

휴식시간 이후에 참가자들을 정시에 돌아오게 하는 방법

- 시간
- 음악
- 보상
- 시간 알리는 사람
- 조명
- 퀴즈 게임
- 힌트
- 그룹 리더

6
창의적인 교재 만들기

참가자들이 서로 배우고 인생 경험을 나누게 하는
과제, 사례 연구, 역할 연기

벤저민 프랭클린(Benjamin Franklin)은 "경험은 소중한 학교이다"라고 강조하면서 "바보는 누구에게서도 배우지 못한다"고 말했다.

경험은 우리로 하여금 학습의 대가를 치르게 한다. 하지만 우리에게는 이미 그 대가를 치른 사람들에게 배울 수 있는 기회가 있다. 그들의 경험을 통해서 대신 배울 수 있기 때문에 우리는 학습에 가속도를 낼 수 있다.

이 장에서는 강사로서의 경험과 나 자신의 경험을 통해 참가자들이 배울 수 있는 환경을 만드는 내용을 다루고 있다. 때로는 당신이 이런 환경을 미리 만들어 놓을 수도 있지만, 참가자들이 자신의 경험과 정보를 활용하여 이런 환경을 만들어 가는 과정을 갖도록 하는 것도 의미 있는 일이다. 한 프로그램에서 두 가지를 다 사용할 수도 있는데 어느 것을 선택하든 똑같은 기본 모델을 따르게 될 것이다.

> **연구결과**
>
> 학생이 강의나 발표를 통해 무엇을 배울 때 일련의 사건들이 학습중 기억(working memory) 부분에서 일어나는데 정보의 한 단위를 학습중 기억 부분에서 장기적 기억(long-term memory) 부분으로 옮기는 데는 약 10초가 소요된다.
>
> 보통 강의의 속도를 분당 150단어 정도로 가정한다면 다섯 단어마다 새로운 아이디어가 생성돼 학생들에게 분당 30개의 아이디어를 퍼붓게 된다! 토론의 경우에 있어서 단 절반의 아이디어가 새롭거나 중요한 것이라고 가정한다 해도 역시 학생들은 분당 15개의 아이디어와 맞닥뜨리게 되는데 우리는 분당 6개밖에 처리할 능력이 없다. 이 경우 학생들은 자신이 이해할 수 있는 것만 받아들이거나 좌절감을 느끼거나, 아니면 주의를 다른 곳으로 돌려 버린다.
>
> Eggan and Kauchak (1988, P. 313)

과제를 기획하는 일곱 가지 단계

어떤 종류의 과제, 사례 연구, 역할 연기 등을 기획할 때에는 다음 일곱 단계를 고려해야 한다.

제1단계 : 주제를 선택한다

어떤 주제에 초점을 맞추고 싶은가? 갈등 관리, 갈등 해결, 문제 해결, 혹은 감사의 표현 중 어느 것인가?

제2단계 : 사례와 상황을 선택한다

선택한 주제에 어떻게 접근할 것인가? 예를 들어 감정이 의사소통에 미치는 영향을 다루고 싶다면 상사와 부서 직원들의 관계를 나타내는 사례나 상황을 선택할 수 있다.

제3단계 : 참가자들이 결론을 도출해 내도록 충분한 상세 정보를 전달한다

예를 들어 다음 페이지에 나와 있는 역할 연기는 백화점의 부서장과 감독자 사이에 일어난 일이다. 역할 연기를 할 수 있을 만큼의 충분한 상세 설명과 주제 및 목표가 제시되어 있다.

제4단계 : 어떤 종류의 결과물을 원하는지 구체적으로 이야기한다

그룹에게 질문에 대답하고 요약하게 하고 싶은가? 아니면 상황을 해결할 수 있는 행동 계획을 만들기를 바라는가? 과제가 끝났을 때 참가자들이 무엇을 완성해야 하는지 당신이 원하는 바를 명확히 밝혀라.

제5단계 : 그룹의 크기를 정한다

둘씩 짝 지어서 하게 되는가? 과제나 사례 연구, 역할 연기 등을 그룹으로 하게 되는가? 아니면 개인적으로 하게 되는가? 이러한 선택은 활동의 역동성에 영향을 주게 된다.

제6단계 : 참가자를 어떻게 구성할 것인지 정한다

남성은 남성끼리, 여성은 여성끼리, 관리자는 관리자끼리, 직원들은 직원들끼리 하게 할 것인가? 아니면 모든 사람을 섞어서 함께 하게 할 것인가, 내부 영업 사원과 외부 영업 사원들을 따로 하게 할 것인가? 아니면 함께 하게 할 것인가? 시간을 가지고 그룹의 참가자에 대해 생각해 보라. 특정 멤버들이 갖고 있는 독특한 배경과 경험을 통해 이익을 얻을 수 있도록 특별한 방법으로 재배치하는 것이 좋은가? 혹은 그냥 무작위로 배치하는 것이 더 효과적인가? 어떤 경우이든 미리 생각한 후 결정을 해야 한다.

제7단계 : 시간 제한을 미리 정한다

시간을 얼마나 줄 것인가? 어떤 그룹은 다른 그룹보다 더 많은 자료를 준비했을 수 있다. 제한된 시간 내에 모든 사람들이 집중하게 하려면 제일 중요한 질문은 처음과 맨 끝에 둔다. 만약 토의해야 할 질문이 8개 있고 주어진 시간이 20분인 경우, 약 15분이 지나면 아직 중간에 있는 질문들을 다 풀지 못했어도 마지막 질문을 풀게하여 모든 그룹이 중요한 자료를 다룰 수 있게 한다.

역할 연기(Role Play)

> **연 구 결 과**
>
> "유능한 교사는 새로운 정보를 실천해 보고 적용할 수 있는 기회를 학생들에게 제공한다."
>
> Good, T. L. & Brophy, J. E. (1994)

사람들에게 다음 세 가지 방법 중 하나의 역할 연기를 하도록 한다.

1. 실제 상황과 똑같이 역할 연기를 한다. 즉 당신이 바로 그 사람이기 때문에 정말 그런 일을 당했을 때처럼 연기한다.
2. 주어진 사례에 있는 그대로 역할 연기를 한다. 혹시 당신이 동의하지 않더라도 대본에 나온 대로 똑같이 한다.
3. 이상적으로 역할 연기를 한다. 다시 말해서 실제 상황에서는 불가능한 말이나 행동을 이상적으로 말하고 행동한다.

다음의 사례에 관한 역할 연기를 하는 사람에게 "확신에 찬 목소리로 당신의 의견을 강하게 이야기하십시오. 그리고 당신이 옳다는 사실을 명심하십시오"라고 말하라.

> **사례 1**
>
> 　당신은 부서원이 75명이나 되는 큰 부서의 장이다. 당신은 20년 전 이 사무실에서 사무 보조원으로 일을 시작하여 사내 교육과 몇몇 야간 과정을 이수하면서 지금 이 자리까지 오게 된 것에 큰 자부심을 갖고 있다. 비슷한 위치에 있는 사람 중 당신만 고등학교를 졸업하였다.
>
> 　그러나 당신의 경험과 전문성에도 불구하고 당신 부서의 감독자 중에서 한 명이 계속 당신을 괴롭힌다. 그 사람은 조직에 들어온 지 1년쯤 됐고 몇 번의 승진도 했으며, 석사 학위까지 있다. 그가 특별히 거슬리는 이유는 부서 회의에서 종종 적절하지 않은 제안을 해서 당신의 일정을 엉망으로 만들기 때문이다.
>
> 　당신은 회의는 정시에 끝나야 한다고 믿기 때문에 회의 전에 자료를 검토할 사전 회의를 소집하였다. 당신은 사전에 만나서 회의 때 다루어야 할 내용을 미리 검토함으로써 최상의 해결책이 나온다고 생각한다. 방해받지 않고 당신의 요점을 빨리 이야기하고 싶었지만, 뜻하지 않은 방해로 주제가 자꾸 옆길로 샌다. 당신은 누군가가 자신의 의견을 존중해 줄 것을 기대하고 있다.

　다른 사람은 이 역할 연기에서 부서장과 갈등을 빚는 감독자 역할을 맡게 된다. 그 사람에게도 이렇게 이야기한다. "확신에 찬 목소리로 당신의 의견을 강하게 이야기하십시오. 그리고 당신이 옳다는 사실을 명심하십시오."

　이 역할 연기를 통해 부서장과 감독자 사이에 고려해야 할 많은 요소가 있음을 알 수 있을 것이다.

1. 두 사람의 역할은 구체적인 의견을 갖도록 구성되어 있다.
2. 두 사람은 특별한 주제를 가지고 역할 연기를 하게 된다.

사례 2

　당신은 15명의 부서원을 책임지는 감독자이다. 당신은 경험보다는 석사 학위가 있기 때문에 1년도 채 안 된 기간에 이 자리에 올랐다. 당신 부서의 다른 사람들은 당신을 혁신자로 생각하고 있고 당신의 동료 감독자들은 당신이 앞으로 큰일을 할 사람이라고 생각하고 있다.

　당신의 한 가지 골칫거리는 당신의 상사인 부서장이다. 그는 당신과 다른 다섯 명의 감독자들을 포함한 75명을 책임지는 사람이다. 이 상사는 부서 회의 때 당신이 제안하는 정당한 제안에도 매우 불쾌해 하는 기색을 띤다. 당신이 생각하기에 그는 고등학교만 졸업을 해서 석사 학위를 가지고 있는 당신이 매우 위협적이라고 생각하는 듯하다. 또한 당신이 계속 좋은 아이디어를 제안하는 것에 질투를 느끼는 것 같다.

　그와 개인 면담 시간이 잡혀 있다. 당신은 전체 사람들 앞에서 의견을 내놓았기 때문에 자신의 아이디어가 인정받기를 원한다. 당신의 상사가 뭐라고 하든지 간에 당신은 각 부서 회의에서 당신의 의견을 명확하게 발표하려고 한다. 구체적인 시간 계획을 잡고 10분 내지 15분간 의견을 이야기한다면, 정시에 시작하고 끝내는 것의 중요성을 끊임없이 강조하는 당신의 상사도 조금은 이해할 것이다.

3. 이 역할 연기는 다음 몇 가지 목적으로 활용될 수 있다.

- 사람들은 이 역할 연기를 하면서 감정적이 될 수도 있다. 그러므로 우리는 사람들이 어떻게 상대방의 의견을 듣는지 관찰할 수 있다.
- 관찰자들은 사람들이 미리 마음을 정하고 회의에 참석할 때 어떤 일이 생기는지에 초점을 맞출 수 있다.
- 특정 상황에서 감정이 어떻게 표출되는지 토의할 수 있다.
- 이 문제를 해결할 다른 대안적 접근 방법을 생각해 볼 수 있다. 때로 우리는 선입견을 가지고 문제를 해결하려고 하기 때문에

오히려 문제 해결에 어려움을 느낀다. 이러한 선입견이 다른 가능한 해결책을 찾는 데 장애가 되는 것이다.

기록된 역할 연기(Written Role Plays)

그룹 활동에 이은 개인 활동을 통해서도 그룹 참여는 일어날 수 있다. 다음에 제시되는 두 가지 접근법이 바로 이에 관한 방법이다. 첫 번째는 '당신의 가능성에 따라 행동하라(Living up to your potential)'라는 주제로 각 참가자들에게 개인적으로 7~8분씩을 준다. 무엇을 썼는지 서로 이야기를 나누는 시간 없이 곧바로 다음 두 번째 주제로 넘어간다. '당신의 기대를 충족시켜라(Achieving your expectations)'라는 주제로 이번에는 리더를 선발하여 20분 정도 토의하게 한 후 그들의 결론을 발표하게 한다.

처음에는 개인적으로 자기 자신만의 과제를 완성한 뒤 그룹으로 그들의 느낌이나 기대를 나누면서 그것들이 어떻게 목표 달성이나 다른 주제와 연관되어 있는지에 대해 깨닫게 된다. '당신의 가능성에 따라 행동하라'라는 개인 활동은 전체 그룹에게 발표를 하지 않는다. 그러나 두 번째 '당신의 기대를 충족시켜라'라는 활동은 3~4명의 그룹 리더가 토의 내용을 요약하여 전체 그룹 앞에서 발표하도록 한다.

참가자들에게 다음의 연습 과제 중 한 가지를 하게 한다.

당신의 가능성에 따라 행동하라

1. 당신의 개인 인사 파일을 볼 수 있는 기회가 생겼다. 당신의 상사가 당신에 대해 쓴 추천장을 우연히 보게 된 것이다. 당신이 그 추천장에 써 있기를 바라는 내용을 적어 보라.
2. 고향에 갔더니 오랜 친구와 당신의 배우자와 함께 점심을 먹고 있었다. 친구는 당신을 보자 "네가 얼마나 사랑받고 있는지 알고 있어?"

하면서 편지 한 통을 건네주었다. 당신의 아내(또는 남편)가 당신의 장점을 칭찬하는 편지를 써서 그 친구에게 준 것이다.

친구가 당신에게 건네준 편지에 어떠한 내용이 써 있기를 바라는지 적어 보라.

편지를 다 쓴 후에 토의를 진행하기 위해 다음 질문을 한다.

당신의 기대를 충족시켜라

1. 당신이 쓴 편지에 대해 어떻게 느끼는가? 또 당신에 관해 쓴 편지에 대해 어떤 느낌이 드는가? 당신 자신에 대한 기대에 어떤 영향을 미치는가? 그 편지가 당신과 그 편지를 쓴 사람과의 관계에 어떤 영향을 미칠 것 같은가?
2. 편지를 쓰면서 당신은 자기 인생에 대한 이상적 기대, 그리고 당신이 되고 싶은 모습을 그려 보았다. 그 이상적 모습에 가까이 가기 위해 어떤 일을 할 수 있는가?
3. 우리는 다른 사람의 기대와 그 기대가 우리의 능력에 미치는 영향에 대해 많이 들어 왔다. 하지만 우리 자신의 기대는 어떠한가? 그것은 우리의 능력에 어떤 영향을 주는가?
4. 당신은 자신이 원하는 성품을 갖고 있는가? 그리고 어떻게 그런 것들을 성취할 수 있는가? 그것은 어떤 모습인가?
5. 이러한 기대를 성취하기 위해서 어떤 일들을 해야 하는가?
6. 목표와 그 목표를 세우는 것은 어떻게 연결될 수 있는가? 목표를 세우는 것이 어떻게 당신의 기대를 실현하는 데 도움이 될 수 있는가?
7. 긍정적 자세가 당신의 기대를 실현하는 데 어떤 도움이 되는가? 당신의 기대를 성취하는 데 당신은 어떠한 긍정적 자세를 가질 것인가?

역할 바꾸기를 통한 요점 파악

역할 바꾸기는 역할 연기뿐만 아니라 다른 종류의 활동에도 적용할 수 있는 개념으로서 우리를 다른 사람의 입장이 되게 한다. 이 역할 바꾸기는 내가 설득에 대한 세미나를 할 때 사용하는 한 가지 활동을 통해 효과적으로 설명할 수 있다.

간단히 말해서 그룹 내의 모든 사람을 노조 신문이나 회사 신문의 편집자가 되게 하는 것이다. 회사 사장의 역할을 맡은 나는 다음과 같이 발표한다.

"여러분 모두 알다시피 경제가 무척 어려워졌습니다. 지난 1년간 중요한 설비 구입과 심각한 판매 감소 때문에 설비의 60%만 가동되었습니다. 그러므로 나는 모든 직원들에게 10% 급여 감축과 6개월 동안의 급여 동결을 요구합니다."

"이 제안은 인원 감축을 최소화하는 데 도움이 될 것입니다. 그리고 평소의 2주가 넘는 연간 공장 휴가는 더 이상 없을 것이며, 회사의 관리자들은 이미 만장일치로 급여의 10% 감봉에 동의하였습니다."

"이런 제안을 하게 되어 무척 유감입니다만, 현재 우리 회사를 위한 최선의 방법이고 장기적으로는 여러분의 미래를 위한 것입니다."

"동의서에 서명을 한 후 인사부서로 즉시 제출하여 주시기 바랍니다."

이 문장들을 읽은 후 이 발표에 대해 해당 신문 입장에서 4~5단 정도의 기사를 쓰도록 편집자에게 요구하는데, 개인적으로 기사를 쓸 수도 있고 그룹이 함께 쓸 수도 있다. 2~3개 그룹의 노조 신문 측은 함께 작업을 할 수 있고, 회사 신문 측은 다른 곳에 모여서 작업할 수 있다. 다 끝나면 자신이 쓴 기사를 큰 소리로 읽는데 각 기사에는 저마다의 특정 선입관이 반영되어 있을 것이다.

마지막 단계로 그룹에게 역할을 바꾸게 한다. 회사 신문의 편집자였던 사람들은 이제 노조 신문의 편집자가 되고, 노조 신문의 경우도 회사 신문 편집자가 된다. 이 방법은 '슬링샷 효과(Slingshot Effect)'를 만드는데, 반대 역할을 매우 잘할 수도 있고 그렇지 않을 수도 있다. 어떤 경우에도 의미는 있다. 반대 역할이 어렵다면 왜 그런가에 대해 토의할 수도 있다. 또 너무 한쪽 입장에만 빠진다면 반대 쪽의 역할이 어렵게 느껴질 수도 있다. 이런 상황은 문제를 해결하고 갈등을 해소하기 위해서 주제를 향한 열린 마음이 얼마나 중요한지를 상기시켜 준다.

INSIDER'S TIP

- 3~6명 정도의 작은 그룹 안에서 역할 연기를 하라. 그러면 모두가 바라보고 있는 불편함을 최소화할 수 있다.
- 역할 연기를 할 때 코치를 선정하라. 코치나 역할 연기 참가자들이 중간에 '잠시 멈춤(Time out)'을 할 수 있게 한다.
- 역할 연기가 한쪽으로 치우치게 되면 코치가 역할 연기 참가자와 교대하여 역할 연기를 계속한다.
- 역할 연기를 '기술 연마'로 생각하라. 사전에 훈련을 하지 않고 스포츠 대회에 참가하는 사람은 없을 것이다. 역할 연기는 실전인 인생 게임 이전에 해 보는 연습의 기회이다.

효과적인 과제와 사례 연구 만들기

효과적인 과제와 사례 연구를 위한 여러 전략이 있는데 이를 설명하기 위해 내가 개발한 두 가지 과제를 소개하고자 한다.

1. 재니스 벨(Janice Bell)은 5명의 사무원과 타이피스트를 관리하는 작은 사무실의 관리자로, 처음에는 보조원으로 시작해서 지금의 자리에 올랐다. 다른 일은 해 본 적이 없고 이 일만 20년을 했다. 재니스는 비즈니스 학교(Business School)를 졸업하자마자 이 회사에 왔다. 그녀는 회사도 좋아했고 함께 일하는 사람들도 무척 좋아했다.

   하루는 상사가 재니스를 개인적으로 불러서 "당신과 당신의 동료들이 일을 아주 잘하고 있어요. 하지만 일의 양이 점점 많아지고 있어서 여러 가지로 생각하고 확인해 본 결과, 컴퓨터를 이용한 워드 프로세서를 활용하는 것이 해결책이 아닐까 생각해요. 당신과 당신 부서원 중 한 사람이 2주 과정 프로그램에 참석해서 필요한 것을 배워 오는 것이 어떨까요?"라고 말했다. 재니스는 약간 화가 난 듯이 대답했다. "우리는 이제까지 열심히 일했어요. 일이 많아지면 인원을 보충하는 식으로 해결해 왔는데요."

   재니스의 상사는 워드 프로세서가 더 좋은 해결책이라고 여기고 있다. 결국 재니스는 자기 부서에서 두 명을 보내겠다고 이야기했고, 그녀 자신은 가지 않겠다고 말했다.

   재니스가 화가 난 이유는 무엇일까? 왜 그녀는 교육 기회를 거절했을까? 상사가 어떻게 이야기했다면 이 상황이 더 잘 받아들여졌을까?

1. 참가자들에게 선택의 기회를 제공하되, 하나의 사례 연구보다 두 가지 사례를 제공한다. 첫 번째는 비즈니스 중심이고, 두 번째는 보다 개인적인 내용이다. 어떤 경우에는 첫 번째 것, 혹은 두 번째 것을 활용하고, 두 가지 다 사용하기도 한다. 하나 이상을 준비함으로써 당신은 유연성을 갖게 되고 참가자들은 선택의 기회를 갖게 된다.

2. 지난 6년간 당신 가족은 매년 호숫가에 있는 오두막집에서 2주 동안 휴가를 보냈다. 금년에는 조금 변화가 필요하다고 생각한 당신은 매월 급여에서 약간의 돈을 비밀스럽게 모았다. 그리고 휴가 한 달 전 저녁 식사 자리에서 "놀랄 일이 있어. 지난 1년 동안 저금한 돈으로 이번 휴가는 조금 특별한 곳으로 갈 수 있게 되었어. 호수뿐만 아니라 산과 바다가 있는 곳으로 가자"라고 말했다. 그와 동시에 당신은 환상적인 여행안내 책자를 꺼내 놓고 가족들이 매년 똑같았던 휴가지가 아닌 특별한 휴가 장소를 선택하도록 권했다. 하지만 가족들의 반응은 냉담했고 아무도 결정을 내리지 않았다. 결국 누군가가 휴가는 매년 가던 곳으로 가고, 모은 돈으로는 새 컬러 텔레비전을 사자고 제안했다. 이제 당신은 당황하고 실망하게 되었다. 당신의 모든 수고와 희생을 아무도 고맙게 생각하지 않는 것이다.

당신은 왜 가족들이 이런 식으로 반응했다고 생각하는가?
다른 휴가 장소에 대해 별로 환영하지 않는 것은 아마도 그 계획에 처음부터 동참하지 않았기 때문은 아닐까? 우호적인 결정과 즐거운 휴가를 위해서 당신은 무엇을 할 수 있는가?

2. 언어 사용에 주의하라. 당신이 재니스 벨의 사례를 읽을 때 상사가 남성인지 여성인지 이야기하지 말라. 꼭 필요한 경우가 아니면 성별을 구별하지 말라. 나는 사람들에게 가족 휴가 사례에서 돈을 저축한 사람이 남성인지 여성인지를 사람들에게 물어본다. 그런 다음, 이 사례에서는 당신이 돈을 저축한 사람이라고 이야기한다. 많은 경우는 아니지만 간혹 남성들은 그 사람이 여성이라는 데에 손을 들고, 여성들은 남성이라고 생각한다. 하지만 당신은 크리스, 팻, 테리와 같은 중성의 이름을 사용할 수도 있다.

그룹 리더 : 크게 읽고 토의한다

1. 이제까지 변화에 대해 어려운 주제를 토의하였다. 사람들은 원래 변화를 싫어한다고 생각하는가? 아니면 변화를 알려 주는 방법에 저항한다고 생각하는가? 변화 자체보다 변화를 알려 주는 방법에 대해 더 저항했던 경험이 있다면 그 개인적인 경험을 나누어라.

2. 왜 사람들은 변화에 저항감을 느끼는가? "옛날이 좋았다"는 말은 진짜로 좋았다는 말일까? 혹은 시간이 흘러가고 있기에 과거로 돌아가면 우리의 젊음을 되찾을 수 있기 때문인가? 저항감을 일으키는 다른 요소는 없는가?

3. 많은 사람들은 어느 신발을 먼저 신느냐, 혹은 커피 잔을 어느 손으로 잡느냐 하는 따위의 모든 일상생활의 행동이 습관화되어 있다. 변화는 이러한 습관을 바꾸기 때문에 어려운 것이다. 어떻게 사소한 습관을 바꿀 수 있는가? 예를 들면 매일 아침 산책로를 바꾼다든지, 아침에 15분 일찍 일어난다든지, 혹은 아침 식사 전에 운동을 하는 것 등은 당신의 하루 일과에 변화를 줄 수 있는 행동이다. 당신이 반복적으로 하는, 일상생활에서 작은 변화를 가져다 줄 수 있는 행동에 대해 토의하라.

4. 사람들이 변화에 저항하고 있다는 것을 나타내는 말로는 어떤 것이 있는가?(예를 들어 "우린 언제나 이런 식으로 해 왔는데요?"라는 말을 들어 보았는가?)

5. 보다 큰 그림을 그리는 것이 변화에 대비하는 것을 도와준다. 만약 50년 전에 철도를 단순히 운송 산업으로만 여겼다면 철도는 오늘날의 모습과 어떻게 달라졌겠는가? 또한 만화도 오락 산업으로만 생각했다면 오늘날 어떻게 되었을까? 기회가 왔을 때 변화를 거부하였기 때문에 오늘날 뒤처진 사람이나 산업의 다른 예를 알고 있는가?

6. 바꾸고 싶지 않은 습관이 있는가? 바꾸고 싶지 않은 이유는 무엇인가? 새로 개발하고 싶은 습관에는 어떤 것이 있는가?

7. 당신의 태도는 변화에서 얻을 수 있는 이익에 어떠한 영향을 미치는가? 강요에 의해 억지로 생활에 변화를 가져왔지만 그때 당시 아무런 이점도 없었던 경험이 있는가? 지금 돌아보면 어떤 가능한 이익을 기대할 수 있는가? 긍정적인 결과와 이익을 미리 기대함으로써 변화를 통해 더 많은 것을 얻을 수 있는가?

3. 토의 활동을 발표하는 데 도움이 되는 토의 자료를 개발하라.
   사례를 토의한 후에 사람들은 이 사례가 강조하는 요점을 다시 돌아보도록 미리 준비된 변화와 도전 같은 질문들을 토의하게 된다. 처음에는 일반적인 질문으로 시작하여(예: 왜 사람들은 변화에 저항하는가?) 마지막에는 좀더 구체적인 질문으로 끝낸다(예: 당신의 어떤 습관을 바꾸고 싶은가?).

4. 심화 문제를 개발하라. 대부분의 교육에서 당신은 빠르게 일을 처리하는 사람과 분석적인 두 종류의 사람을 만날 것이다. 심화된 질문을 개발하여 사용하면 분석적인 사람들이 시간을 허비하는 것처럼 느끼지 않고, 다음 문제를 해결하는 데 충분한 토의를 할 수 있게 된다. 다음과 같은 일곱 개의 질문이 있다고 할 때 처음 1, 2, 3, 4번과 7번은 중요 문제이고, 5번과 6번은 심화 문제

다. 분석적인 사람들이 문제 4번을 풀고 있을 때 "아직 다 풀지 못했다면 7번 문제로 건너뛰세요"라고 제안하라. 분석적인 사람들이 네 개의 문제를 푸는 동안 빠르게 일을 처리하는 사람들이 일곱 문제를 다 풀어 버리는 경우가 없도록 하라.

5. 타성을 극복하기 위해 선택의 법칙을 활용하라. 예를 들어 풀어야 할 일곱 개의 문제가 있는 경우, 나는 사람들에게 이렇게 이야기한다. "1번부터 시작하여 7번으로 끝내든지, 아니면 7번부터 시작하여 1번으로 끝내든지 선택하실 수 있습니다." 사람들은 주로 1번과 7번 문제를 훑어본 후에 좀더 쉬운 문제부터 시작한다. 질문의 구성은 다음과 같다. 1번과 7번이 제일 쉽고, 2번과 6번이 그 다음으로 쉽다. 그리고 3번과 5번이 그 다음으로 쉬우며 4번이 제일 어렵다. 마지막 요약 시간이 되면 누군가가 1번이나 7번, 혹은 다른 번호의 답을 이야기할 것이고 그룹의 반은 자신들의 답을 확인할 것이다. 나머지 반은 답을 맞춰 보지 못하는데 이는 그들이 아직 풀지 않은 문제의 답이기 때문이다. 이것은 에너지와 흥미를 자아낼 수 있는 또 다른 전략이 될 수 있다.

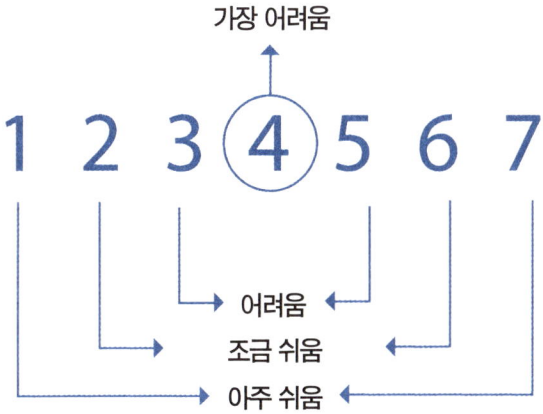

그리드 개념(Grid Concept)

이 연습이 참가자들에게 익숙한 개념이거나 과거에 관련 경험이 있다면 진행이 잘될 것이다. 그리드 개념의 장점 중 하나는 당신과 함께 일하는 특정 그룹에 잘 맞을 수 있다는 점이다.

교육과 관련된 나의 첫 번째 사례는 다음과 같다. 약 40명쯤 되는 참가자가 5~6개의 그룹으로 나뉘어서 효과적인 강사가 되기 위해 필요한 자질이나 특성에 대해 조별로 브레인스토밍을 하고 있다. 나는 그들이 작성한 리스트에서 한 가지씩 이야기를 해 보라고 했다. 첫 번째 그룹이 하나를 이야기하고, 두 번째 그룹도 하나를 이야기하는 식으로 해서 모든 그룹이 한 가지씩 이야기하는 동안 나는 그것을 기록하였다. 참가자들이 그 다음 과제를 하고 있을 때 나는 그들의 제안을 활용하여 효과적인 그리드를 만들었다.

다음의 미국 ASTD 위스콘신 지부에서 개발된 교육과 개발을 위한 효과성 그리드(Effectiveness Grid)를 살펴보자.

센트럴 위스콘신 ASTD의
교육 효과성 그리드(Training Effectiveness Grid)

각 강사들은 이 그리드에 나와 있는 각 영역에서 자신이 얼마나 효과적인지 스스로 점수를 매기고 점수에 따라 장점과 약점 세 가지를 골라 아래 부분에 적게 된다. 꼭 세 가지 약점을 적을 필요는 없다. 왜냐하면 특정 분야에서만 필요한 기술이나 능력을 모든 강사들이 갖추어야 할 필요는 없기 때문이다.

"이 그리드에 나온 자질이나 능력은 '훌륭한 강사가 되기 위해서 무엇이 필요합니까?'라는 질문에 대한 답입니다. 대부분의 능력이나 자

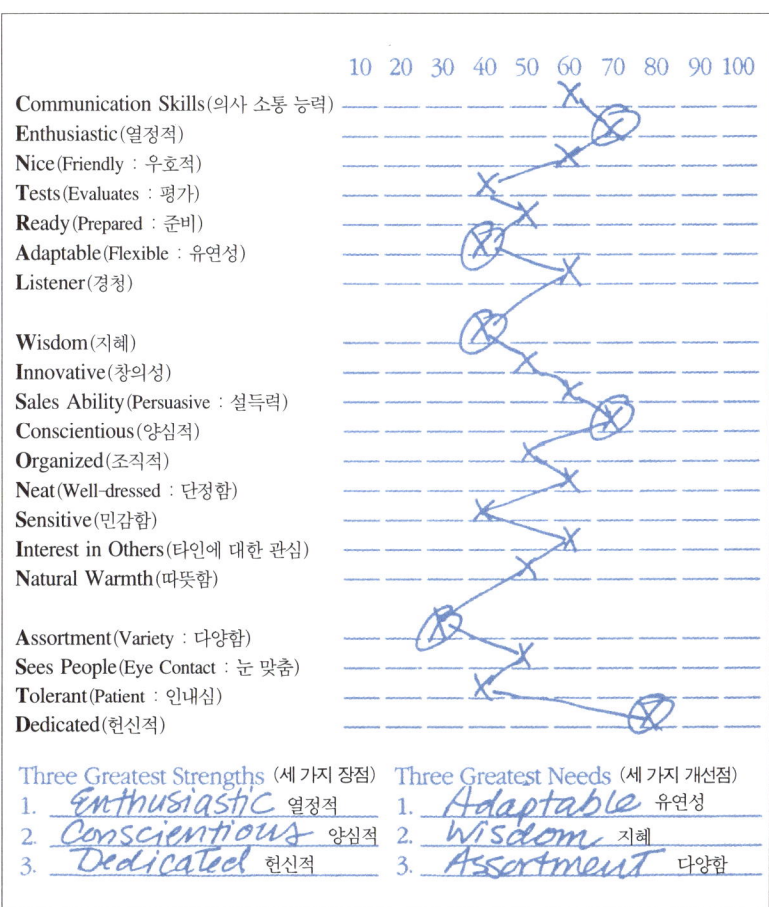

질은 꼭 훌륭한 강사뿐 아니라 일반적인 성공을 위해서도 필요한 것들입니다"라고 말하며 이 활동을 마무리한다.

"이 그리드에 대해서 꼭 알아야 할 것 중 하나는 우리들 모두는 이 능력이나 자질을 습득할 수 있고, 열정 또한 더 길러 낼 수 있다는 것입니다. 우리가 긍정적으로 생각하고 우리의 감정과 행동을 통제할 수 있을 때 부정적으로 생각할 때보다 세 배나 많은 에너지를 낼 수 있다는 사실이 한 연구 결과 증명되었습니다.

예를 들어 여러분 모두 미혼이라고 상상해 보세요. 실제로 미혼이신 분은 상상하기 쉽겠지요. 그렇지 않은 분들도 그렇다고 상상하세요. 자, 여러분 모두는 미혼입니다. 아주 형편없는 생활을 하고 있다고 가정합시다. 아무도 당신을 사랑하지 않아요. 너무 지루하고 형편없는 어느 날이었습니다. 아무리 시계를 보아도 시간이 거꾸로 가는 것처럼 재미가 없었지요.

당신은 지루한 하루 일과를 마치고 차를 타고 집으로 돌아와서 문을 열고 소파에 주저앉았어요. 욕조의 수도꼭지를 틀 만한 힘도 없었어요. 그렇게 정신없이 앉아 있는데 전화가 옵니다. 전화를 받자 평소에 호감을 느끼고 있었지만 별로 가능성이 없다고 생각하던 이성에게서 온 전화였어요. 그 사람이 '너무 갑작스런 얘기지만, 내게 당신이 가고 싶어 하던 공연 티켓이 두 장 있어요. 괜찮으면 오늘 저녁 나와 함께 가지 않겠어요?'라고 한다. 그러면 당신은 '글쎄요. 고맙기는 하지만 오늘은 너무 피곤해요. 목욕하고 일찍 자야겠어요'라고 말할까요? 아니지요!

이런 상황에서 우리 모두는 갑자기 힘이 솟고, 나가서 그날 저녁을 재미있게 즐기겠지요. 그것은 갑자기 무언가 중요한 변화가 생겼기 때문입니다. 그 변화는 굉장히 극적이지요. 그것이 무엇이지요?"

사람들이 '태도'라고 대답한다면 그것이 정답이다. 우리가 긍정적으로 생각하고 감정과 태도를 통제할 때 부정적일 때보다 세 배나 많은 에너지를 낸다는 사실을 기억하라. 우리가 여기서 이야기한 것은 모두 우리가 개발하고 이룰 수 있는 것들이다. 센트럴 위스콘신 ASTD에서 개발한 그리드의 왼쪽 영역은 우리에게 필요한 요소를 나타내고, 오른쪽 영역은 우리의 현재 위치를 나타낸다. 모든 교육의 초점은 사람들로 하여금 보다 효과적으로 필요한 능력과 기술을 습득하고 개발하는 데 도움을 주어야 한다는 것이다. 이 개념은 문제 해결이나 의사결정, 판매 효과성 그리드(Sales Effectiveness Grid) 등에 활용할 수 있다. 다음의 사례는 고객을 정중하게 대접하는 서비스에 관한 것이다.

시저스 브로드웍 리전시 호텔의 효과적인 고객 서비스 그리드(Service/Courtesy Effectiveness Grid)

	10 20 30 40 50 60 70 80 90 100
Courteous(정중함)	
Appearance(Good : 외모)	
Eye Contact(눈 맞춤)	
Smiles(미소)	
Acts to Solve Problems(문제 해결 활동)	
Responsive(응답)	
Self-Image(Positive : 긍정적인 자아상)	
Be-of-Service Attitude(서비스 정신)	
Organized(조직적)	
Amiable(Friendly : 상냥함)	
Reliable(Follows through : 신뢰성)	
Detail-oriented(상세함)	
Withholds Judgment(판단 억제)	
Attitude(Positive : 긍정적 태도)	
Listens(경청)	
Knowledge of Job & Hotel/Casino (호텔과 카지노에 관한 지식)	
Remembers Names(이름 기억)	
Empathy(Understanding : 공감적 이해)	
Genuinely Helpful(순수한 도움)	
Energetic(Motivated : 동기부여)	
Needs to be Responsible(책임의 필요)	
Communicates Clearly(명확한 의사 소통)	
Yourself(자신)	

이 그리드는 애틀란타에 있는 시저스 브로드웍 리전시 호텔 카지노를 위해 개발한 것으로서, 나와 내 파트너가 실시한 인터뷰를 기초로 하고 있다. 우리는 사람들에게 고객이 호텔 카지노나 식당에 도착했을 때 무엇을 기대하는지를 물어보았다. 고객의 입장에서는 무엇이 진정한 서비스와 대우인가? 인터뷰에서 85가지의 특성을 찾아내어 그것을 분석한 후 첫 글자만 따서 CAESARS BROADWALK REGENCY라는 그리드를 만들었다. 나중에는 이것이 효과적인 고객 서비스 그리드로

알려져서 현재는 이 호텔의 약 3,500명 직원의 서비스 교육을 위한 기초 교재로 사용되고 있다.

컴퓨터 능력 그리드(Computer Literacy Grid)

	10	20	40	60	80	100
Computer Software(소프트웨어)						
Operating Skills(운영 기술)						
Memory(Storage : 기억장치)						
Printers(프린터)						
Utilities(유틸리티)						
Terminology(용어)						
Electronic Spread Sheet(스프레드 시트)						
Records(Data Bs. Mgmt. : 기록)						
Lease/Purchase Decision(임대/구입 결정)						
Information Services(정보 제공)						
Telepro(Comm. : 통신)						
Elements(Concepts : 원리)						
Remote(Distributed : 분산)						
Applications(응용프로그램)						
Components(Hardware : 구성요소)						
You & Change(자신과 변화)						
Graphics(그래픽)						
Requirements(Needs : 니즈)						
Info Processing(Word : 워드 프로세서)						
Documentation(자료)						

이 그리드는 임원들과 관리자들을 위한 컴퓨터 교육 프로그램을 위해 기획되었는데, 실제 과정에서 다루어질 내용을 바탕으로 만들어졌다. 과정을 시작할 때 자신의 컴퓨터 사용 능력이 어느 정도인지 스스로 평가해 보고, 과정이 진행되면서 자신의 부족한 부분을 보충한다.

그리드 개발하기

당신 자신의 그리드를 개발하는 데는 다음과 같은 단계가 있다.
1. 참가자들이 인지하거나 상호 작용하기를 원하는 개념이나 특징을 열거한다. 이전의 세 가지 예제에서 나타난 것처럼 그 항목들은 참가자, 연구결과, 고객, 혹은 당신의 목적에 맞는 적절한 이해 당사자들이 될 수 있다.
2. 그 개념들을 중요도에 따라 정리하라. 이는 효과적으로 하나의 그리드에 나타낼 수 있는 것보다 더 많은 수의 개념, 특징, 자질들이 있을 수 있기 때문이다. 당신은 참가자들이 가장 높은 가치를 지닌 것들에 집중하기를 원하고 있다.
3. 우리가 앞서 본 세 가지 예제와 같이 우리만의 그리드를 만드는 데 필요한 단어나 문구들을 골라낸다.
4. 당신이 고른 단어나 문구 중에서 가장 중요도가 높은 단어를 알맞은 글자와 연결하라.
5. 당신이 선택한 문구에 없는 단어가 필요할 경우에는 그 문구를 바꿔 보거나, 같은 뜻을 가지고 있으면서 우리가 원하는 글자로 시작하는 동의어를 찾아본다. 센트럴 위스콘신 ASTD의 교육 효과성 그리드에서 훌륭한 고객 서비스의 특징 중의 하나는 훌륭한 의사소통(Good Communication)이었다. 나는 'C'로 시작하는 단어가 필요했기 때문에 Communication(Good)이라고 그리드에 써 넣었다.
6. 자신에게 가장 필요한 점 세 가지와 가장 큰 장점 세 가지를 그리드 아래에 쓰게 할 것인지 결정하라.
7. 이제 당신만의 교육을 위한 강력하고도 적절한 도구를 만든 것이다.

요약

프로젝트, 사례 연구, 역할 연기는 우리의 참가자들에게 더 많은 참여와 학습효과를 불러일으키는 여러 방법 중 세 가지의 방법일 뿐이다. 우리가 강의실에서 사용하는 이런 창의적인 방법들의 대부분은 우리가 강의실에 들어가기 전부터 미리 준비했기 때문에 가능한 것이다.

7

효과적인 교재 만들기

알아야 할 정보, 알면 좋은 정보, 참고자료를 쉽게 구분해 놓은 교재

흔히 교재라고 하는 것은 대부분 비슷한데, 세미나나 워크숍에 가면 깔끔하게 정리된 많은 교재들을 보게 된다. 여기에 무엇인가 얻을 만한 것이 있을 거라고 기대하면서 세미나에 참석하지만, 강사가 곧 우리를 실망시킨다. 하지만 참가자로서 무엇인가 얻을 수 있을 것이라는 기대는 중요한 감정이다.

참가자에게 교재를 제공함으로써 얻는 다섯 가지 장점이 있다.

1. 교육 효과를 높인다

참가자들은 수업 시간에 이야기되는 모든 내용을 다 적을 수 없기 때문에 교재는 매우 유용하다. 또한 수업 시간에 다루지 못한 내용들도 전달함으로써 수업이 끝난 후에도 유용하게 쓰일 수 있다.

2. 홍보의 기회를 높인다

강사로서 우리는 우리가 제공하는 교육의 가치를 끊임없이 홍보해야 한다. 참가자들이 잘 정리된 자료나 교재를 가지고 현장으로 돌아

갔을 때 동료나 상사들이 그 교재를 보고 "이 세미나 꽤 괜찮은데"라고 말할 것이다.

3. 강사의 준비 상태를 확신시켜 준다

미리 마감일을 생각한다면 제대로 교재를 준비할 수 있다. 교재를 위한 자료를 만드는 일은 시간이 걸리지만, 이렇게 함으로써 강사 스스로 수업 전에 미리 내용과 순서 등을 생각하고 준비할 수 있다.

4. 강사가 수업의 긴장된 첫 순간을 잘 극복할 수 있다

새로운 세미나를 시작하는 일은 긴장된 일이 될 수도 있지만, 자료가 잘 준비되어 있으면 강사는 교재를 가지고 침착하게 잘 진행할 수 있다. 그 이유는 이미 모든 수업 내용에 대해 잘 알고 있고 보충 자료도 충분하기 때문인데, 이를 통해 참가자들은 편하게 수업에 참여할 수 있고 강사는 긴장된 순간을 잘 극복할 수 있다.

5. 강사의 능력을 보여 줄 수 있는 기회를 제공한다

강사가 교재를 잘 준비하였다면 강사가 아무 말도 하지 않았더라도 참가자들이 그 교재를 보는 순간 강사가 이 분야의 전문가라는 사실을 알게 될 것이다.

6. 참가자들이 정보를 실무에서 사용할 수 있도록 도와주는 업무 보조 도구를 만든다

보조 자료들이 사용되었다면(특히 참가자들이 직접 참여를 통해 자신만의 것으로 만들었다면) 그 자료는 배운 원칙들을 실무에서 사용하는 데 도움을 주는 소중한 참고자료가 된다.

여기서 효과적인 교재와 자료를 만드는 사례로서 창의적 교수법 세미나를 살펴보기로 한다.

1장. 목차(Table of Contents)

첫 장에서는 어떤 참가자들이 보더라도 잘 만들어졌다는 인상을 주기 위해 목차를 담는다. 의심 많은 참가자들도 잘 만들어진 프로그램 구성을 보고 안심할 것이다.

2장. 환영(Welcome)

그 다음 참가자들에게 세미나에서 얻게 될 것을 알려 주는 환영의 글을 싣는다.

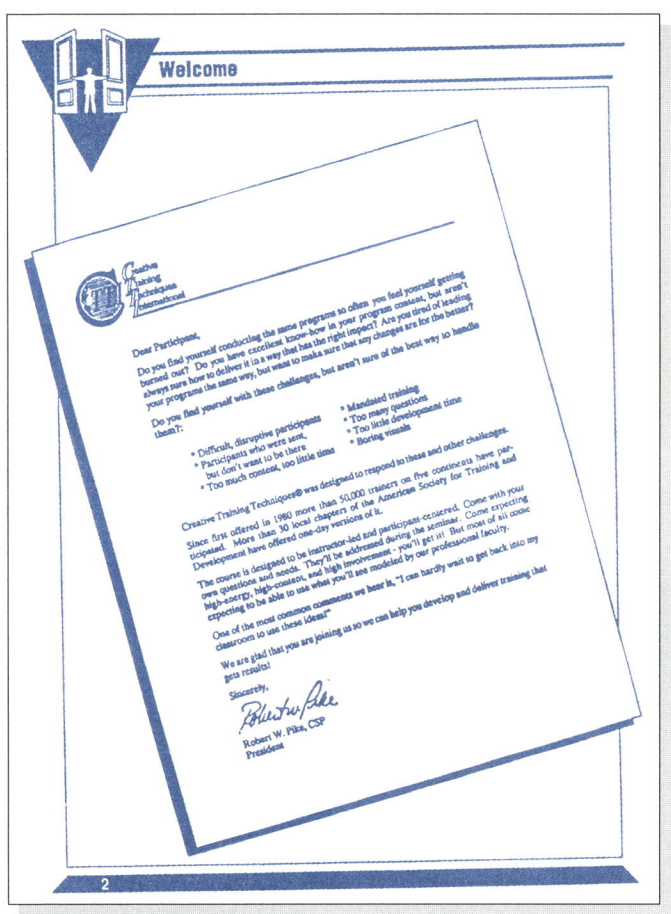

3장. 신뢰성(Credibility)

이어서 강사에 대한 소개를 싣는다. 어떤 강사도 참가자들의 기대치를 완벽하게 만족시켜 줄 수는 없다. 가끔 그룹의 크기에 따라 강사 소개를 따로 하기가 어려운 경우도 있기에 신뢰를 위해 필요한 부분이다. 예를 들면 4명으로 구성된 세미나에서 당신을 소개할 사람을 따로 지정한다는 것은 무리가 있다. 하지만 강사에 대한 정보를 실음으로써 참가자들이 당신이 누구인지, 어떤 내용을 가르칠지에 대해 미리 알 수 있다. 이 세미나를 준비하기 위해 당신이 지난 몇 년간 어떻게 준비하고 경험을 쌓아왔는지를 참가자들은 잘 모르기 때문에 소개문은 당신에 대한 신뢰도를 높여 줄 것이다.

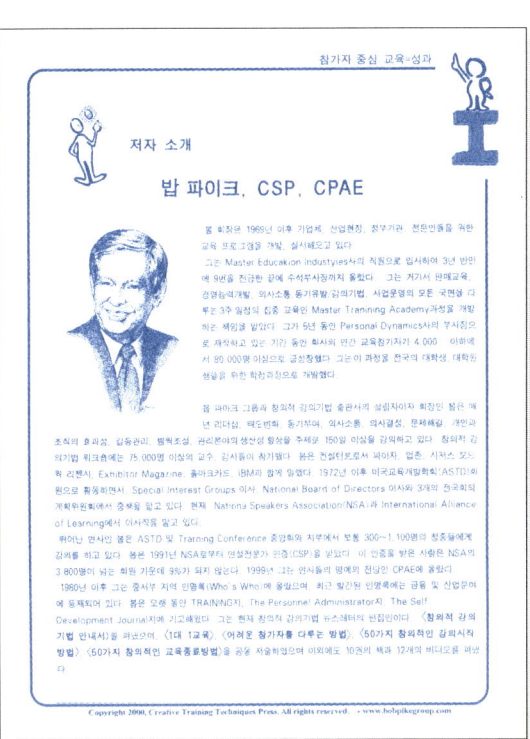

효과적인 교재 만들기 — 193

4장. 교재 소개(Workbook Orientation)

'교재 사용 안내'를 위한 면을 따로 넣어 사람들이 이 교재에는 세 가지 부분이 있다는 것을 알게 한다. 첫 번째 '알아야 할 정보'는 흰색 부분으로 세미나 중에 자세히 다루어질 내용들이다. 두 번째 '알면 좋은 정보'는 자주색으로 보충 자료인데, 그룹의 요구에 따라 내용 중 몇 부분만 쓰일 수도 있다. 여기서 중요한 사실은 '알아야 할 정보'와는 달리 '알면 좋은 정보'에 해당하는 내용은 부분별로 독립적으로 사용될 수 있다는 것이다. 사람들이 비어 있는 면을 보고 의미를 모르거나 당황하는 일은 없을 것이다.

세 번째 '참고 자료'는 노란색으로, 나중에 쉽게 자료를 찾고 활용할 수 있도록 하기 위한 부분이다.

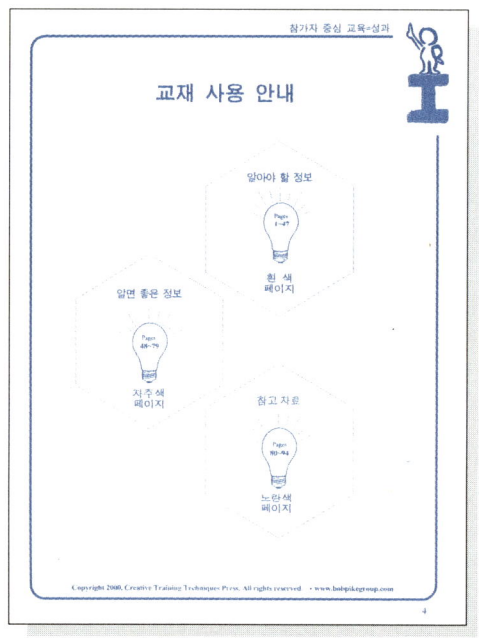

5장. 부분적 자료(Partial Handouts)

세미나를 처음 시작할 때 사용하는 자료로서 핵심 단어들을 채워 넣게 되어 있다. 컴퓨터 그래픽을 이용하거나 플립 차트, OHP를 사용하여 참가자들에게 빈칸에 들어갈 핵심 단어들을 알려 준다. 이렇게 함으로써 참가자들은 수업에 초점을 맞출 수 있게 되는데, 참가자가 빈칸에 자기의 생각을 적어 넣을 수도 있다.

참가자 중심 교육=성과

Openings

강 의 시 작

- 이 방법은 _____ 을 깨뜨리는가?
- 이 방법은 _____ 을 촉진하는가?
- 이 방법은 _____ 과 관련이 있는가?
- 이 방법은 _____ 을 유지/향상시키는가?
- 이 방법은 _____ 인가?
- _____ 을 불러일으킬 요소가 있는가?

Copyright 2000, Creative Training Techniques Press. All rights reserved. • www.bobpikegroup.com

6장. 노트 페이지(Note Pages)

교재마다 첫 부분에는 백지를 넣어서 참가자들이 원하는 내용을 자유롭게 적을 수 있게 한다. 백지의 아래쪽에는 참가자들이 받은《창의적 교수법 핸드북》의 관련 쪽수를 적어 놓음으로써 관련 내용이 핸드북 어디에 있는지 쉽게 찾아볼 수 있다.

7장. 활동 가이드 자료(Activity Guide Sheets)

어떤 사람들은 강사가 말로 하는 지시를 듣고 어떻게 해야 할지를 완벽하게 이해하지만, 어떤 사람들은 글로 쓰여진 지시문을 읽는 것을 더 편하게 여길 수도 있기 때문에 그들을 위해 문서화된 지시문을 제공해야 한다. 그 예로서 창의적 교수법에서 '네 가지 사실(Four Facts)' 이라고 부르는 활동이 있다. 그 활동의 첫 번째 부분은 개인적으로 하게 되어 있다. 강사가 지시문을 큰 소리로 읽고 참가자들은 자신에 대한 네 가지 사실을 적어 놓게 되는데, 선정된 그룹 리더가 주어진 지시문대로 활동을 진행해 나간다. 다시 한 번 강사가 지시문을 말로 전달한 뒤에 한 그룹을 선정해서 그 그룹이 어떻게 이 활동을 하였는지 전체 그룹에게 알려 준다. 그런 다음 각 그룹은 제시되어 있는 단계에 따라 다음 활동을 계속 진행해 나간다.

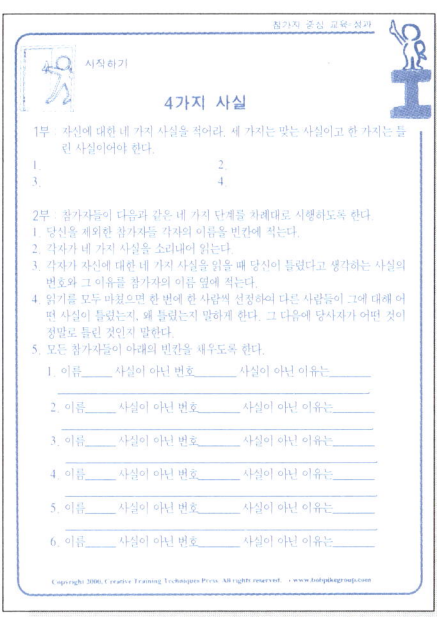

8장. 토의 자료 활용(Follow-up Discussion Sheets)

세미나에서 이루어지는 대부분의 활동들은 다양한 방식으로 진행되는데 때때로 토의는 말로만 진행되기도 하지만, 소규모 그룹에서 토의를 할 때는 토의 자료를 통해 보다 쉽게 토의할 수 있다. '네 가지 사실'의 활동이 끝나면, 참석자들에게 소규모 그룹 토의에서 사용할 토의 자료를 나누어 준다.

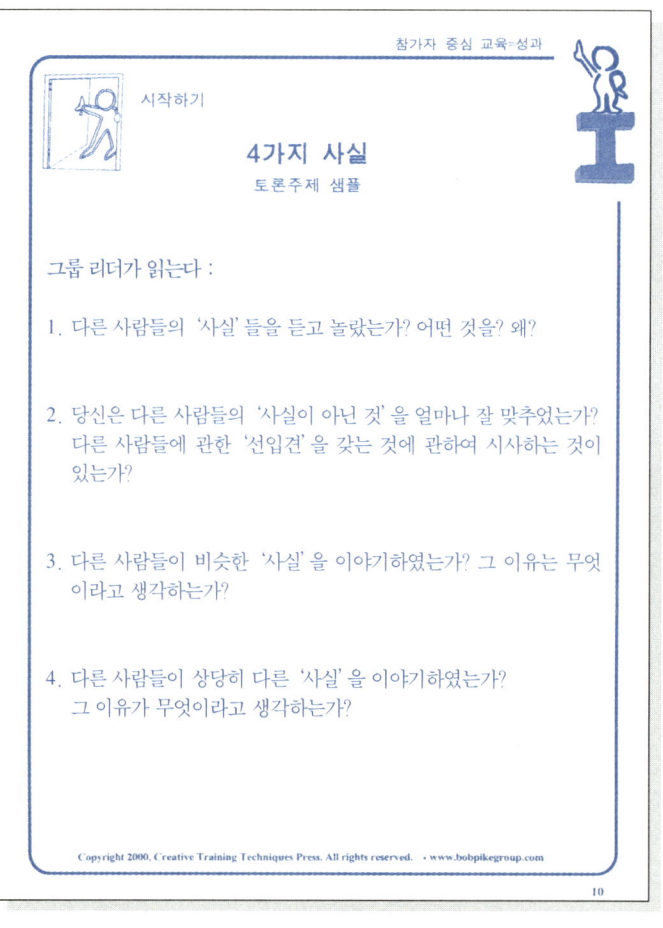

9장. 참고 목록(Reference Lists)

참고 목록은 참가자 자신이 직접 작성할 수 있도록 한다. 사람들에게 교육 도구 목록을 나누어 주고, 세미나가 진행되는 동안 자기들이 좋아하고 필요로 하는 교육 도구들을 자신만의 교육 도구 목록에 기록한다. 플립 차트에 번지지 않는 마커나 특별 수성 마커, 그리고 참고할 지점을 쉽게 찾게 하는 3M 테이프 플래그가 그 예가 될 수 있다.

휴식 시간이 끝나고 참가자들이 정시에 돌아오게 하는 일곱 가지 방법을 이미 살펴보았는데, 참가자들에게 점검표의 형태로 그 일곱 가지 방법을 나누어 주고 그들로 하여금 언제, 어디서, 어떻게 이러한 방법들이 사용될 수 있는지를 토의하게 한다. 때때로 참가자들은 강사도 몰랐던 새로운 방법들을 이야기하기도 하는데 이런 내용을 이 부분에 기록해 놓는다.

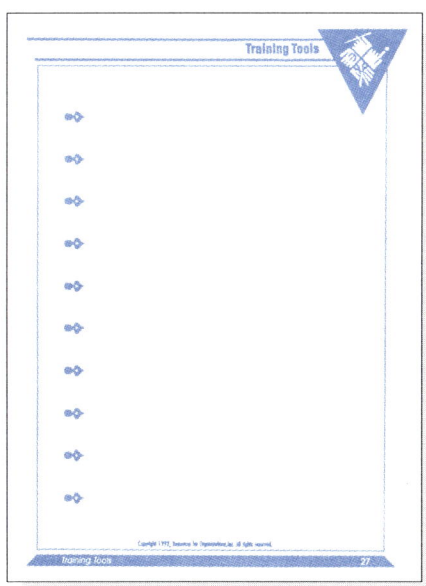

10장. 차트(Charts)

나는 1987년 '인재 개발을 위한 대학 연합 대회(University Associates Annual for Developing Human Resources)'에서 만든 교수 설계 그리드를 세미나에서 사용한다. 도형이나 그리드는 많은 정보를 제한된 공간에서 전달할 때 매우 유용하다. 예를 들어 방 배치에 대해 설명할 때는 그냥 말로만 하는 것보다 그림을 곁들여 설명하는 것이 훨씬 효과적이다.

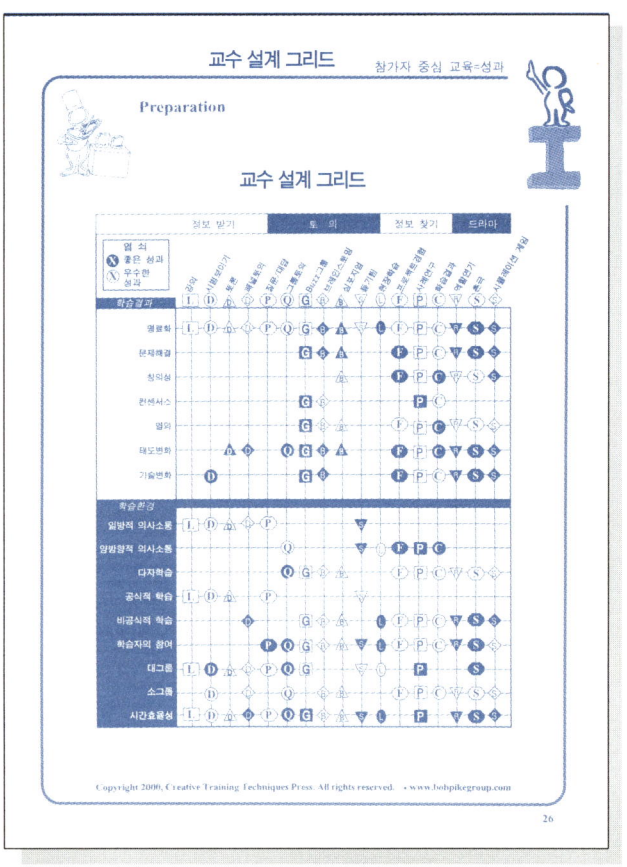

11장. 참고 자료(Reference Sheets)

이 부분은 세미나에서 한 번 다루어진 내용을 다시 한 번 요약해서 제공하거나, 추가적인 다른 정보와 함께 보너스 자료로 제공하는 데 도움이 된다. 예를 들어 다음의 '해야 할 것과 하지 말아야 할 것' 같은 목록을 교재의 뒷부분에 추가할 수도 있다.

12장. 도표(Diagrams)

우리는 아마 "백 번 듣는 것보다 한 번 보는 것이 낫다"라는 말을 들어 보았을 것이다. 이 교훈은 바로 도표를 말한다. 다음은 보통의 강사 지도 아래 참가자 중심으로 이루어지는 세미나를 위한 방 구조도이다. 이것은 교재의 일부로서 참가자들이 나중에도 그 세미나에서의 방 구조가 왜 효과적이었는지, 이에 관한 세부적인 사항들도 기억할 수 있게 하여 자신들의 새로운 강의실 환경을 조성할 때 도움을 준다.

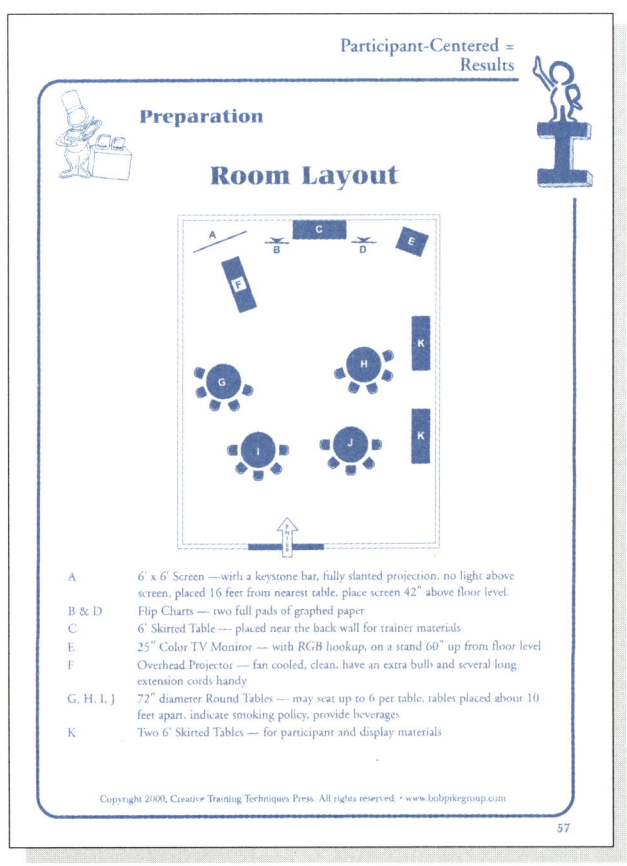

13장. 순서도(Flowcharts)

참가자들은 시각적으로 순서도로 나타내었을 때 여러 단계로 되어 있는 과정들을 보다 쉽게 알아볼 수 있다. 다음은 훌륭한 교육프로그램을 개발하는 것이 새로운 제품을 생산하는 것과 여러 면에서 흡사하다는 점을 인식시키기 위한 제안서에 사용했던 순서도이다. 여기에는 여러 단계들이 있는데 어떤 것들은 동시다발적으로 일어나기도 한다. 훌륭한 설계와 실행은 우연히 일어나는 것이 아니다.

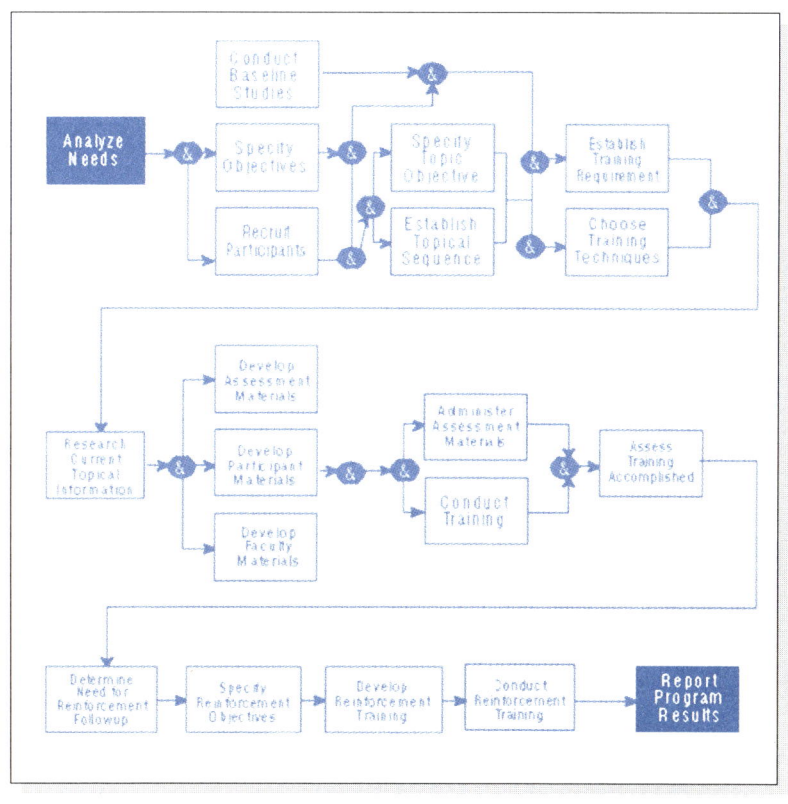

왜 교재가 프레젠테이션만큼이나 중요할까

이 책의 여러 부분에서 나는 응용의 필요성을 강조했다. 내가 여러 번 언급했던 참여를 유도하는 기법은 참가자들에게 자신들이 직접 완성해야 하는 교재를 주는 것도 해당한다. 그 예로 중요 단어를 채워 넣어야 하는 미완성의 트랜스페어런시(OHP 필름)와 강의가 진행되면서 완성해야 하는 미완성의 개요가 될 수 있다. 이러한 활동들은 참가자들이 학습 과정에 참여하게 하고 나중에 참고할 수 있는 가치 있는 것을 제공하게 된다.

교재(Workbook)에 추가되는 아이디어 체크리스트

세미나 교재는 보통 그 세미나 자체만을 위해서 설계되지 않는다. 그것은 세미나에 도움을 주는 보충 자료로서 세미나에서 사용될 자료, 또는 프로그램이 끝나고 논의해 보아야 할 자료들도 포함된다. 당신이 위의 두 가지 목적의 자료들을 모두 포함시키기로 결정했다면, 두세 가지의 다른 색상의 종이를 사용해서 인쇄하는 것이 좋은데 창의적 교수법 참고자료에서 한 것처럼 각 장의 제목을 알아야 할 정보(흰색), 알면 좋은 정보(자주색), 참고 자료(노란색)와 같은 방식으로 구분시킬 수 있다. 이를 통해 참가자들이 자신들이 받는 자료의 양에 압도되지 않도록 예방하고, 또한 자신이 그 많은 자료를 다 알지 못한다는 이유로 뒤처지고 있다는 생각을 갖지 않도록 해 준다.

다음은 창의적 교수법 교재에서 추가적으로 제공되는 것들이다.

1. 참가자들이 자신들의 업무에서 사용할 수 있는 체크리스트,

절차의 순서, 업무를 수행하는 데 필요한 항목들, 프로젝트에 포함시켜야 할 요소들이다.
2. 부분적 또는 완전히 배운 내용이지만 모두 기록하기에는 양이 많은 것들에 대한 요점 정리
3. 기술적 과정의 도표
4. 기사의 재복사(세미나 리더가 쓴 것 포함)
5. 요점 정리(이 자료는 주로 OHP로 보여 준다)
6. 주제에 대한 재미있는 전망
7. 참고 서적 목록
8. 방식(OHP로 보여줌)
9. 그래프(OHP)
10. 사진(OHP)
11. 정의(조장이 토의할 것이나 받아 적기에는 시간이 많이 걸리는 것)
12. 각 챕터 나누기(교재를 기본 단위별로 나눈다)
13. 공문(Correspondence) 사례
14. 사례 연구

이 모든 종류의 자료를 가지고 참가자들이 학습 과정에 자연스럽게 참여하게 하는 교재를 만들 수 있을 것이다. 참가자들은 여러 가지 방법을 통해서 교재 내의 배포 자료들을 완성하게 함으로써, 교재의 진정한 가치는 교재 자체가 아니라 그것을 통해 서로 의사소통을 할 수 있게 되는 것이다.

8 Presentation Techniques

프레젠테이션 기법

성공적인 프레젠테이션을 준비하고 실시하는 방법

무엇이 성공적인 프레젠테이션을 만드는가? 사람들을 불러 모아 우리가 하는 이야기를 듣게 하고, 우리가 한 이야기에 긍정적인 반응을 보이게 하기 위해서는 어떻게 해야 하는가? 누구나 프레젠테이션에 참석해 본 경험이 있을 것이다. 어떤 사람들은 우리의 주의력을 끝까지 잡고 있었던 경우도 있고, 어떤 사람들은 마지막 10분에 정말 불필요한 프레젠테이션을 하느라 우리를 지루하게 하기도 했다. 그러므로 어떻게 프레젠테이션을 준비해야 두 번째 경우처럼 우리의 프레젠테이션이 지루하지 않고 첫 번째 경우처럼 흥미 있을 수 있을까?

나는 프레젠테이션을 기술, 지식, 태도에 대한 체계적인 토의, 설명, 혹은 시범이라 정의하는데, 비록 강의의 한 부분일지는 몰라도 프레젠테이션은 강의가 아니다. 성공적인 프레젠테이션을 통해 듣는 사람들은 새로운 지식을 얻고, 태도를 변화시키며 기술을 향상시킬 수 있게 된다.

그리고 프레젠테이션을 교육 프로그램으로만 제한할 필요는 없다. 브리핑이나 개요, 문제 해결을 위한 교육, 예산 수립 교육, 새로운 프로그램의 제안 검토를 위한 교육, 보고 등 다양한 경우가 있을 수 있는데 프레젠테이션은 이 모든 것의 한 부분이다. 어떤 프레젠테이션은 짧은 안내 형식으로 전달되기도 한다. 프레젠테이션은 발표자로 하여금 짧은 시간을 효과적으로 사용하도록 도와준다.

그러면 성공적인 프레젠테이션이 되게 하는 핵심은 무엇인가?

첫째, 프로그램을 듣는 모든 사람은 WII-FM(이 안에서 무엇이 내게 도움이 되는가?)과 MMFI-AM(자신에 대해 중요하다고 생각하는 것)이라는 두 종류의 라디오 주파수를 가지고 있음을 기억하라. 우리가 무엇을 기획하고 전달하든지 이 두 가지를 기초로 해야 한다.

모든 참가자들이 "이 안에서 무엇이 내게 도움이 되는가?"라고 묻기 때문에 프레젠테이션을 준비하는 단계에서 우리가 원하는 것을 달성하였을 때, 그들에게 주어지는 보상은 무엇인지를 계속 강조해야 한다. 더 나아가서 참가자들의 자신감을 키워 주어서 그들이 현장으로 돌아갔을 때 자기들이 배우고 개발한 지식과 기술을 적용할 수 있다는 확신을 주어야 한다.

그러기 위해서는 참가자들에게 최대한 초점이 맞춰져야 하며, 참가자들이 강의장에서 맛보는 성취감이 크면 클수록 자신들의 일에서도 성취감을 맛볼 것이다.

연구결과

"유능한 선생님들은 학생들이 성공적으로 교육의 목표에 도달할 것이라고 기대한다."

Rosenthal, R., & Jacobsen, L. (1968). Pygmalion in the classroom:
Teacher expectation and pupils' intellectual development.
NY: Holt, Rinehart and Winston.

스스로에게 물어보라. 프레젠테이션을 마칠 때 우리는 어떤 모습이기를 바라는가? 앞에서도 여러 번 말했지만 목표가 어디 있는지 모른다면 결코 과녁의 중앙을 맞출 수 없다. 결론도 없는 너무 많은 질문에 당황한다든지, 시간에 쫓겨 마지막 내용을 허둥지둥 전달하기를 원하는가?

어떤 교육 프로그램이든지 설득력 있고 강력한 결론으로 끝을 맺어야 한다. 처음 시작할 때 참가자들의 주의를 집중시키고 프레젠테이션의 내용을 강하게 전달하는 것만으로는 충분하지 않다. 이제껏 이야기한 것들을 효과적으로 정리하는 것이 무엇보다 중요하다.

연구결과

"유능한 선생님들은 자신들의 강의를 잘 마무리 짓는다. 유능한 선생님은 강의를 어떻게 마무리 할 것인가, 다음 강의와 어떻게 연결할 것인가를 계획한다."
Gage, N.L., & Berliner, D.C. (1984). Educational psychology.
Boston: Houghton Mifflin.

교육 프로그램은 하루, 일주일, 혹은 한 달에 걸쳐 진행될 수 있지만 각 프레젠테이션의 시간은 참가자들이 집중할 수 있는 시간의 길이에 맞추어 조정되어야 한다. 우리 교육의 목적은 바람직한 결과를 낳는 것이므로 참가자들이 적절하게 받아들일 수 있는 범위 안에서 이루어져야 하는 것이다.

다음의 간단한 실험을 한번 해 보자. 여기서 최대한의 효과를 얻기 위해 지시된 대로 주의 깊게 해 보라. 다음 페이지의 그림에 있는 숫자들을 큰 소리로 읽어 보자.

6, 9, 12, 4, 14, 7, 5, 8, 11

이번에는 그림을 보지 말고 다음 세 질문의 답을 간단히 적어 보라.

1. 첫 번째 숫자는 무엇인가?
2. 마지막 숫자는 무엇인가?
3. 중간에 있던 숫자는 무엇인가?

내 세미나에서는 보통 95%의 사람들이 첫 번째 숫자들을 정확히 기억하고 65~90% 사람들이 마지막 숫자들을 기억한다. 하지만 단지 20% 미만의 사람들만이 중간 숫자를 기억한다. 이 예는 사람들은 중간에 있는 것보다 처음과 나중을 더 잘 기억한다는 것을 의미한다. 그러므로 강사들은 처음과 마지막을 좀더 강조할 수 있도록 준비해야 하고, 그 다음에 중간 내용을 보강할 수 있는 방법을 찾아야 하는 것이다.

사람들은 제한된 단기 기억력을 가지고 있다. 일곱 자리 전화번호를 바쁘게 읽고 전화를 걸었더니 통화 중이라 전화를 끊고 다시 전화를 걸려고 했으나, 방금 전화했던 번호를 완전히 잊어버린 경험이 누구에게나 있을 것이다. 일곱 토막 이상의 정보를 얻으면 그 이상의 정보는 잊기 시작하기 때문에, 정치 광고에서는 30초간의 사운드 비트가 강조되고, 모든 상업 광고도 30초 안에 끝난다.

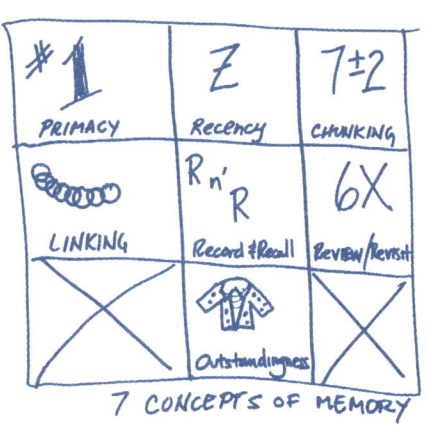

그러므로 우리가 참가자들의 단기 기억력에 맞추려면, 다른 새로운 정보가 더해지기 전에 제한된 양의 정보를 전달해서 이해할 수 있도록 해야 한다. 물을 깔때기를 통해 붓는 것을 상상해 보라. 너무 빠르게 물을 부으면 물이 넘쳐서 흐르게 되지만, 깔때기가 소화할 수 있을 만큼만 천천히 부으면 넘치는 것을 막을 수 있다. 또는 중간중간에 잠깐씩 물 붓기를 멈추면 물이 넘치지 않고 다 흘러내려 가듯이, 프레젠테이션에서도 전달되는 정보의 양과 그 전달 속도가 중요하다.

다음의 일곱 가지 요소들은 우리가 더욱 효과적인 프레젠테이션을 만들 수 있게 하고, 참가자들이 핵심 내용들을 기억하는 데 도움을 주는 것으로 윈도우 패닝 형식으로 나타나 있다.

1. '제일(Primacy)'이란 먼저 본 것을 가장 잘 기억한다는 뜻이다.
   (예: 목록의 맨 첫 문장)
   교육을 담당하는 우리로서는 오프닝이 우리의 교육 과정에서 가장 중요한 순간이라는 점을 다시 한 번 상기해야 하는데, 혹시 과정 안내 같은 것이나 장황한 개인 소개로 시간을 허비하지 않았는가? 이 소중한 순간을 어떻게 활용할 것인가를 다시 한 번 고려해 보아야 한다.
2. '최신(Recency)'이란 맨 나중에 본 것이다.
   예를 들어 마지막으로 들은 내용이나 발표된 내용들을 두 번째로 잘 기억한다는 뜻이다. 몇 분 전에 본 숫자들을 기억하는가? 내가 가르쳤던 강의의 참가자들은 95%가 첫 번째 숫자를 기억했고 65~90%가 마지막 숫자를 기억했으나 중간의 숫자를 기억한 것은 20% 미만이었다. 그래서 오프닝과 마무리 부분을 늘리면 중간 부분의 기억도 자연히 좋아질 것이다. 조각(Chunking)의 원칙을 따르면 오프닝과 마무리가 더 늘어나게 될 것이다.
3. 조각이란 정보가 적당량으로 나뉘어서 발표되었을 때에 가장

잘 기억한다는 뜻이다.

미국 전신 전화국(American Telephone and Telegraph)은 1930년대에 전화번호에 대한 연구를 했는데 그 결과 사람들은 평균적으로 7자리(-2 ~ +2)의 정보를 가장 잘 기억하는 것으로 나타났다. 그래서 전화번호는 7자리로 조각화되어 829-1954와 같이 3자리와 4자리의 숫자가 된 것이다.

4. 연결(Linking)이란 새로운 정보를 이미 배운 정보와 연결시킬 수 있을 때 가장 잘 기억한다는 뜻이다.

예를 들어 아래의 문자들을 보자.

IUZEILT

이 글자들을 5초 동안 바라보고 눈을 감아 보자. 눈을 뜨지 않고 첫 번째 글자가 무엇이었는지 기억할 수 있는가? 마지막 글자는? 중간의 글자가 무엇이었는지 확실히 기억할 수 있는가? 각각의 글자들과 정확한 위치를 기억하는 데 상당한 금액을 걸 수 있겠는가? 세미나의 대부분 사람들은 첫 번째와 마지막을 제외하고는 확실하게 기억하지 못한다.

이번 8장의 마지막 부분으로 가서 박스 안의 글자들을 보기 바란다. 내가 8장 마지막에 있는 박스 안의 글자들의 위치에 대해 같은 질문을 던졌다면 이전 것만큼 어려울까? 아마 아닐 것이다. 그 이유는 그 글자들이 당신이 이미 알고 있는 단어를 나타내기 때문이다. 잠시 한 번 보고서도 7개의 글자 모두의 위치를 알 것이다(위의 것은 모두 대문자를 쓰는 속임수를 사용했다. 시각교재에 대한 장에서 소문자보다 대문자로 쓰인 것이 더 읽기 어렵다고 한 것을 기억할 것이다).

이것이 연결의 개념으로 7자리의 정보가 이제는 하나의 정보로 인식되었다. 우리는 교육자로서 참가자들이 장기적으로 기억하고 있는 정보와 새로운 정보를 연결할 수 있는 그 무언가를 찾을 수 있도록 항상 노력해야 한다. 새로운 소프트웨어에 대해 가르칠 때 새로운 정보를 연결할 수 있는 유사점이 있는 기존의 소프트웨어는 있는가? 강의실에 들어가 "내가 가르칠 내용은 당신이 전에 본 적이 없는 아주 새로운 것이다"라는 말이나 태도를 보인다면 참가자들의 학습을 매우 힘들게 하는 것이다.

5. 기록(Record)과 상기(Recall)
사람들은 자신들이 직접 적은 내용을 더 잘 기억한다. 윈도우 패닝에서 사용된 것처럼 아이콘을 그렸을 때 이 효과는 더 증대된다.

6. 복습(Review)과 검토(Revisit)
우리가 정보를 단기적 기억에서 장기적 기억으로 옮기기 위해서는 간격을 두고 여섯 번 복습해야 한다.

7. 특이함(Outstanding)
우리는 어이없고 말도 안 되는, 또는 특이하고 보통과 다른 것들을 더 잘 기억한다. 예를 들면, 내가 강의를 할 때 정장을 입는다면 별로 기억에 남지 않을 것이다. 그 이유는 다른 사람들도 이미 정장을 예상했기 때문이다. 하지만 내가 노랑과 초록색의 화려한 하와이안 셔츠를 입고, 배꼽까지 단추를 열고, 허리에 금실을 두르고 나타난다면 기억에 남을 것이다. 왜? 이유는 평범함에서 벗어났기 때문이다(당신은 부적절한 옷차림이라고 생각할 수도 있다). 하지만 특이하면 확실히 보는 사람의 기억에 남을 수 있다.

당신이 학창시절을 떠올려 본다면 남들과 달리 용감한(대담한) 선생님들을 기억할 수 있을 것이다(그래서 기억이 날 것이다). 조지 왕처럼 옷을 입고 나타났던 세계사 선생님일 수도 있고, 타이어의 압력으로부터 자동차의 무게를 계산하게 했던 수학 선생님일 수도 있다. 그들은 학생들에게 자신이 가르치는 내용이 더 기억에 남을 만한 것이 되도록 특이한 교육 방법을 사용하셨던 용기 있는 분들이었는데 그것은 다 우리를 위한 것들이었다.

앞에서 이야기한 것처럼《당신의 양쪽 뇌를 사용하라(Use Both of Your Brain)》에서 토니 부잔은 성인은 보통 90분 동안은 내용을 이해하면서 들을 수 있지만, 기억하면서 들을 수 있는 시간은 단 20분이라고 했다. 그래서 나는 새로운 학습 주기로 20분마다 변화를 주고 있다. 10리터의 물을 담을 수 있는 병으로 오직 2리터의 물만 담을 수 있는 컵에 물을 붓는다고 상상해 보자. 2리터의 물을 부은 다음에는 그 컵을 비우고 다시 물을 부어야 한다. 강의를 하다 보면 가끔 2리터의 제한 용량을 지닌 참가자들을 만나지만 다루어야 할 내용이 많기 때문에 물 붓기를 멈출 수는 없다. 그 사람들이 단지 듣고 고개를 끄덕이고 미소를 짓는다고 해서 우리가 바라는 대로 모두 다 기억하고 적용하고 있다고 여겨서는 안 된다.

기억에 대한 알버트 메하비안의 연구에 대하여 이야기했듯이 사람은 어떤 아이디어를 한 번 접하면 30일 후에는 그 내용의 10%를 기억한다. 하지만 같은 아이디어를 6번 간격을 두고 접하면 30일 후에 약 90% 정도를 기억한다고 한다. 그러므로 우리는 프레젠테이션에서 지속적으로 복습을 하고 재확인할 수 있는 기회를 가질 필요가 있다.

프레젠테이션 기획 방법

프레젠테이션을 기획하는 데는 몇 가지 기준이 있다. 전달해야 하는 정보의 종류, 시간, 참가자들의 경험 수준, 그리고 참가자들에게 친숙도를 높이는 것인가 아니면 완전 숙지인가, 아니면 그 중간인가에 따라 여러 방법을 선택할 수 있다.

나는 1969년부터 성공적인 프레젠테이션을 준비하고 전달하는 데 다음의 방법들을 활용해 왔다.

문제 해결 접근법(Problem-Solving Approach)

1. 문제의 원인

    왜 문제가 발생했는가? 그 문제는 어디서 기인하는가? 무엇이 문제를 만들었는가? 그 문제가 누구에게 영향을 주었는가?

2. 문제의 현재 상태

    문제는 현재 어떤 상태인가? 어떻게 퍼져 나가는가? 어떻게 계속 될 것 같은가? 우리가 아무 행동도 하지 않는다면 무슨 일이 일어날 것인가?

3. 가능한 해결책

    대안은 무엇인가? 각 대안의 장점과 단점은 무엇인가? 얼마나 빠르게 실시될 수 있는가? 성공 가능성은 얼마나 되는가?

4. 해결책 분석

    이 해결책들이 당신 강의에 참가한 사람들에게는 무엇을 의미하는가? 각 해결책이 그들에게 어떻게 영향을 미치는가?(그들은 지금 WII-FM에 주파수를 맞추고 있음을 기억하라) 그 대안들이 다른 사람들에게는 어떤 영향을 주는가? 특별히 그들에게 중요한 다른 것은 없는가?

5. 최상의 해결책과 그 이유

모든 정보를 종합해 볼 때 취해야 할 최선의 행동은 무엇인가?
6. 행동 요구

만약 시간이 짧다면 앞에 이야기한 정보들은 자료로 참조하고 다음과 같은 압축된 방법으로 문제 해결에 접근할 수 있다.

1. 문제
2. 해결책
3. 행동 요구

다음이 내가 사용했던 압축된 형태의 문제 해결 접근법의 예이다.

1. 문제

나는 내가 진행하는 모든 교육 프로그램에서 오프닝에 문제가 있음을 발견하였다. 나 자신이나 참가자들 모두에게 지루하게 여겨지는 듯하다.
2. 해결책

나 자신에게 "무엇이 효과적인 오프닝을 만드는가?" 하고 물어보았더니 다음의 세 가지 요소를 알아냈다.

- 선입관을 갖지 않는다.
- 네트워킹을 촉진시킨다. 그리고 소규모 그룹으로 프로그램에 참여하게 한다.
- 교육의 요점을 제시한다. 만약 나의 오프닝이 사람들로 하여금 정보나 직무 수행에 부족한 부분을 발견하는 데 도움을 주고, 문제점을 인식하게 하고, 마음을 열게 하고, 비판적이거나 성급하지 않도록 도와줄 수 있으면 나는 성공한 것이다.

3. 행동 요구

오프닝에 대해 질문하고 답을 함으로써 나는 내 교육 프로그램과 프레젠테이션에서 보다 의미 있고 성공적인 오프닝을 할 수 있게 되었다.

과거 · 현재 · 미래 접근법(Past-Present-Future Approach)

이 접근법은 특별히 즉흥적인 프레젠테이션을 할 때나 사람이나 특정 정보의 연대기를 다룰 때 적합하다.

1. 과거

과거의 당신은 이 주제에 대해 어떠했는가? 과거에 나는 프레젠테이션을 시작할 때 몹시 힘들었다. 머릿속은 멍해지고, 연필도 움직일 수 없었고, 모든 것이 통제 불가능했다.

2. 현재

현재의 당신은 어떤가? 예를 들어 요즘의 나는 프레젠테이션을 보다 원활하게 진행할 수 있다. 브레인스토밍을 적용하고, 다른 형식의 개요를 검토하고, 아이디어도 나오며, 빈칸을 충분히 채울 수 있다.

3. 미래

미래에는 어떤 일이 생길 것인가? 예를 들어 미래의 나는 좀더 많은 선택의 기회를 가지고 새로운 개요를 첨가할 것이다. 그리고 이야기나 사례, 시 등을 활용하여 내 프레젠테이션을 한층 재미있게 함으로써 프레젠테이션의 효과를 더 증가시킬 것이다.

새롭게 비트는 접근법(New-Twist Approach)
  1. 과거의 아이디어
  2. 과거의 아이디어를 새롭게 비틀어 보기
  3. 어떻게 그것을 발견하였는가?
  4. 어떻게 당신에게 유용한가?
  5. 참가자들은 그것을 어떻게 활용할 수 있는가?
  6. 행동 요구

여기 내가 새롭게 비트는 접근법을 어떻게 활용하였는지에 대한 예가 있다.

1. 과거의 아이디어
   나는 브레인스토밍을 실시할 때마다 플립 차트를 사용한 것으로 기억한다. 하지만 플립 차트는 아이디어가 빠르고 급하게 나올 때는 사용하기 번거로웠다.
2. 과거의 아이디어를 새롭게 비틀어 보기
   2명이나 그 이상의 참가자를 아이디어를 기록하는 자원자로 선발하여 그들이 아이디어를 기록하게 하고, 나는 자유롭게 토의를 진행할 수 있었다.
3. 어떻게 그것을 발견하였는가?
   내가 브레인스토밍에 참가자로 참여했을 때 리더가 자원자로 하여금 아이디어를 기록하게 하는 것을 보았다. 이 방법은 모든 진행을 아주 매끄럽고 신속하게 하였다. 그래서 나는 1명으로도 이런 효과를 낼 수 있다면 2명의 자원자를 세우면 더 잘 진행될 수 있다고 생각하였다.
4. 어떻게 당신에게 유용한가?
   나의 브레인스토밍 단계는 이제 예전 같지 않고 아이디어가 나오는 대로 빠르게 진행된다.
5. 참가자들은 그것을 어떻게 활용할 수 있는가?

    자원자를 선발할 때 당신이 요구하는 바가 무엇인지를 명확히 하라. 나는 자원자들이 부담을 느끼지 않도록 철자가 틀려도 괜찮다는 취지의 농담을 한다. "단어의 철자를 두 가지 방법으로 쓰지 못하면 당신은 창의적인 사람이 아닙니다." 그리고 자원자들에게 여러 가지 색깔의 마커를 주고 아이디어마다 다른 색깔로 쓰게 하면 참가자들이 쉽게 구별할 수 있다.

6. 행동 요구

    마커를 많이 준비하고 1명이 아닌 2명의 자원자를 선발하라.

이론과 기술

나는 1980년대 중반 밴더빌트(Vanderbilt) 대학의 기업 교육 연구소(Corporate Learning Institute) 책임자인 마이크 버거(Mike Berger)와 IBM을 위한 기술 교육 포럼(Technical Education Forum)을 개발한 적이 있다. 마이크가 말하기를 모든 이론과 기술은 오프닝에서 참가자들을 움직이게 하고(MOVE), 결론 부분에서는 참가자를 위해 다시 요약(RECAP)해 주어야 한다고 했는데 아주 현명한 제안이라고 생각한다.

Motivate(동기부여)
Orient and preview(소개와 개관)
in**V**estigate(조사)
Explain objectives(목적을 설명)

Review(복습)

Elicit (발견)
Connect (연결)
Answer (대답)
Punctuate (명확)

강력하게 동기부여하는 여덟 가지 방법

1. 사건을 묘사하라

8월의 어느 날 저녁을 상상하기 바란다. 당신 회사에서 매년 개최하는 시상 대회가 열리는 저녁이다. 지난 4년간 당신은 어느 누구보다 열심히 일했고 회사에 많은 공헌을 하였다. 당신은 그동안의 노력들이 오늘 저녁에는 틀림없이 보상을 받을 것이라고 믿고 있어서 지금 약간 상기되어 있다.

비행기를 타고 덴버로 가서 고급 승용차를 빌려 타고 남쪽으로 90마일 떨어진 콜로라도 스프링스로 기분 좋게 달려가고 있다. 길 오른편으로 멋진 록키 산맥이 펼쳐져 있다. 콜로라도 스프링스에서 고속도로를 빠져 나와 나무가 우거진 길을 달려 별 다섯 개, 다이아몬드 다섯 개, 모든 것이 다섯 개인 화려한 브로드모어 호텔에 이르렀다.

도어맨이 차 문을 열어 주었고 행사장으로 우아하게 안내를 받았다. 나무 장식이 되어 있고 잘 닦여진 바닥을 밟으며 행사장 쪽으로 걸어가고 있다. 양쪽에는 4미터가 훨씬 넘는 거울이 걸려 있고 황금과 크리스탈로 된 샹들리에가 있다.

행사장에 도착하여 400명의 동료들과 합석했는데 모든 순간이 환상적이었다. 저녁도 맛있었고 서비스도 훌륭하였다. 현실이기에는 너무 좋았기 때문에 사실인지 확인하고 싶어 꼬집어 볼 정도였다.

마침내 시상이 시작되었다. 당신은 최우수 공로상을 받든가 아니면 빈 손으로 집에 가든가 둘 중 하나였다.

사장이 단상으로 올라가서 마지막 시상을 할 차례였다. 그가 당신을 잠깐 바라보았을 때, 순간 당신은 자신이 이 밤의 주인공임을 알아차렸다. 저 상은 바로 당신의 것이다.

사장이 말하기를 "이 상을 받을 사람은 아직 이 사실을 모르고 있습니다. 약 4년 전에 모든 관리자가 이 사람을 해고해야 한다고 했지요. 절대 우리 조직의 높은 기준을 만족시키지 못할 것이라고 했습니다. 하지만 저는 이 사람의 가능성을 보았습니다. 그래서 저는 한 단계씩 개발 계획을 세워가면서 이 사람의 조언자 역할을 시작했고, 일대일 시간도 가졌습니다. 내 경험과 생각, 통찰력 등을 이야기하고 나를 업계의 리더로 만들어 준 아이디어, 개념, 기술 등에 대해 가르쳐 주었습니다. 이 사람은 내가 만든 개발 계획대로 따라와 주었는데 절대 게으르거나 무책임하지 않고 내가 세운 기준에 의문을 제기하지 않았습니다. 그 결과는 이제 명확합니다. 특별히 지난 1년 동안 내가 세운 계획에 따라 이 사람은 우리 그룹 내에서 가장 탁월한 성과를 냈습니다. 우리 회사의 최고 공로상은……."

그리고 당신의 이름이 불려졌다. 이때 당신의 기분은 어떠하겠는가? 내가 이 시나리오를 읽고 이 질문을 했을 때 참가자들은 "놀림을 받은 것 같아요", "화가 나지요", "바위 밑에 숨고 싶을 겁니다", "상을 사장에게 돌려 주어야지요. 그 사람 공인걸요" 등의 대답을 하였다. 이 사건에 대해 대부분의 사람들은 자신의 반응을 이야기하고 싶어하였다. 이것이 주요 포인트이다. 참가자들에게 동기를 부여하고 싶다면 그들을 당신의 프레젠테이션에 참여시켜라.

2. 손을 들게 하라

참가자들의 손을 들게 하는 것은 매우 의미가 있다. 사람들이 얼마나 손을 들었는지를 보면 당신이 얼마나 좋은 질문을 했는지 알 수 있다. 여기 내가 사용하는 두 가지 예가 있다.

A. 이 강의장에서 '활동적인 단짝'을 본 사람이 있는지를 묻는다. "두 사람이 함께 걸어 들어와서 함께 자리에 앉고, 팔을 함께 포개면서 몸짓으로 이렇게 '나는 여기에 오고 싶지 않았어요. 그래서 이렇게 하는 것이 훨씬 낫지요' 라고 당신에게 이야기하는 것입니다. 동의하시는 분 손을 들어 주시겠어요?" (반응을 기다린다) "좋습니다. 그것은 당신이 일주일 이상 교육을 받고 계시다는 의미입니다." (보통 이 말에 웃는다)
B. 나는 오프닝에서 참가자들에게 다른 참가자에 대해 알아보는 퀴즈 게임을 하게 하는데, 이 게임의 목적은 누가 질문에 맞는 사람인지를 찾아내는 것이다. 예를 들어 다음의 사람은 누구인지 찾아내는 것이다.

- 외동아들이나 외동딸인 사람
- 스키를 잘 타는 사람
- 《파퓰러 메커닉스(*Popular Mechanics*)》 잡지를 구독하는 사람
- 트럭을 모는 사람
- 5년 이상 강사로 일한 경험이 있는 사람
- 3개 이상의 회사에서 일해 본 경험이 있는 사람

참가자들에게 제일 찾기 어려울 것 같은 두세 개의 질문에 답해 보라고 이야기한다. 이 활동이 끝난 후에 나는 사람들에게 자신이 어떤 문항에 해당되는지 손을 들어 보라고 한다. 예를 들어 "여러분 중 스키를 잘 타는 사람은 손을 들어 보시겠어요?" 하면 사람들은 가끔 손을 든 사람의 숫자에 놀라곤 한다.

3. 질문을 하라

우리는 질문에 답하는 데에 매우 익숙해져서 때로는 대답하기 싫은

경우에도 그냥 대답을 한다. 아마도 질문에 대답하는 것 이상으로 익숙해져 있는 것은 전화받는 일일 것이다(전화벨이 울려도 한번 내버려 두어 보라).

자, 그럼 다음처럼 해보자. 이 문제에 대해 답을 생각하지 마라. 4+4는 무엇인가? 문제에 대해 답을 생각하면 안 된다. 다른 것을 해보자. 5×5는 무엇인가? 아니다. 문제에 대한 답을 생각하면 안 된다. 하지만 우리는 안 할래야 안 할 수가 없다. 마무리가 필요하다는 생각이 너무 강해서 질문이 던져지면 마무리를 하기 위해서 우리는 그에 대한 답을 해야만 하는 것이다. 참가자 개인에게 질문을 할 수도 있지만 자원하는 사람에게 대답하게 하거나 손을 들게 함으로써 그룹의 반응을 이끌어 내라.

참여를 최대화하기 위해 나는 참가자들을 다섯에서 일곱 명 정도의 그룹으로 나눈 후에 "이제까지 생각한 것 중 가장 중요한 내용이 무엇이라고 생각하는가?" 또는 제품이나 서비스의 종류를 써 넣은 후 "이것에 대해 가장 많이 나오는 소비자의 불만 요소 두 가지는 무엇인가?"라고 질문을 던지고 각 그룹별로 2분 동안 답변을 생각해 보게 한다. 바로 그 질문이 몇몇 말 많은 사람이 아닌 모든 참가자들의 참여를 유도하는 방법이다.

4. 약속을 하라

창의적 교수법 세미나에서 "2일 과정이 끝난 후에 당신은 최소한 새로운 자료나 시각 교재를 만들지 않아도 당신의 다음 교육 프로그램을 개선할 수 있는 다섯 가지 방법을 알게 될 것입니다"라고 약속한다. 이 약속에 참가자들은 항상 관심을 가지게 되는데 때때로 그들이 내가 약속을 충실히 지키고 있다고 생각하는지를 확인한다. 그리고 그들이 사용할 수 있는 구체적인 기법들을 소개함으로써 내 의도를 설명할 수도 있고 정기적으로 검토도 할 수 있다.

5. 웃게 하라

농담을 하라는 말이 아니다. 유머를 사용할 때는 반드시 요점이 있어야 하는데 자연스럽고 시기 적절한 유머가 가장 효과적이다. 내가 '활동적인 단짝'에 대한 질문을 하고 난 후 손을 들게 하면서 "그 말은 일주일이 넘었다는 뜻이군요"라고 한 유머는 실제 상황을 바탕으로 하고 있기 때문에 대부분의 사람들이 웃는다.

실제 경험에서 우러나오는 효과적이고 자연스러운 유머에는 다음 세 가지 요소가 있다.

- 요점이 있다.
- 우리의 개인적인 경험에서 나오는 것이기 때문에 참가자들이 전에는 들어 보지 못한 이야기가 된다.
- 다른 사람의 약점과 단점을 잘 파악할 수 있기에 참가자들을 우리에게 더 가까이 다가오게 한다.

유머는 프레젠테이션과 자연스럽고 논리적으로 잘 맞아야 한다. 단지 재미가 있다고 해서 사용하지 말고 연관성이 있는 것을 사용하라.

당신이 웃길 필요는 없다. 사람들은 당신에게서 밥 호프(Bob Hope), 빌 코스비(Bill Cosby), 혹은 조안 리버스(Joan Rivers)를 기대하지는 않는다. 단지 당신이 알고 있는 것을 나누어 주기를 기대할 뿐이다. 당신의 경험을 뛰어넘는 이야기나 농담을 하려면 그것이 당신의 그룹과 잘 맞는지를 고려해야 한다. 비즈니스 분야의 사람에게는 재미있는 이야기가 건축 분야에 종사하는 사람에게는 그렇지 않을 수도 있고, 그 반대일 수도 있다. 재미없는 유머를 하면서 액센트나 극적 효과를 주어 일부러 재미있게 하려는 경향이 있는데 그렇게 하지 말라. 당신이나 참가자나 모두 후회할 것이다.

모든 직업은 나름대로의 유머를 가지고 있어서 같은 직업을 가진 사람들은 그 유머를 알아차릴 것이다. 당신의 이야기가 화려하고 과장되거나 우스꽝스러운 액센트로 전달될 필요는 없다. 단순히 재미있는 이야기를 나누면 참가자들도 당신과 함께 웃을 것이고, 그렇게 되면 목표가 달성된 것이다.

시간이 지나면서 당신이 진행했던 이전 프로그램의 참가자를 만나게 되는 경우가 있다. 그들에게는 두 번째로 듣는 당신의 이야기가 재미없을 것이다. 같은 이야기를 반복해서 지루하게 만들지 말고 새로운 이야기와 경험을 늘 준비하라. 이미 들었던 이야기를 반복해서 듣게 되면 사람들은 당신을 게으르고 무관심하다고 생각할 것이다.

끝으로 유머에 대한 다음의 원칙들을 고려하라.

- 언제 어떻게 유머를 사용해야 하는지를 아는 것은 매우 중요하다. 그렇지 않을 경우 결과는 비참하다.
- 유머는 주요 아이디어를 보충하는 도구이지, 아이디어를 대신하지는 않는다.
- 세심한 배려를 가지고 유머를 사용하라. 타인을 경멸하는 유머를 해서는 안 된다.
- 이야기가 특정 인물에 관한 것이라면 그것은 당신에 대한 이야기여야 한다.
- 음란하거나 공격적인 언어를 사용하는 유머는 하지 말라.
- 유머에 인종, 종교, 성, 정치성이 담겨 있지 않도록 주의하라. 그런 점이 의심되면 사용하지 말라.

농담이 아니면서도 참가자들을 웃게 만드는 두 가지의 방법이 있다.

- 나는 그룹 활동을 시작할 때 이렇게 말한다. "자 이제 그룹의 조장

이 필요한데 모두들 손가락으로 허공을 가리키세요." 말뜻을 이해 못한 사람들을 위해 잠시 동안 기다리고, 나도 직접 손가락으로 허공을 가리키면서 주위를 돌아본다. "모두들 손가락으로 허공을 가리키는 건가요?" 보통은 이때 웃음들이 나오게 된다. 그리고 "제가 셋까지 세면 조장이 되었으면 하는 사람을 가리키세요. 손가락을 가장 많이 받은 사람이 조장이 되는 겁니다. 하나, 둘, 셋!" 내가 손가락으로 허공을 가리킨 채로 셋까지 세고 난 뒤 참가자들을 향해서 손가락을 움직인다. 모두들 마찬가지로 손가락들을 움직이게 되면 각 조에서 조장으로 결정된 사람을 알게 되어 보통 웃음이 나오게 된다. 웃음이 안 나와도 상관없다(대단히 분석적인 구성원들로 모인 조인 경우에는 그렇지 않을 수도 있다). 이것의 목적은 웃음이 아니고 조장을 뽑는 것인데, 웃음은 단지 보너스일 뿐이다.

- 휴식시간이 되었을 때는, "싫은 소리는 누구나 하기 싫어합니다. 나도 마찬가지이고요. 그래서 제가 휴식이 끝났을 때 모든 사람을 소리쳐서 모으기보다는, 새로운 조장이 사람들을 모으는 책임을 지도록 하겠습니다. 휴식시간이 3분 남았을 때 제가 '조장님, 3분 남았습니다' 라고 말하겠습니다. 그러면 조장으로 선출된 분이 이 소리를 들으면 3분 이내에 남은 조원들을 찾아서 다 모이도록 해야 합니다. 새로운 조장이 누구인지 모르신다면, 그것은 여기서 지금 일어나는 사람 중 가장(여기서 잠깐 멈춘다) 마지막 사람입니다." 어떤 사람은 벌떡 일어나서 뛰어나갈 것이다. 각 그룹의 새 조장이 누구인지를 알게 되면 보통 웃음이 나오게 된다. 나는 보통 다양한 방법을 사용한다. 점심시간의 경우에는 새로운 조장은 "가장 먼저 일어나는 사람이다!"라고 하면 여기에도 다시 한 번 웃음이 나오게 된다. 웃음이 안 나와도 상관없다. 목적은 새로운 조장을 뽑는 것이다.

6. 도발적인 언어를 사용하라

내가 "강사가 지금 당장 총을 맞아야 할 네 가지 이유가 있습니다"라고 말하면 대부분의 사람들은 관심을 보인다. 사람들 생각에는 강사가 총을 맞아야 할 아무 이유가 없기 때문이다(물론 이 문장이 사실은 아니지만 확실히 관심을 끌 수는 있다). 이 책의 뒤에서는 '교육에서의 22개의 치명적인 잘못들'이 실려 있다. 여기서 내가 '하지 않도록 노력해야 하는 22가지'라고 말할 수도 있었지만, 이 두 가지가 끌게 되는 관심의 정도는 분명 서로 다르다. 극적으로 표현하는 데 주저하지 말아라. 당신이 종사하는 분야에도 역시 적어도 22가지의 치명적인 잘못들은 있을 것이다.

7. 특별한 통계 자료를 인용하라

나는 최근에 자료를 찾다가 우연히 다음과 같은 사실을 알아냈다. 사람들은 25세에 일을 시작하여 65세까지 계속하고, 그 시간의 16.8%만을 온전히 일을 하는 데 사용한다는 것이다. 그래서 나는 직원들이 업무를 떠나서도 활용할 수 있는 기술을 개발하게 하는 것의 장점을 보여 주고 싶었다. 사람들은 시간의 82.8%는 일을 떠나서 보내게 된다. 여기에 만약 어떤 문제가 있다면 그것은 바로 일의 성과에 부정적인 영향을 미칠 것이고, 만약 잘 풀린다면 그것 또한 성과에 긍정적인 영향을 미칠 것이다. 그러나 내가 이 통계자료를 사용했을 때 "인구 표본이 어떻게 되는가?", "어떤 회사인가?", "샘플은 어떻게 수집되었는가?"와 같은 질문에 곤혹스러웠다.

그래서 지금은 특별한 통계수치를 인용할 때 다른 방법을 쓴다. "보통 성인은 25세부터 65세까지 일을 하지요. 사람은 자신에게 주어진 시간 중에서 몇 퍼센트를 직업에 관계되는 일을 하며 보내는지 한번 추측해서 써 보세요. 얼마나 효과적이었나를 쓰는 게 아니고 그냥 시간을 얼마나 보내는가를 추측하는 것입니다."

얼마간의 시간이 지난 후 나는 손을 들어 보라고 한다. "90% 이상을 직업과 관계되는 일에 시간을 쓴다고 생각하시는 분은 손을 들어 주세요." 그리고 10%씩 줄여 가면서 10%까지 해 본다. 평균적으로 40% 주변이 제일 많다. 나는 칠판에 원을 그리고 60%와 40%로 원을 나눈다.

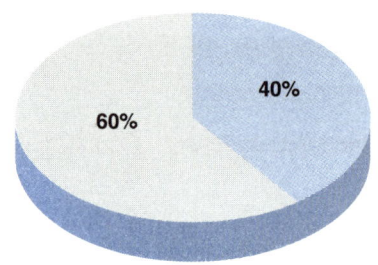

그러고 나서 다시 묻는다. "만약 이 60%에 해당하는 인생에서 문제가 생긴다면 그것이 이 40%에 얼마나 영향을 줄까요?"라고 묻는다. 대답은 "많이 준다"일 것이다. 그리고 365를 칠판에 쓰고 난 후 주말에는 보통 일을 하지 않기 때문에 거기에서 102를 뺀다. 그리고 휴일 수 10을 또 빼고 1년에 갖는 보통의 휴가 15일을 뺀다. 그리고 아프거나 개인적인 사정으로 휴가를 내는 6일을 또 빼고 나면, 남은 날은 232일이다. 보통 하루에 8시간씩 일을 하니까 날짜를 3으로 나누면 약 77일이 되는데, 이는 365일의 21% 정도가 된다.

우리 생각에는 40%였는데 통계 수치는 16.8%임을 기억하라. 이런 식으로 계산하면 개략적으로 맞는 추정치를 낼 수 있다. 이제 마지막 질문을 한다. "사람들이 인생의 80%를 직업을 떠나서 생활한다고 할 때, 만약에 거기에 무슨 문제가 있다면 그것이 일의 성과에 미치는 영향은 어떻겠습니까?" 60%일 때의 대답이 "많다"였다면 80%일 때의 영향력은 얼마나 더 크겠는가?

추측하건대 당신이 종사하는 분야에는 역사적으로 특별한 통계 자료들이 있을 것이다. 이 정보를 참가자들의 기억에 남을 수 있도록 하는 매우 효과적인 방법이 분명 있을 것이다.

8. 시각 교재나 물건을 사용하라

나는 과자, 감자, 사람 손 모양으로 생긴 OHP포인터 등 모든 종류를 다 사용하였다. 이 모든 것들은 관심을 끌고 흥미를 불러일으키며 사람들에게 동기부여를 한다. 왜냐하면 사람들은 궁금해 하면서 그것이 무엇인지 알고 싶어하기 때문이다. 그 물건들이 무엇인지 잘 모를 수도 있지만 어쨌든 어떻게 활용될 것인지에 대해 생각하기 시작할 것이다.

한번은 프레젠테이션에 유아용 신발 한 짝을 가지고 갔다. 그리고 그것을 앞으로 가지고 나와서 칠판 모서리에 걸었을 때 사람들이 나를 의아하게 보았다. 나는 처음부터 그 신발들을 아주 무시해 버렸지만 참가자들은 당연히 그것에 온통 신경을 쏟고 있었다. 그래서 나는 그 신발을 교육이 끝날 때까지 계속 걸어 놓을 예정이라 말하고, 신발을 건 이유는 우리가 배우려고 하는 것이 걷는 법을 배우는 것과 흡사하다는 점을 상기시키기 위한 목적이라고 말해 주었다. 우리는 학습 과정에서 때때로 낙담하는 경우가 있지만 계속 시도를 하고 조금씩 나아진다면 우리 모두 발전할 것이다. 이와 같은 내용을 모두 말로만 설명해 줄 수도 있지만, 그 유아용 신발이 가지는 상징성이 더욱 더 강력하게 다가갈 것이다. 당신의 참가자들이 내용을 배우는 데 도움이 될 만한 상징적인 물건들을 생각해 보라.

소개와 개관

참가자들로 하여금 아래의 질문에 대답하고 토론하게 하는 것은 당신이 전달하려는 내용의 중요성을 강조할 것이다. 왜 이 교재가 중요한가? 당신은 왜 이곳에 오기를 선택하였는가? 왜 이 교재가 선택되었는가? 어떻게 이 교재를 활용할 것인가? 시간 사용에 대한 일정표는 무엇인가? 어디에서부터 출발할 것인가? 어디에서 끝날 것인가?

조사

이 분야에 대해 참가자들은 어느 정도 수준의 지식을 가지고 있는가? 그들의 경험은 어느 정도인가? 그들은 어느 정도로 배운 것을 빨리 사용할 것인가?

목적 설명

참가자들로 하여금 이 과정에서 기대할 만한 것이 무엇인지 미리 알게 하고 이론이나 기술 단계에 들어가는 것이 중요하다. 이 단계가 끝나면 그들이 무엇을 알게 될 것인가? 변화에 대한 그들의 태도나 느낌은 어떠할 것인가? 무엇을 할 수 있게 되는가?

복습

복습을 한다고 굳이 말할 필요 없이 우리는 지속적으로 복습을 하게 되는데 여기에 몇 가지 다양한 기법이 있다. 나는 때때로 참가자들이 나중에 일에서 사용할 '행동 아이디어'를 계속적으로 검토하게 한다. 소그룹으로 나누어 아이디어를 공유하기도 하고, 전체 그룹에게 피드백을 줄 수도 있다. 이 과정에서 내용의 대부분이 다루어지는데 내가 강조하고 싶은 다른 부가적인 정보도 추가할 수 있다.

또한 프레젠테이션이 끝난 후에 참가자들이 반드시 대답할 수 있어야 한다고 생각하는 질문들을 만들어 보도록 한다. 전체를 최소한 세 그룹으로 나누어서 각 그룹이 질문지를 만든다. 첫 그룹의 문제를 두 번째 그룹이 그 문제의 완성도, 명확성, 공평성 등을 검토한 후에 세 번째 그룹이 답을 하게 하는 방법으로 세 그룹이 돌아가면서 하게 한다.

새로운 아이디어를 발견하라

내용에서 사람들이 찾아낼 수 있는 새로운 적용 방법은 무엇인가? 어떤 문제들을 풀 수 있는가? 아마 어떤 사람들은 더 나은 방법으로, 최소한 새로운 창의적인 방법으로 문제를 해결할 수 있을 것이다.

미래와 연결하라

현장에서의 적용점(On-the Job Applications)은 무엇인가? 적용하는 과정에서 예상되는 장애는 무엇인가? 이러한 장애를 극복하는 데 어떤 전략들이 활용될 수 있는가? 새로운 기술과 지식을 적용할 때 참가자들끼리 어떻게 서로 도와줄 수 있는가?

질문에 대답하라

하지만 나는 절대로 "질문 있나요?"라고 묻지 않는다. 보통 소그룹으로 나누어서 2~3분 동안 내용을 훑어보게 한 후 궁금한 2~3개의 질문을 준비하여 내용을 다시 한 번 복습하게 한다. 그 질문들의 대부분은 그룹 안에서 대답이 나올 것이고, 나중에 진짜 질문이 되는 것들은 전체 그룹에게 흥미를 불러일으킬 것이다.

결론을 명확하게 하라

결론을 희미하게 맺어서는 안 된다. 또 끝나는 시간에 맞추어 내용을 다 다루었다고 말하기 위해 성급하게 끝내서도 안 된다. 우리가 원하는 것은 정시에 정확하고 인상 깊게 마무리하는 것이다.

그렇게 하기 위한 일곱 가지 방법이 있다.

1. 전체 프로그램을 몇 마디 말로 핵심 있게 잘 요약한다.
2. 중요 포인트를 다시 언급한다.
3. 행동으로 옮길 것을 이야기한다.

예를 들어 이렇게 이야기할 수 있다. "참여는 기억력을 높이고, 내용을 현장에서 적용하는 대단히 중요하다는 점을 여기서 경험해 보셨을 것입니다. 스스로 참여도를 높일 수 있는 방법을 찾는 데 여러분은 능동적으로 참여하셨습니다. 여러분이 사용하였던 기법들을 지속적으로 적용한다면 여러분의 강의장에서도 같은 에너지를 불러일으킬 수 있을 것입니다."

4. 가볍게 마무리한다.

3명의 IBM 컨설턴트 가운데 1명인 데이비드 피플즈는 가끔 자신의 프레젠테이션을 다음과 같이 재미있는 멘트로 마무리한다.

"저는 여러분들의 모든 질문에 제대로 대답하지 못했음을 잘 알고 있습니다. 사실 어떤 질문에도 제대로 대답하지 못하였다고 생각합니다. 제가 한 대답은 다시 새로운 질문들을 제기하게 했고, 그것은 다시 문제들을 일으켰는데, 그것들은 우리가 문제라고 생각도 못했던 것들이었습니다. 다시 말해 우리는 계속 이와 같은 방법으로 혼란을 겪을 것이지만, 보다 중요한 것들에 대해 높은 수준의 혼란을 겪을 것입니다."

프레젠테이션의 내용이 심각한 것이었다면 이러한 멘트는 분위기를 가볍게 할 것이다. 보다 가볍게 정리를 하라.

5. 인용문을 사용한다.

예를 들어 "기원전 451년 공자가 말한 것을 기억하세요. '들은 것은 잊어버리고, 본 것은 기억만 되나, 직접 해 본 것은 이해된다.' 이 말은 오늘의 우리에게도 적용됩니다. 참여는 결과를 얻게 하는 핵심이 되는 행동입니다."

"우리가 이번에 함께하면서 경험한 것들을 기억하세요. 영국의 철학자 루이스(C. S. Lewis)가 말하기를, '경험을 갖고 있는 사람은 절대 논쟁에서 지지 않는다'라고 했습니다. 우리는 일하면서 경험한 다양한 기법들을 알고 있는데, 모든 것을 다 이야기하지는 않았지만 모든 것을 다했습니다. 앞으로도 계속 경험의 폭을 넓히십시오."

6. 시를 암송한다.
   한 예를 들어 보자. "사람들이 중요하게 생각하는 것을 인정하고 격려하고 승인하는 것에 대해 이야기하였습니다. 그것을 생각하며 찰스 자비스(Charles Jarvis)의 시를 읽어 드리겠습니다."

인생은 귀찮고
인생은 서두름뿐이고
인생은 바쁘고 붐비는 길이라
좋은 의도들은 사라진다.
예전에는 친구들도 있었는데
지금은 아무도 없다.
그는 세상을 떠났다.

나는 편지를 쓰려고도,
전화를 하려고도,
부르려고도 했다.
하지만 나는 아무것도 하지 않았다.
나는 단지 그가 나를 볼 수 있기만을 바랐다.
우정이 나에게 어떤 의미였는지.

인생은 바쁘고 붐비는 길이다.
좋은 의도들은 사라진다.

우리의 좋은 의도들을 사라지게 하지 말자. 직장, 가정, 공동체의 중요한 사람들에게 감사의 표시를 하자.

7. 일화를 전달한다.

"우리는 사람들을 관리하고 코치하는 것에 대해 이야기하였습니다. 사람들을 지원하는 것은 매우 중요하지만 우리는 그들의 일을 대신할 수는 없지요. 우리는 여기서 개발한 기술들을 활용함으로써 다른 사람들을 도와줄 수 있습니다. 그러면 우리의 책임을 다하게 되는 것입니다."

"나는 처음 관리자가 되었을 때의 경험을 절대 잊지 못할 것입니다. 나는 현장 판매에 대한 책임을 지고 있었는데 내가 맡고 있는 부서원 중 어느 한 사람도 실패하지 않을 거라고 생각했었지요. 결국 나는 모든 실패에 있어 개인적인 경험을 하게 되었습니다. 그래서 나는 스스로 빠졌던 함정을 다른 사람들이 피해갈 수 있도록 도울 수 있습니다."

"어느 날 내가 처음 채용하였던 사람 중의 한 사람이 내게 전화를 걸어 말하기를 '그만두겠어요. 더 이상은 못하겠어요'라고 했습니다. 나는 이틀이나 충격에 빠져 있었지요. 내가 뭘 잘못한 것일까? 이런저런 생각 끝에 나는 내가 할 수 있는 모든 것을 했다는 것을 깨달았지요. 이 사람은 처음 3주간의 강도 높은 교육을 받았고, 그 후에 60일 동안의 현장 실습, 그 후에 또 다른 120일간의 현장 실습을 마친 후에 개인 사무실로 와서 이틀간의 보충 교육도 받았습니다. 우리는 현장 실습도 함께 했고, 부가적인 보충 자료는 2주에 한 번씩 우편으로 보냈지요. 그는 자기가 받은 모든 교육을 강화시켜 줄 오디오 테이프도 받았습니다. 또한 그의 프레젠테이션에 도움을 줄 시각 교재도 가지고 있었습니다. 나는 최선을 다했지만 그의 일을 대신해 줄 수는 없었던 거지요."

"우리가 사람들을 코치하고 지도하고 상담하는 방법을 배운다면 우리는 효과적인 관리자가 될 것입니다. 하지만 우리는 사람들이 저마다 자기에게 찾아온 기회에 최선을 다해야 하는 것과 우리의 책임 사이에서 균형을 잡아야 할 것입니다. 왜냐하면 우리가 그들을 대신할 수는 없으니까요."

이론과 실기의 본론

이론과 실기에 대한 오프닝과 결론이 같은 형식으로 진행된다면 본론 부분은 조금 다르다.

이론 부분은 다음과 같다.

- 이론을 설명한다.
- 이론을 실제 상황에 적용할 수 있도록 참가자들을 활동에 참여시킨다.
- 이론을 요약한다.
- 과정을 마무리한다.

기술 부분은 다음과 같다.

- 기술을 보여 준다―중간에 해설 없이 전체 과정을 보여 준다.
- 보여 주고 설명한다―기술을 각 단계별로 설명하면서 보여 준다.
- 연습하게 한다―참가자들이 스스로 기술을 연습한다.
- 피드백을 통해 참가자들이 그 기술을 실행하는 법을 배우게 된다.

효과적인 오프닝

효과적인 오프닝을 하기 위해서는 참가자들에게 다음 네 가지를 알려야 한다.

1. 당신은 유익한 시간을 보낼 것이다.
2. 나는 당신이 누구인지, 당신의 경력과 경험, 전문성을 잘 이해한다.
3. 나는 당신을 존중하기 때문에 많이 준비하였다.
4. 나는 교육과 경험을 통해 교육 내용을 잘 알고 있다.

- 효과적인 오프닝을 위한 10가지 팁

1. 활기차고 열정적이며 생동감 있게 시작하라.
   지루하고 재미없고 요점없는 프레젠테이션을 듣는 것은 누구나 싫어한다. 흥미와 열정을 발산하라. 생동감과 강렬함을 프레젠테이션에 불어넣어라. 참가자들의 도전 의욕을 불러일으켜라.

2. 사과하지 말라.
   사과할 필요가 없을 정도로 세밀하게 준비하라. 만약 사과할 필요가 있다 해도 참가자의 85%는 당신이 뭘 사과하는지 모른다는 점을 기억하라. 당신이 말하지 않는 한 나머지 15%도 그것에 영향받지 않을 것이다.

3. 눈을 맞추어라.
   눈을 맞추는 것은 아주 효과가 있다. 한 사람 한 사람 눈을 맞추는데, 같은 강도로 눈을 맞추려면 한자리에 서 있지 말고 강의장 안을 돌아다녀라. 바닥이나 천장, 벽 또는 방 뒤쪽에 시선을 두지 말라.

4. 상대방 입장이 되어라.
   자기 자신보다는 타인을 의식하고 생각하라. 당신의 메시지를 전달하고, 내용을 이야기하고, 참가자를 설득하고 영향을 주는 데 초점을 맞춘다면 당신이 잘하고 있는지에 대해서는 걱정할 필요가 없다. 당신이 진심으로 열심히 그들의 이익을 위해 노력하고 있다면 그들은 당신한테 감사하고 존경할 것이다. 백 년 전에 토마스 칼라일(Thomas Carlyle)은 "당신이 말한 것에 대한 보상을 바라지 말고, 두 마음을 갖지 말며 당신이 말하는 것의 진실성만을 생각하라"라고 말했다.

5. 참가자들에게 개요를 알려 주라.

"당신이 말하려고 하는 것을 이야기하고, 그 다음에는 당신이 이야기한 것을 말하라"라는 말을 기억하라. 처음에는 당신이 다룰 교재에 대해 기본적인 것을 설명하고 핵심 용어를 정의하라. 당신과 참가자 사이의 동질감을 형성하라.

6. 관심을 유지하라.

"핵심 질문이 무엇이지요? 무엇이 그것들을 중요하고 시급한 문제로 만들었지요? 첫 번째 질문이 무엇인가요?"라고 참가자들에게 질문을 한다.

7. 열린 마음을 가져라.

대부분의 참가자들은 당신이 누구인지, 주제에 대한 당신의 태도는 어떤지, 왜 당신이 그 주제를 다루는 데 자신감이 있는지 정확하게 알아야 한다. 당신의 아이디어를 참가자들과 나누고, 의사소통에 쏟는 당신의 진정한 관심을 그들이 느낄 수 있어야 한다.

8. 외모에 주의한다.

당신의 외모가 사람들로 하여금 당신의 메시지를 잘 받아들이도록 도와줄 수도 있지만 방해가 될 수도 있다. 외모는 중요하다. 좋은 첫인상을 주도록 하라.

- 옷차림—전문가답게 옷을 입었는가? 적절한 옷차림인가? 우리가 어떤 옷차림을 했는가는 참가자들에 대한 예의를 나타낸다.

당신이 생각하는 것보다 조금 더 격식을 차려서 입어라. 너무 격식을 차렸다고 생각되면, 양복 상의를 벗는다든지, 소매를 걷는 것들로 조절할 수 있다. 그러면 조금 더 편하게 보일 수 있다. 내 개인적으로는 강사로서의 위치를 유지하려면 가장 옷을 잘 입은 참가자들보다 한 단계(서너 단계가 아닌 단지 한 단계) 더 잘 입어야 한다고 생각한다.

- 제스처―손이나 머리를 편하게 사용하는가? 말하는 동안에 제스처를 편안하게 사용하는가?
- 얼굴 표정―표정에 생동감이 있는가? 참가자와 주제에 대한 관심을 표현하고 있는가?
- 자세―너무 경직되지 않으면서도 바르게 서 있는가?
- 몸 움직임―의사소통을 위해 편하게 움직이면서 변화를 주는가? 주제를 적절히 강조하고 있는가?

9. 목소리에 주의하라.

노스캐롤라이나 샤롯트에 있는 Communication Concepts의 사장인 캐서린 헤스트는 커뮤니케이션의 전문가이다. 그녀는 다년간 저널리스트, 뉴스캐스터, 앵커 생활을 마친 후 '당신의 목소리가 너무 좋지 않아서 뭐라고 하는지 제대로 들을 수가 없어요(How You Sound Is So Awful I Can't Hear What You Say)'라는 프로그램을 만들었다. 강사의 목소리는 참가자들의 메시지 수용에 심각한 영향을 미친다는 것이 그녀의 생각이다.

- 톤―목소리 톤에서 열정과 진지함, 관심과 흥분을 전달하고 있는가?
- 발음―각 단어를 정확하게 발음하는가? 아니면 특정 단어를 흘리거나 건너 뛰지는 않는가?

- 박자와 속도 — 적절히 쉬고 있는가? '음'이나 '어' 따위로 말을 끌지는 않는가? 유창하게 이야기하는가, 아니면 더듬는가? 너무 빠르거나 느리지는 않은가?
- 용어 선택 — 당신의 생각을 전달하기 위해 적절한 용어를 사용하고 있는가? 당신이 사용하는 용어가 너무 생소해서 참가자들이 잘못 이해하고 있지는 않는가? 이미 다 알고 있는 용어를 필요 없이 설명하고 있지는 않는가? 너무 쉽지도 어렵지도 않은 꼭 맞는 용어를 선택하라.

10. 참가자와 친밀감을 유지하라.

    참가자들이 당신에게 편하게 접근할 수 있는가? 참가자들과 친밀한 분위기를 형성하였는가? 참가자들이 당신의 생각과 아이디어를 알 수 있도록 도와주는 것이 중요하다.

위와 같은 프레젠테이션의 미묘한 부분들을 다룬 좋은 책으로 나의 친구이자 사업 동료인 데이브 아치(Dave Arch)가 저술한 《프리젠터를 위한 쇼맨십(Showmanship For Presenters)》이 있다.

프레젠테이션의 중반부 준비하기

- 보충 설명

참가자들이 충분히 이해하지 못하거나 동의하지 않는 부분이 있다면 보충 설명을 한다.

첫째, 참가자들이 아이디어의 사실성이나 가치에 대해 의구심을 갖는 사항에 대하여 보충 설명을 한다.

둘째, 이해하기 어려운 개념을 소개할 때도 보충 설명이 필요하다.

다음과 같은 방법을 사용하여 보충 설명을 할 수 있다.

- 수량—사실이나 사건을 표현하는 구체적인 숫자.
- 통계—숫자에 근거를 둔 통계적 수치나 상관 관계.
- 사실—제3자에 의해서 또는 직접 관찰한 결과로 증명된 과거와 현재에 대한 서술.
- 정의—특정한 것의 본질을 이해하기 위해 일반적인 것에서 구체적인 것으로 좁게 정의를 내린다. 예를 들면 "랜치(Ranch) 스타일(용어)의 집은 한 층으로(특성) 지어진 집의 종류이다(일반적 종류)."
- 일화—요점을 설명하기 위한 이야기나 경험으로서, 반드시 사실 여부를 증명할 필요는 없다.
- 보기—일반적 설명을 증명하거나 명확히 하기 위한 사례.
- 예증—요점을 구체적으로 증명하고 설명하는 구체적인 보기.
- 권위자—당신의 이야기를 지지할 수 있는 당신보다 더 믿을 만하고 알려진 사람의 이야기.
- 유추—이야기되고 있는 주제와 비슷한 조건을 설명한다.

사람들은 당신이 이야기하려는 요점보다 구체적인 예, 보기, 일화 등을 더 오래 기억하기도 한다. 그저 일반적이고 광범위한 용어들로만 이야기하면, 참가자들은 당신이 프레젠테이션을 그저 형식적으로 준비하였거나 당신이 하는 말에 자신이 없다고 생각할 것이다. 우리가 증거를 가지고 말하지 않으면 참가자를 완벽하게 이해시키거나 그들에게 영향을 미치는 데 실패할 것이다.

불행히도 그저 입으로만 건성으로 "조사 결과에 따르면……", "그들이 말하기를……", "모든 사람이 알다시피……"라고 말하기는 쉽다. 하지만, 무엇을 '조사'하였고, '누가' 조사하였으며, '모든 사람'은 도대체 누구인지 반드시 한두 명은 여기에 대해 질문할 것이고, 그렇게 되면 당신의 프레젠테이션은 신뢰성을 잃게 될 것이다. 애매하고 일반적인 표현은 피하고, 스스로 분명하고, 명확하고, 정확하게 말하고 생각하는 법을 배우라. 예를 드는 경우에는 가능한 한 구체적인 사람 이름, 장소, 사건 등을 이야기하라. 보충 설명은 관련성이 있고 명확하고 정확하며, 설명하기 쉽고, 반대되는 의견에 강하게 맞설 때만 효과가 있다.

■ 전환(Transitions)

프레젠테이션의 다양한 내용을 연결시키는 데 활용할 수 있는 일곱 가지의 전환방법이 있다.

- 질문과 대답—참가자들 혼자, 또는 짝을 짓거나 아니면 소그룹으로 모이게 하여 1~2분 정도의 시간 내에 생각을 정리하고 질문을 생각해 보게 한다. 이때 분위기를 전환하고 효과적으로 내용을 검토할 수 있게 한다. 그러나 질문과 대답 부분에는 제한 시간을 두라. 질문과 대답을 시작하기 전에 미리 제한 시간을 모두에게 알려 주라.
- 몸의 움직임—강사가 방의 이쪽에서 저쪽으로 움직이거나, 참석자들을 직접 움직이게 함으로써 전환한다는 것을 나타낼 수 있다. 예를 들어 나는 가끔 질문에 대한 답을 적게 한 후에 참가자 모두를 일으켜 세운다. 모든 사람이 일어나면 몇몇 사람들에게 답을 발표해 달라고 요청한다. 여기서 움직임을 전환 방법으로 사용할 뿐 아니라 참가자들에게 몸을 움직일 수 있는 약간의 휴식 시간도 제공한다.
- 미디어 활용—예를 들어 당신이 미디어를 전혀 사용하지 않았다면 이제 플립 차트를 펼칠 때이다. 새로운 도구를 소개함으로써 전환을 나타낼 수 있다.
- 미디어 변화—예를 들어 플립 차트를 치우고 OHP를 꺼내면 전환

의 신호가 될 수 있다.
- 간단한 요약―나는 가끔 프레젠테이션을 중단하고 참가자들에게 이제껏 모은 그들의 '행동 아이디어'를 개인별, 또는 그룹별로 나누게 한다. 소그룹이라면 나눈 이야기 중에 두세 개를 리더가 발표하게 한다. 이 간단한 요약은 이제까지 어떤 요점을 이야기하였는지에 대한 피드백을 주고, 다음 주제로 넘어가기 위한 전환 방법이 된다.
- 재집중―토의가 만약 옆길로 빠지는 것 같을 때 나는 다음과 같은 말을 한다. "방금 프랑크가 이야기하기 전에, 우리가 무엇에 대해 이야기하고 있었지요?"
누군가가 우리의 이전 주제를 이야기할 것이다. 그러면 시간을 낭비하지 않고 참가자를 당황하게 하지 않고도 토의를 제자리로 되돌릴 수 있다.
- 중단―잠깐의 침묵은 프레젠테이션의 한 부분이 끝났고, 이제는 다음 부분으로 넘어갈 것임을 나타낸다.

■ 질문

전환의 첫 번째 방법이 질문과 대답이었는데 이것에 대해 조금 더 자세히 살펴보기로 하자.

참가자들에게 질문하라

질문은 대화를 촉진시키고 의사소통을 하는 데 매우 훌륭한 도구이다. 프레젠테이션에서 질문을 활용하는 몇 가지 핵심 포인트가 있다.

1. 질문을 미리 계획하라. 프레젠테이션에서 언제 무슨 질문을 할 것인지 생각해 둔다.
2. 각 질문의 목적이 무엇인지 생각한다. 일반적으로 질문은 정보

(예: 어디에 사십니까? 직원 수가 몇 명이지요?) 또는 의견(예: 이 아이디어에 대해 어떻게 생각하십니까? 혹은 이 계획이 효과가 있을까요?)을 구할 때 사용된다.
3. 질문을 할 때는 참가자나 개인의 경력이나 관심사에 연결시켜라.
4. 일반적인 질문에서 시작하여 구체적인 것으로 좁혀 나가라.
5. 한 질문은 한 가지 주제로 제한하라.
6. 짧고 명확하고 이해하기 쉬운 질문을 하라. 예를 들어 다음과 같은 질문은 하지 말라. "다음의 가망, 약속, 프레젠테이션, 등록, 추천 등 다섯 가지 판매 주기 중에서 무엇이 제일 중요하다고 생각하십니까?" 써 놓으면 간단한 질문 같지만 개인이나 참가자에게 말로 물어볼 때는 혼돈을 일으킬 수 있다. 보다 긴 질문을 물어볼 때는 OHP나 플립 차트로 요점을 정리한다. 예를 들어 판매 주기의 핵심 파트를 OHP로 보여 준 후에 어떤 것이 중요한지 물어본다. 그렇게 하면 판매의 다섯 가지 주기를 외우느라 질문이 무엇인지 듣지 못하는 경우는 없을 것이다.
7. 질문 사이에 논리적인 전환을 만들어라.
8. 당신이 토의를 진행하고 있을 때, 처음에는 그룹에게 질문하고 그 다음에 개인에게 질문을 한다. 학습을 할 때 질문의 목적은 학습 효과가 일어나게 하는 것이지 시험을 보는 것이 아니다. 작은 그룹들이 질문에 대한 토론을 통해 답을 이끌어 내게 하는 것은 더 많은 사람들이 참여하게 하고, 모든 사람들이 복습을 하게 해서 내용을 더 깊이 기억하도록 해 준다. 질문은 자는 사람을 깨우거나 사람들을 무지하다고 생각하게 해서 모든 이의 입을 닫아 버리게 하는 데 사용하는 도구가 아니다.
9. 단순히 '예', '아니오'로 대답할 수 있는 질문, 또는 답이 암시되어 있는 질문은 피한다. 그리고 참가자가 대답할 시간도 주지 않고 강사가 미리 답을 이야기하는 일은 없도록 한다.

10. 일단 질문을 했으면 대답을 방해하지 말라.

질문에 답하기

내용(무엇을 물어보는지)과 의도(무슨 의미인지) 모두를 파악하라. 다시 말해서 질문 뒤에 숨겨져 있는 느낌과 감정도 다 파악하라는 것이다.

질문 하나하나를 인정하고 되받아 말함으로써 당신이 제대로 이해하고 있다는 사실을 보여 주라. 필요한 경우에는 "제가 이해한 바로는 당신이……"라고 명확하게 확인하라.

정확하고 확실하게 대답하도록 하고 질문한 사람의 만족도를 확인하라. "제 말이 충분한 대답이 되었나요?" "당신이 알고 싶어하는 것에 대해 제가 다 이야기했나요?" 등 부가적인 보충 설명, 증명, 명확성 등을 줄 수 있도록 준비하라.

질문에 대답할 때 다음의 다섯 가지 행동은 하지 않는다.

1. 무응답
   비록 어떤 사람이 너무 많은 질문을 하더라도 그 사람을 무시하지 않도록 한다.
2. 질문이 부적절하고 어리석거나 시간 낭비라는 느낌을 주는 것
3. 질문을 다른 방향으로 바꾸는 것
   가능한 한 모든 질문에 대답한다.
4. 옆길로 빠지기
   질문에 대답하면서 이렇게 이야기하지 말라. "그 질문을 받고 보니 생각나는 이야기가 있군요……." 10분이나 걸리는 옛 전쟁 이야기를 하고 나면 아무도 질문이 무엇이었는지 기억하지 못할 것이다.
5. 두 가지 질문을 하나로 취급하기
   두 사람이 비슷한 질문을 해도 따로따로 대답한다.

아이디어의 효과적인 전달을 위한 팁

1. 한 번에 한 가지 아이디어를 소개한다.
   너무 많은 아이디어를 한 번에 다 소개하려고 하지 말라. 만약에 그렇게 하면 대부분의 사람들은 혼돈만 느낄 것이다. 당신이 소개하는 한 가지 아이디어에 반응하도록 참가자들을 격려하라. 예를 들어 "이 아이디어를 활용하실 것입니까?"라고 물어볼 수 있다.
2. 다른 아이디어를 소개하기 전에 참가자들이 그 아이디어를 완전히 이해하게 한다. 그들에게 아이디어에 대한 생각이 어떠한지를 물어보아서, 그들이 이해하고 자료의 내용들을 받아들였음을 확인하고 다음 단계로 넘어가라.
3. 구체적이어야 한다.
   가능한 한 정확하게 의사소통을 한다. 예, 유추, 예증 등을 사용하고 일반적인 표현은 피한다.
4. 정서에 반응한다.
   그들의 생각뿐 아니라 그들의 느낌도 나누도록 격려한다. 어떤 사람이 감정을 표현하면, 관심을 갖고 격려하면서 그 감정에 공감하라. 사람들이 가질 수도 있는 부정적인 감정도 받아들여라. 참가자들이 가질 수 있는 분노, 좌절, 혼돈 등의 표시들은 그들이 당신의 아이디어를 받아들이지 않는다는 신호이다.
5. 당신 자신의 이야기를 나눈다.
   당신이 가지고 있는 것, 당신이 알고 있는 것 모두를 나누어라. 당신이 먼저 열린 마음으로 대하면 그들도 당신에게 마음을 열 것이다. 당신 자신을 열면 더 깊고 풍부하게 다른 사람들과 의사소통을 할 수 있다.
6. 당신이 무엇을 말하고 싶은지 명확하게 알아야 한다.

당신이 다루고 싶어하는 주제나 아이디어가 당신 마음속에 명확한지, 이야기하려는 모든 내용에 대해 전체적으로 이해하고 있는지 확인하라. 무언가 당신에게 명확하지 않은 것이 있다면, 당신은 그것을 다른 사람에게 명확하게 전달할 수 없을 것이다.

7. 논리적 순서를 활용한다.

   시간별·주제별로, 혹은 제일 중요한 것에서 덜 중요한 것의 순서로 당신의 아이디어와 사고를 정리하라. 이렇게 하면 듣는 사람으로 하여금 당신이 이야기하는 것이 무엇인지 알고 그것을 적용할 수 있도록 해 줄 것이다.

8. 사람들이 들을 준비가 되어 있을 때 의사소통한다.

   사람들이 무엇인가 염려하고 있고, 절망하고, 화가 나 있거나 흥분 또는 분노하였을 때에는 그들과 의사소통하는 것을 아예 시도도 하지 말라. 우선은 그런 감정들이 가라앉도록 노력하라.

9. 참가자들에게 익숙한 언어를 사용하라.

   전문용어나 익숙하지 않은 용어, 너무 어려운 용어는 사용하지 말라. 당신이 지식이 많고 똑똑하다는 것을 증명할지는 몰라도 효과적인 의사소통은 힘들어진다.

10. 참가자들에게 관심을 가져라.

    참가자를 끌어들이고 질문을 통해 그들의 반응을 알아내라. 그들이 이야기할 때에는 주의 깊게 들어라.

11. 피드백을 주어라.

    누군가 이야기한 것이 여러 가지로 해석될 수 있는 경우에는 당신의 해석이 그 사람의 의도와 맞는지 확인하라. 단지 되풀이해서 이야기하지 말고 그가 동의하는지를 살펴라.

12. 흥미를 불러일으켜라.

    참가자들에게 주제의 중요성을 설명하라. "이 안에서 무엇이 내게 도움이 되는가?"라는 그들의 질문에 대답하라. 간단하고 구체적으로 하고 토의되고 있는 주제에 대한 그들의 태도, 의견, 느낌들을 통해 공통점을 발견하도록 하라.
13. 먼저 생각하고 그 다음에 이야기하라.
 연료가 없으면 차는 달릴 수 없다. 강사는 머릿속에 명확한 생각 없이 효과적으로 이야기할 수 없다.
14. 당신의 목표가 무엇인지 알라.
 "이 정보를 전달하는 목적은 무엇인가?"라고 당신 자신에게 질문하라. 당신이 프레젠테이션을 끝냈을 때 참가자들이 정확하게 알기 원하는 것과 느끼기를 원하는 것은 무엇인지 확실히 하라.
15. 의사소통할 때에는 언제나 주변 환경을 고려하라.
 조명, 방의 배치, 시간, 그리고 프레젠테이션에 어떤 사람들이 참석하는지 등에 대해 모두 파악하라. 자발적으로 온 사람들인가? 아니면 명령을 받고 온 사람들인가?
16. 다른 사람의 의견을 구하라.
 당신의 아이디어에 대한 다른 사람들의 피드백과 해석은 어떤지 그들에게 질문하라. 당신이 전달하려고 하는 아이디어가 다른 사람에게는 어떻게 보이는지 알아야 한다. 그저 명확할 것이라고 가정하지 말라. 명확성에 대한 피드백을 얻어라.
17. 내용만큼 표현에도 주의한다.
 목소리 톤, 자세, 얼굴 표정, 옷차림, 다른 사람을 받아들이려는 자세 등 이 모든 것은 전달하려는 내용과 참가자에 대한 당신의 태도를 나타낸다.
18. 확인하라.
 피드백은 당신의 메시지가 제대로 전달되었는지를 나타내는 것이므로 그것을 확인하라. 프레젠테이션 중간중간에 피드백과 제안을 요청하라. 그리고 당신이 만족스럽게 했음을 확인하라.
19. 단기적인 변화와 함께 장기적인 변화를 위해 의사소통을 하라.

사람들은 가끔 변화에 저항한다. 새로운 아이디어, 행동, 방향성, 아이디어의 단기적 효과뿐 아니라 자신감을 불러일으키는 장기적인 이익도 함께 얻게 하라.

20. 당신의 프레젠테이션을 돕는 행동과 태도에 주의하라.

    "당신 목소리가 너무 커서 뭐라고 하는지 알아들을 수가 없어요"라는 말에 주의하라. 당신의 태도와 행동이 당신이 말하는 내용을 돕고 있다는 것을 명심하라.

21. 경청하라.

    사람들은 훌륭한 말을 하는 사람보다 자기 이야기를 들어 줄 사람을 찾고 있다. 그리고 자신의 이야기를 들어 주는 사람에게 많은 힘을 실어 준다.

    그룹 프레젠테이션은 당신이 훌륭하고 전문적인 사람으로 알려질 수 있는 다양한 홍보의 기회를 줄 것이다. 그래서 그로 말미암아 강의요청을 받거나 세미나, 패널, 컨벤션, 회의, 판매 프레젠테이션 등에 참석할 수도 있다.

    이 장에 나와 있는 전략들은 여러분이 자신감을 갖고 나가는 데 큰 도움이 될 것이다.

Utilize

9. Customizing Training
교육 프로그램을 니즈(Needs)에 맞게 수정하기

당신의 니즈를 조직의 내부와 외부에서 채우기

창의적 교수법의 하나는 당신이 가진 자원을 최대한 활용하는 것이다. 조직 내에서 당신이 필요로 하는 자원을 다 얻을 수 없다면 조직 외부로 눈을 돌려라. 그렇게 하면 다른 많은 자원들을 발견할 수 있을 것이다. 또한 당신과 함께 일하는 컨설턴트들이 당신이 필요로 하는 것을 찾거나 제공해 줄 수도 있다. 대학 교수들도 특정 분야에서는 전문가들이며 큰 컨설팅 회사에는 경험이 많은 스탭들이 있다. 또한 범용(Off-the-shelf) 프로그램을 가지고 있는 교육 컨설팅 회사들도 당신의 니즈(needs)를 채워 줄 수 있을 것이다.

외부 기관 찾아보기

외부 기관을 찾아보기로 결정하기 전에 먼저 검토해 보아야 할 몇 가지 핵심 질문이 있다.

1. 어떻게 이 교육 목표가 세워졌는가

이 목표들은 어디에서 출발되었는가? 당신의 평가를 거쳐 목표가 수립되었는가? 아니면 당신이 이 과제를 함께하려고 고려 중인 외부 기관에 의해 세워졌는가? 혹은 기존의 교육 프로그램에서 말하는 것들이 당신의 모든 니즈를 만족시키는가를 주의 깊게 살펴보라. 교육은 문제를 해결하고 결과를 얻기 위해 기획해야 한다. 이것을 알아보는 하나의 테스트는 당신이 고려하는 교육의 목적에 대해 외부 컨설턴트들은 어떻게 생각하는지 알아보는 것이다. 이상적으로 그들은 자신들만의 기준이 아닌 당신이 필요로 하는 것에 초점을 맞출 수 있는 능력과 의지를 지니고 있어야 한다.

2. 그들이 함께 일했던 사람들은 누구인가

누구와 함께 일하든지 그들은 추천받을 만해야 한다. 나는 애틀란타에 있는 한 대규모의 카지노 호텔의 컨설팅을 한 적이 있다. 처음에 고객 교육 책임자와 전화 상담을 하고 있었는데, 그 담당자는 내게 자기가 연락을 할 수 있는 세 명의 다른 고객의 이름을 물어보았다. 약 한 시간의 대화가 끝나고 나는 세 명의 고객에게 정중하게 전화를 걸어 혹시 어떤 연락이 갈지도 모른다고 알려 주었다. 그러자 그들은 이미 그 교육 책임자와 이야기를 하였고 다음과 같은 질문에 대답을 했다는 것이다.

- 밥 파이크가 일한 조직 중에 어떤 조직이 가장 컸나?
- 어떤 조직이 가장 작았나?
- 그가 조직과 일을 할 때 가장 큰 문제는 무엇이었는가?
- 다음에도 그와 같이 일할 계획인가?

좋은 질문들이다. 이 일을 통해 나는 그 교육 책임자로부터 다음과 같은 한 가지 교훈을 얻을 수 있었다. 즉 컨설턴트를 채용하기 전에 함께 일했던 사람들과 연락을 해서 추천을 받아라. 전화로 처음 세 사람에게 컨설턴트에 관한 세 가지 추천 이유를 물어본 후 또 다른 세 사람에게 연락을 하여 그들에게서도 세 가지 추천 이유를 받아내라. 대부분의 컨설턴트라면 누구나 그를 좋게 추천해 줄 수 있는 사람이 셋 정도는 있으므로 두 번째 연락한 세 사람으로부터 보다 더 유용한 정보를 얻을 수 있을 것이다.

3. 왜 내가 당신을 선택해야 하는가

매우 직접적인 질문이다. 이에 대해 당신의 선택을 비교해 볼 수 있는 매우 흥미 있는 대답을 하는 사람이 있을 것이다.

4. 파일럿(Pilot) 프로그램이 있는가

일반적으로 나는 이 질문에 대한 대답은 '예'여야 한다고 생각한다. 비록 프로그램이 많은 사람들을 위한 범용 프로그램으로 사용되었다고 해도 당신의 그룹에 처음으로 전달될 때에는 파일럿 프로그램을 먼저 고려해야 한다.

5. 파일럿 프로그램은 잘 구성되어 있는가

좋은 파일럿 프로그램은 교육 대상자들의 다양함을 고려해야 한다. 성과가 조금 떨어지는 사람이 있는 반면 중간 정도인 사람도 있고, 잘하는 사람도 있기 때문이다. 파일럿 프로그램의 목적은 이것이 어떻게 조직에 적용되는가를 알아보는 것인데 이는 정규 과정과 같아야 한다. 또 다른 방법으로는 참가자를 보낸 관리자들을 초대하여 파일럿 프로그램에 참가시키는 것이다. 이들이 이 과정을 마친 후 무엇을 지원하고 강조할 것인가? 이들이 직접 파일럿 과정에 참가하여 프로그램을 이해했다면 당신을 많이 도와줄 것이다. 이것이 불가능하면 요약 브리

평을 실시하는데, 교육에 관한 홍보 및 참가자들을 보내는 관리자들의 지지를 얻고자 하는 목적은 파일럿 프로그램과 같다.

6. 누가 그 일을 할 것인가

대규모의 조직에는 당신이 충분히 신뢰할 만한 유명한 컨설턴트가 있겠지만, 실제 일은 아마 아직 자격이 없는 다른 사람들이 하고 있을 수도 있다. 당신은 누가 실제로 이 일을 수행하게 될지 정확하게 알 권리가 있다. 누가 프레젠테이션을 하게 되는가? 그들의 경력은 어떤가? 믿을 만한가? 이런 정보를 주의 깊게 확인하라. 당신이 무엇을 위해 경비를 지불하는지 명심하라.

당신이 서명하는 계약서의 경우에도 마찬가지이다. 실제 수행될 일과 그 일을 할 사람이 구체적으로 명시되어 있는가를 확인하라. 당신은 사람들의 시간과 전문성을 구매하는 것이므로 고객으로서 모든 정보를 확인하라.

7. 이 프로그램은 완성품 인수(Turnkey) 프로그램인가

일이 다 끝난 다음에 만약 당신이 필요하거나 원한다면 프로그램을 진행할 수 있는 모든 것들을 소유할 수 있는가? 필요한 자료들을 사용할 수 있는 권리까지 구매한 것인가? 강사 가이드, 시각 자료, 참가자용 교재 등 모두가 프로그램의 한 부분으로 통합되어 있는가? 아니면 그 자료들을 소유할 수 있는가? 이 프로그램이 당신이나 조직 내의 다른 사람도 진행할 수 있도록 기획되어 있는가? 아니면 외부의 누군가에게 항상 의존해야 하는가? 이 질문들에 대한 정답은 없지만 먼저 확인은 해야 한다. 만약 그 자료들을 사용하는 게 아니라 아예 소유하기를 원한다면 비용이 더 들 수도 있지만, 이는 당신이 선택할 사항이다. 만약 당신이 단순히 전달하는 것보다 더 높은 수준을 원한다면 그것도 당신이 선택할 수 있어야 한다.

8. 자료를 다른 사람도 활용할 수 있는가

개발된 자료를 활용하는 것을 제한할 필요가 있을까? 만약 당신의 경쟁자가 똑같은 교육 자료를 가지고 있다면 당신에게 해가 될까? 프로그램을 독점적으로 사용해야 할 필요가 있다면 원하지 않는 유출을 막을 보호책은 있는가?

9. 당신은 듣는 사람인가, 아니면 말하는 사람인가

이 질문 역시 맞고 틀린 정답은 없지만 고려해 보아야 할 사항이다. 당신은 적절한 질문을 하는 사람을 원하는가? 아니면 과거의 경험, 자신의 신용도 등을 이야기하는 데 시간을 보내는 사람을 원하는가? 이 사람은 당신의 니즈, 문제점, 당신이 생각하는 접근법을 기꺼이 듣기를 원하는가? 혹은 당신이 문제점을 이야기하기도 전에 해결책을 제시하는 컨설턴트인가?

10. 그 컨설턴트는 얼마나 빨리 대답을 줄 수 있는가

모든 것을 다 알고 있는 사람은 없다. 이 사람이 모든 질문에 즉각적으로 대답하는 사람인지에 주의하라. 훌륭하고 현명한 컨설턴트는 가끔 머뭇거리기도 하고, 대답을 하기 전에 생각할 시간을 갖는다.

11. 그 컨설턴트는 니즈 분석을 할 필요가 있다고 하는가

혹은 당신이 과거에 어떤 접근법을 언제 사용하였는지를 알고 싶어 하는가? 시간이 지나면 모든 것이 바뀐다. 당신은 정확한 문제를 정확한 방법으로 풀 수 있는지를 확인하라. 완벽하고 치밀한 니즈 분석만이 정상적으로 가고 있음을 확신시켜 준다. 물론 당신이 광범위한 분석을 할 수 있는 직위가 아닐 수도 있지만, 컨설턴트라면 최소한 당신의 니즈에 대해 평가를 할 수 있어야 한다.

이 책의 첫 장에서 언급했듯이 이러한 니즈 분석(Needs assessment)

이 단지 교육 프로그램에서 무엇이 필요한지를 알아보기 위한 단순한 조사만으로 끝나지 않으려면 그 조직의 방향설정의 기능이 추가되어야 한다.

몇 년 전에 대규모 공장의 한 부서에서 커리큘럼을 개발해 달라는 요청을 받은 적이 있다. 그 과정은 부서 안에서 필요한 과정 개발을 하기 위해 강사들을 교육시키는 데 지속적으로 사용될 예정이었다. 나는 니즈 분석에 대해 물어보았고, 약 18개월 전에 완벽하게 조사가 끝났다는 대답을 들었다. 나는 그 조사 결과를 확인하고 신규 과정 도입을 위해 몇 개의 포커스 그룹(교육성과를 분석하고 측정해 보는 그룹)을 만들 것을 제안하였다. 그러나 포커스 그룹의 인터뷰 결과는 조사 결과와 매우 달랐는데 관리자 쪽의 압력이 조금 작용했던 것이다. 그 결과 과제의 초점이 바뀌었고, 그 조직은 더 많은 이득을 얻을 수 있었다. 절대로 현장 중심 분석(Front-end analysis)을 과소 평가하지 말라.

12. 제안서는 얼마나 완성도가 있는가

좋은 제안서는 단지 결과물과 가격만을 제시하는 것 이상이어야 한다. 개발의 단계를 보여 주고 있는가? 시간 사용 계획이 포함되어 있는가? 진전 사항을 측정할 수 있고, 초점에서 벗어나지 않는지 확인할 수 있는 기준이나 표가 있는가? 완성도 있고 세밀한 제안서는 당신이 선택한 회사나 개인과 함께 일하면서 당신이 얻을 수 있는 결과물의 종류를 확인하고 평가할 수 있는 기회를 제공한다. 주요 사항만 써 놓고 내용은 없는 한두 쪽짜리 제안서를 경계하라.

13. 강화(Reinforcement) 요소를 제공하는가

진정한 행동의 변화는 하나의 사건을 통해서 발생하는 것이 아니기 때문에 새로 습득한 기술을 유지하려면 지속적인 강화 시스템이 있어야 한다. 교육 컨설팅 회사(Vendor)에게 교육 후 제공되는 강화

시스템의 특징에 대해 상세한 설명을 요청하라.

범용(Off-the-shelf) 프로그램의 선택과 수정

이미 범용화되어 있는 프로그램을 선택하기 전에 다음 질문에 따라서 모든 프로그램의 가능성을 평가하라.

1. 프로그램이 제시하는 목표는 무엇인가

프로그램의 목표와 당신의 니즈가 일치하는가? 그 프로그램은 당신이 필요로 하는 그 이상인가? 또는 그 이하라서 보충이 필요한가? 프로그램이 잘 맞는가? 아니면 처음부터 다시 해야 할 정도로 수정 사항이 많은가?

2. 프로그램 기획은 어떠한가

프로그램 기획이 당신의 조직과 기업 문화에, 그리고 강사로서 당신의 성향에 적합한가? 강사의 지도 아래 이루어지는 '참가자 중심'의 프로그램인가? 참여를 허락하는가? 실제 적용할 수 있는 많은 사례가 있는가? 참가자의 경험을 중요하게 생각하는가? 전에 했던 교육 내용과 중복되는가? 만약 중복된다면 그 중복은 중요한 것인가? 하루, 며칠, 또는 일주일 프로그램 등 여러 가지 형태로 진행할 수 있는가? 아니면 한 가지 형태로만 제한되는가? 얼마나 많은 참가자를 수용할 수 있는가? 많으면 많을수록 효과적인가? 아니면 작을수록 효과적인가? 얼마나 많은 전문 강사가 필요한가?

3. 프로그램의 속도는 어떠한가

다양한 종류의 활동을 전달하는가? 아니면 제한된 몇 가지가 계속 반복되는가? 참가자들을 위해 점점 더 많은 참여가 허락되는가? 속도는 유연한가? 뒤처진 그룹을 위해 속도를 조금 천천히 할 수 있는가? 모든 사람이 개념을 잘 이해하고 있다면 속도를 높일 수 있는가? 계획한 방법이 제대로 효과를 발휘하지 못할 때 사용할 수 있는 대안은 있는가? 요점을 끌어내는 데 도움을 줄 수 있는 다른 접근법은 있는가?

4. 시간 사용은 효과적인가

이론과 실제가 적절하게 배합되어 있는가? 프레젠테이션과 적용은 균형을 이루고 있는가? 각 주제에 배당된 시간은 적절한가? 주제가 올바른 순서대로 소개가 되는가? 참고할 수 있는 것이 있는가? 대부분의 수업 시간이 참가자들이 스스로 발견하는 데 초점을 두기보다는 알아야 할 것과 해야 할 것에 초점을 두고 있지는 않는가? 과정이 끝난 다음 참가자들이 내용 전문가, 매뉴얼, 소프트웨어, 비디오테이프, 비디오 디스크 같은 여러 자원들을 활용하고 사용법 또한 잘 알고 있는가?

5. 비상 계획(Back-up Plan)은 무엇인가

첫 과정이 파일럿 프로그램일 경우 비상 계획은 무엇인가? 만약 계획되어 있는 강사가 사정상 불참할 경우 누가 대신할 것인가? 대신할 사람은 필요 없다고 미리부터 가정하지 말라. "무엇을 하든 다 잘못된다"는 머피의 법칙을 기억하라. 강사로 일해 온 20년 동안 한 번도 일어나지 않았던 일이 하필이면 지금 일어날지도 모른다. 모든 자료는 미리 우송되었는가? 배달 날짜는 넉넉한가? 미리 날짜에 여유를 두어서 적절하게 자료를 복사해 두도록 하라. 시간을 넉넉히 확보하는 데 주의를 기울여라. 모든 핵심 요소에 비상 계획이 있는지를 확인하라.

6. 이 프로그램이 참가자 및 관리자 후원자들과 관련성이 있는가

이들이 보기에도 프로그램의 내용이 가치 있어 보이는가? 내용간 관련성이 있는가? 사용한 예는 적절한가? 수업에서 배운 내용을 그들의 작업 환경에서 곧바로 적용할 수 있는가? 프로그램에서 교육 대상들에게 제일 중요한 비즈니스 관심 사항들을 다루고 있는가?

7. 익숙한 용어들을 사용하고 있는가

예를 들어 당신이 범용 프로그램을 고려하고 있다면, 참가자들이 그 프로그램에서 사용되고 있는 용어들을 이미 알고 있는가? 만약 조직 내에서 당신들만 아는 특별한 용어를 쓰고 있다면, 같은 내용을 전달하는 새 용어들을 소개할 필요가 있는가? 사용된 용어들이 관련 산업 분야에서 사용하는 용어들과 일치하는가?

사례들은 적절한가? 참가자들은 판매 과정에서 단기적인 판매 활동에 종사하고 있는데, 프로그램에서는 장기적이고 연속적인 판매에 관한 사례를 사용하고 있지는 않은가? 참가자들은 제조업 분야 사람들인데 소비업 분야의 예만 있는 것은 아닌가? 이런 경우 좋은 프로그램의 효과가 희석될 수도 있다.

8. 어떤 과정 준비가 요구되는가

당신은 소규모 그룹 활동만을 하는 할인 프로그램을 도입할 수 있지만 여기서 필요한 두 명의 강사를 한 명으로 줄일 수는 없다. 그 과정은 소그룹 비디오 피드백이 필요할지도 모른다. 모두 세 대의 카메라, 세 대의 비디오 리코더, 세 대의 모니터가 필요하지만 당신에게 한 대씩밖에 없는 경우에는 빌리거나 필요한 것을 사는 방법도 가능하다. 하지만 부가적인 비용이 드는 점을 고려하여 결정을 내리기 전에 필요한 기자재에 드는 비용을 확인하라.

니즈에 맞는 프로그램을 위한 11가지 단계

외부 컨설턴트와 프로그램을 기획하여 새로 만들 때, 또는 내용 전문가와 니즈를 맞추고자 할 때 효과적인 프로그램을 만드는 데 도움이 되는 11가지 방법이 있다.

제1단계 : 마인드 맵(Mind Map)

내가 이제껏 해 본 방법 중 가장 효과적인 프로그램 개발 도구 중의 하나는 마인드 맵이다. 1960년대 후반 속독 과정에 참가했을 때 이 개념을 처음 접했다. '구조화된 회상(Structured recall)', '분기 프로그램(Branching)' 또는 '스파이더그램(Spidergram)' 등 부르는 이름은 여러 가지이지만 핵심 개념은 똑같다. 내가 몇 년 동안 사용해 본 결과, 편지나 메모, 논문 등을 구성할 때 또는 내가 참가한 프레젠테이션에서 노트를 한다든지 전문 자료를 읽을 때 대단한 효과가 있었다. 수많은 자료에서 마음과 오른쪽 뇌, 왼쪽 뇌, 선과 공간, 애드 인피니튬(Ad Infinitum)들이 어떻게 작용하는지에 대해 볼 수 있다. 내가 만든 이론은 우리들은 대부분 핀볼 기계 같은 마인드를 가지고 있기 때문에 사고는 일련적으로 생겨나지 않는다는 것이다. 각각의 생각들은 핀볼 기계 주변에서 스틸 볼들이 튕겨 나가는 것처럼 두세 가지 사고를 만들어 낸다. 핀볼 경기를 할 때 우리는 일정 부분은 조정할 수 있지만, 기계 안 패턴의 정렬에 따라 볼 방향에 결정적인 영향을 받게 된다.

인간의 뇌는 약 1조 개가 넘는 신경세포로 구성되어 있고, 각 신경세포는 주변을 둘러싸고 있는 신경세포와 수백 가지의 방법으로 상호 연결할 수 있는 능력이 있다. 우리가 생각을 할 때마다 각 신경세포간의 연결 물질인 시냅스를 자극하여 연결 반응을 일으킨다. 이렇게 함으로써 새로운 연결과 관계가 가능해지는데, 이것은 논리적으로 예측할 수 없는 것이다.

마인드 맵은 우리로 하여금 표준적인 노트 메모나 개요로는 할 수 없는 개념과 개요들이 어떻게 연결되는지를 공간적으로 보여 준다.

다음은 매킨토시(Macintosh)와 맥드로우(MacDraw), 맥페인트 (MacPaint) 소프트웨어를 사용하여 나중에 다시 그린 마인드 맵으로 내가 창의적 교수법 세미나를 위해 10분 동안 그린 것이다.

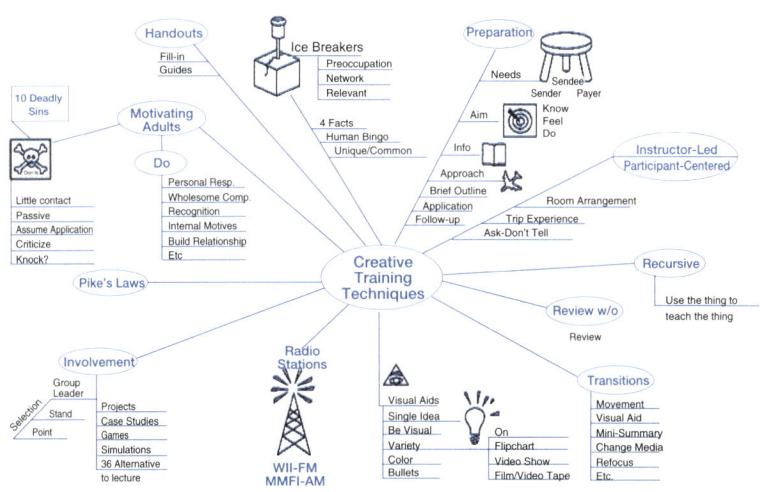

마인드 맵에는 몇 가지 기본 요소가 있다.

- 자유롭게 흘러 나가게 한다.
- 지금 어디로 가고 있는지 걱정하지 말라.
- 핵심 단어만 사용하라.
- 이것은 당신의 도구이므로 당신을 위해 사용하라.
- 연결할 수 있는 것들을 자유롭게 연결하라.
- 자유롭게 정보를 빼고 더하라.
- 빠른 시간 안에 마쳐라. 5분 동안 작성하고 2분 동안 휴식을 취한

후, 다음 5분은 수정하고 추가하는 데 사용하라.

마인드 맵은 혼자서 할 수도 있고 그룹으로도 할 수 있다. 다음에 있는 마인드 맵은 창의적 교수법 세미나에서 한 그룹이 20분간 세미나를 요약하기 위해 작성한 것이다.

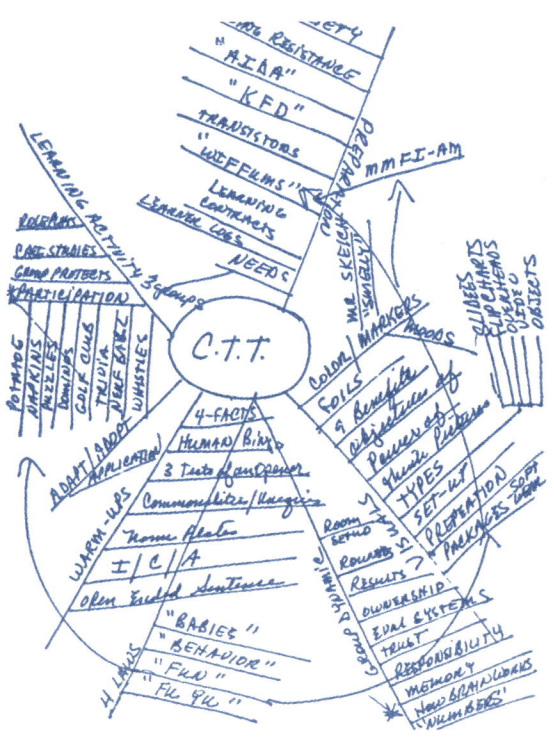

나는 1985년 큰 컴퓨터 회사의 일부 기술교육 과정을 수정하는 일을 한 적이 있었는데, 당시 나와 함께 일했던 강사들에게 전달한 모델이 바로 이 장에서 사용하고 있는 것이다. 우리는 먼저 모든 사람이 진행 상황을 볼 수 있도록 몇 장의 플립 차트를 벽에 붙여 놓고 시작하였다.

우리는 과정의 핵심 개념을 정해서 마인드 맵에 적어 놓고, 내용 전문가의 의견을 듣고 난 후 그것을 다시 마인드 맵에 적어 놓는데, 과정 내용의 전반적인 그림이 다 그려질 때까지 계속하였다.

알다시피 내용 전문가들은 관련 주제에 대해 세상 모든 사람들이 알고 싶어하는 많은 정보를 알려 주려는 경향이 있지만, 당신의 교육 프로그램에 참석한 사람들은 아마 그 정도의 정보나 전문성은 필요하지 않을 수도 있다. 이 딜레마를 푸는 것이 제2단계이다.

제2단계 : 최소화된 세트

어떤 교육 프로그램이든지 '알아야 할 정보'와 '알면 좋은 정보', '참고 자료', 그리고 '알 필요가 없는 정보'들이 있을 것이다.

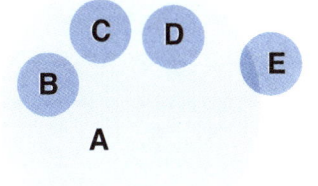

A. 모든 정보
B. 알아야 할 정보
C. 알면 좋은 정보
D. 참고 자료
E. 알 필요가 없는 정보

내용 전문가들은 아마 긴 줄의 내용이나 필요한 능력 리스트를 만들어 놓고 스스로 부담스러워할 수도 있다. 우리가 묻고 싶은 질문은 이것이다. "이 과정을 성공적으로 수행하려면 참가자들이 최소한 알아야 하는 것과 할 수 있어야 하는 것은 무엇인가?" 이 단계는 다시 몇 가지로 나누어 볼 수 있다. 교육 프로그램의 대상이 되는 사람들에게 이 프로그램에서 필요한 것이 무엇인지 질문하라. 그들의 관리자나 부서 직원에게 물어볼 수도 있다. 필요한 수준의 지원을 얻기 위해서는 참가자들과 관리자, 경비를 지불하는 후원자들의 의견도 모두 반영해야 한다. 성공이 어떤 모습일지에 대한 동의가 필요한데, 이 과정은 우리로 하여금 마인드 맵의 내용을 줄여 나갈 수 있게 하며 다음 제3단계로 넘어가게 한다.

제3단계 : 순서와 방법 선택
과정의 내용은 다음과 같은 방법으로 소개할 수 있다.

- 일반적인 것에서 구체적인 것으로
- 간단한 것에서 복잡한 것으로
- 가장 중요한 것에서 덜 중요한 것으로
- 주된 것에서 부수적인 것으로
- 전체에서 부분으로

이러한 방법은 같은 내용을 다양하게 보여 주는 효과가 있다.

제4단계 : 내용을 조각화(chunk)하라
준비한 내용을 잘 파악한 후 발표 내용들을 각각 20분 분량으로 나누어야 하는데 첫 20분 동안에는 무엇을 할 것인가, 두 번째 20분 동안에는 무엇을 할 것인가를 구상하여야 한다.

제5단계 : 브레인스토밍 접근법
내용 전달에 가능한 접근법은 무엇인가? 만약 참가자들이 내용과 관련한 경험이나 사전 지식이 있다면 그룹 토의, 브레인스토밍, 게임, 혹은 시뮬레이션 같은 방법을 사용하는 것이 좋다. 하지만 참가자들이 그런 정보나 경험이 없다면 강의, 심포지엄, 패널 토의 같은 방법이 더 적합할 것이다.

하루 중 각 부분이 어느 시간대에 소개될 것인가도 중요하다. 만약 과정이 하루 만에 끝난다면 오후에 사람들을 어떻게 활동적으로 만들 것인가? 과정 중에서 참가자들이 꼭 숙지해야 할 내용은 무엇인가? 그들이 필요로 할 때 무엇을 하게 해야 하는가? 프로그램의 각 부분에서 두세 가지 다른 전달 방법은 무엇인가? 한 가지 방법에만 너무 의존하지 않고 다양성을 유지하는 방법은 무엇인가?

제6단계 : 각 단위별로 연습

각 부분별로 연습이 되어 있어야 한다. 각 부분은 효과적인 오프닝과 결론의 구조로 구성되어 있는가? 본론은 제대로 강조되고 있는가? 휴식 시간 앞뒤로 소개되는 부분은 참가자들의 참여 강도를 더 높여야 한다.

제7단계 : 새로운 자료의 시험

프로그램에 새로운 자료가 있으면 언제나 그것을 확인하고 시험해 보라. 만약 출력되어 있는 지시문이 있다면 미리 몇 명에게 나누어주고 그들이 그 지시문을 제대로 이해할 수 있는지 확인하라. 만약 새로운 시각 자료가 있다면 당신이 의도하는 개념을 명확하게 전달하는지 확인하라. 자료를 첨가하고 싶다면 공간 확보를 위해 중요하지 않은 부분을 삭제한 후에 첨가하라.

제8단계 : 프로그램의 모의 진행

이 모의 진행은 사용 가능한 시간과 경비, 그리고 프로그램의 중요성에 따라 매우 다양해진다. 나는 3일짜리 프로그램을 반나절로 줄여 본 적도 있다. 나는 이미 그 개념들에 익숙하기 때문에 간단하게 각 부분을 훑어 나갔고, 새로운 순서로 소개된 것이나 내가 확인하고 싶은 부분은 가벼운 수정을 가하였다.

내가 개발 과정에 도움을 준 어느 프로그램은 2주 과정인데 1주 동안 모의 진행을 한 적도 있다. 5명의 교수와 10명의 회사 자문 위원들이 모의 진행에 참가했다. 우리는 자문 위원들에게 각 날짜별·시간별로 우리가 무엇을 계획하고 있는지를 소개하였다.

그러면서 어떤 부분은 이야기하고, 어떤 부분은 훑고 지나가고, 어떤 부분은 그냥 넘어가기도 했다. 또 어떤 과제를 부과할 것인지, 어떤 그룹을 구성할 것인지 자세히 설명하였다. 자문 위원들은 조직의 입장에서 각 프로그램의 부분을 자세히 평가하였다. 우리는 많은 수정을 한 후 3주 후에 2주간에 걸친 파일럿 프로그램을 진행하였다.

제9단계 : 파일럿 프로그램

다른 프로그램과 마찬가지로 실제 상황에서 진행되기 때문에 참가자들의 반응과 평가에 따라 모든 것을 수정할 수는 없다.

참가자들이 중간에 평가하지 않고 과정이 끝난 다음에 평가하게 하라. 중간중간 자주 멈추어 내용 자체에 대해 토의를 하면 당신이나 참가자 모두가 프로그램의 흐름을 놓칠 수도 있다.

제10단계 : 프로그램 평가

가능한 한 관심 있는 모든 그룹에서 피드백을 얻어야 하는데 그 그룹은 참가자, 참가자를 보낸 사람들, 교육 경비를 지불하는 사람들이 될 수 있다. 당신은 자신이 만든 프로그램이 성공적으로 수행되기를 바랄 것이다. 이를 위해 사람들로 하여금 프로그램의 다음 부분을 평가하게 하라.

1. 시설
2. 개발된 내용의 수준
3. 주제에 대한 강사의 지식

4. 참가자에 대한 강사의 관심
5. 내용의 유용성
6. 교재의 유용성
7. 시각 교재의 효과성
8. 학습한 내용의 현장 적용 가능성
9. 각 주제별로 사용한 시간
10. 무엇이 과정을 효과적으로 만들었나?
11. 무엇이 과정에 방해 요소가 되었는가?
12. 앞으로 개선할 점

평가 자료를 만들 때에는 세 가지 종류의 다른 피드백 형식을 생각할 수 있다. 제일 좋은 것은 숫자를 이용하는 것으로 척도나 비율을 사

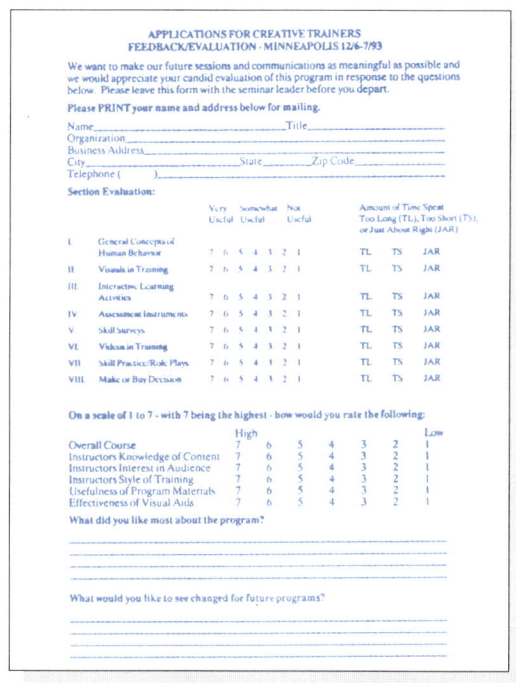

용한다. 예를 들어 7점을 제일 높은 점수로 하는 7점 척도를 개발할 수 있다. 두 번째로 자유롭게 의견을 쓸 수 있는 질문도 있어야 하는데 사람들로 하여금 왜 이런 점수를 주었는지 이유를 쓰게 하라. 세 번째로 여러 개를 선택하게 하여 평가하는 것을 고려해 보라.

다음은 내가 세미나에서 사용하는 예로 준비 과정에 관한 내용이다. 사람들로 하여금 정보가 얼마나 유용하였는지를 1점에서 7점까지 점수를 주게 하였는데 아주 유용한 것은 7점, 전혀 유용하지 않은 것은 1점을 주게 하였다. 자료의 양에 대한 질문에는 오직 세 가지 답변만을 쓰게 하였다.

1. 너무 길다.
2. 너무 짧다.
3. 적절하다.

진행 속도는 적절하였는가? 그리고 자료의 수준은 적절하였는가? 이러한 피드백은 앞으로 프로그램을 향상시키는 데 활용할 수 있다.

제11단계 : 프로그램 조정

당신이 얻은 피드백을 근거로 당신 그룹의 니즈를 충족할 수 있게 모든 단계를 다시 수정하고 조정하며 적용하라.

10 진단 도구를 통한 학습

호기심에 대한 자극

　오늘날 진단 도구들은 교육과 인적자원개발(Human Resource Development)에서 가장 빠르게 성장하고 있는 분야 중 하나이다. 이러한 진단 도구 중 대부분은 참가자들 자신에 대한 내용이기 때문에 그들의 호기심을 자극한다. 모든 사람들은 자신에 대해 좀더 알고 싶어하고, 시간을 어떻게 활용하며, 어떻게 듣고 배우는가, 어떤 방향으로 나아가고 있는가, 그리고 어떻게 대인관계를 유지하고 있는가를 알고 싶어한다.
　만약 당신이 어떤 주제를 생각해 보면 그에 적당한 진단 도구를 찾아낼 수 있는데, 그 주제는 스트레스 관리, 갈등 해소, 창의성, 문제 해결, 혁신, 개성 유형, 리더십 유형, 시간 관리, 고객 지원 같은 것들이 될 수 있다.
　나는 지난 수년 동안 참가자들에게 효과적인 학습법을 알려 주기 위해 개인 학습 통찰 프로파일(Personal Learning Insights Profile)이라는 진단 도구를 사용해 왔다. 하지만 그 진단 도구를 통해 얻은 데이터가 중요한 것이 아니라, 그 정보를 어떻게 효과적으로 활용하느냐가 더 중요하다.

몇 가지 간단한 문항을 만들고 참가자들로부터 응답을 얻어 내면

홉스 분석 질문

자신이 해당하는 항목을 선택하시오.

1. 당신은 프로젝트를 수행할 때
   a. 혼자 일하는 것을 좋아한다.
   b. 일부는 나 혼자서 하고, 나머지는 다른 사람과 함께 하는 것이 좋다.
   c. 다른 사람이 프로젝트를 하는 것을 도와주는 것이 좋다.

2. 당신은 프로젝트가 성공적으로 끝났을 때 그것에 대해 인정받고 싶은가?
   a. 거의 그렇지 않다.
   b. 때때로 그렇다.
   c. 대부분 그렇다.

3. 당신은 대가를 바라고 다른 사람을 돕는 경우가 있다.
   a. 대부분 그렇다.
   b. 때때로 그렇다.
   c. 거의 그렇지 않다.

4. 당신은 사람들이 업무를 잘 수행할 것이라고 믿으면 그들의 성과는 향상된다고 생각한다.
   a. 거의 그렇지 않다.
   b. 때때로 그렇다.
   c. 대부분 그렇다.

5. 당신이 다른 사람을 돕는 이유 중 하나는 그들의 마음에 들게 하기 위함이다.
   a. 대부분 그렇다.
   b. 때때로 그렇다.
   c. 거의 그렇지 않다.

6. 당신이 그 사람을 도움으로써 당신이 원하던 것을 그 사람이 대신 얻어도 상관없다.
   a. 대부분 그렇다.
   b. 때때로 그렇다.
   c. 거의 그렇지 않다.

7. 팀장이 팀원들에 대해 갖고 있는 기대치는 실제 업무 성과에
   a. 큰 영향을 준다.
   b. 어느 정도 영향을 준다.
   c. 거의 영향을 주지 않는다.

8. 자기 연민, 질투, 시기 같은 감정들은
   a. 다른 사람들을 돕지 못하게 한다.
   b. 정상적인 것이므로 걱정할 필요가 없다.
   c. 그런 감정들이 생기면 바로 표현해야 한다.

9. 사람을 믿는다는 것은
   a. 그 사람의 자신감을 강화시킨다.
   b. 자신의 욕심을 절제하는 것이다.
   c. 매우 조심해야 하는 일이다.

10. 당신이 해당 업무에서 리더가 된다는 것이 얼마나 중요한가?
    a. 별로 중요하지 않다.
    b. 다소 중요하다.
    c. 대단히 중요하다.

되기 때문에 누구나 진단 도구를 만들 수 있다. 그 예로 나는 몇 년 전에 다음과 같은 홉스 분석(HOBS Analysis)이라는 진단 도구를 만들었다.

홉스 분석 — 파트 2

문항 1, 2, 3, 4, 5: C=10, B=5, A=0
문항 6, 7, 8, 9, 10: A=10, B=5, C=0
총점 _____

조장이 크게 읽은 후 함께 토의

1. 당신이 조금 전 실시했던 분석은 다른 사람이 성공하도록 도와주는 것(HOBS)에 대한 당신의 생각과 감정을 나타내는데, 이러한 생각과 감정들이 당신의 행동에 어떠한 영향을 주는가? 각 문항에 대해 답하는 데 적절한 방식이나 적절하지 않은 방식이 있다고 생각하는가? 있다면 그 이유는? 이것이 당신의 답변에 어떤 영향을 주었는가?

2. 최고 점수는 100점인데 점수가 높을수록 다른 사람이 성공하도록 도와줄 가능성이 높다. 만일 당신이 점수 결과에 만족하지 않는다면 당신은 어떻게 해야 할까?

3. 우리는 모든 위기 상황이 우리 자신에게 부정적 영향이 되게 하든지, 또는 긍정적 영향이 되게 하는 것에 대한 선택권을 가지고 있다. 다음과 같은 상황에서 나올 수 있는 반응에 대해 토의해 보자.

    크리스는 신입사원이 업무를 잘 배우도록 도와준 결과, 그 신입사원은 크리스가 기대했던 대로 진급을 했다. 크리스가 반응할 수 있는 부정적인 방법에는 어떠한 것들이 있을까? 그 때 예상되는 결과는? 긍정적인 반응에는? 그때 예상되는 결과는?

4. 어떤 일을 할 때는 세 가지 방법이 있다:
    a. 직접 한다.
    b. 도움을 구한다.
    c. 도움을 준다.
    - 어떤 방법이 가장 좋은 결과를 가져올 것이라고 생각하는가? 그 이유는 무엇인가?
    - 어떤 방법이 장기적인 관점에서 가장 좋지 않은 결과를 가져올 것이라고 생각하는가? 그 이유는 무엇인가?

5. 다른 사람이 성공하도록 도와줄 수 있는 2~3개의 방법들을 적어보시오.
    a. 직장에서   b. 집 또는 사회 단체에서

아주 간단한 10개의 문항에 대해 참가자는 직접 응답을 하고 자신이 채점한다. 이는 홉스 분석이라는 이름에서 나타내듯이 다른 사람이 성공하도록 도와주는 데 무엇이 필요한지를 잘 알 수 있게 한 것이다.

홉스 분석을 마친 후 참가자들이 다음과 같은 사항을 토의하게 한다. "당신의 가치관이나 당신이 속한 조직의 가치관 중에 어떤 것이 다른 사람이 성공하도록 도와주고 있는가?"

여기에서 중요한 것은 이 분석 과정을 통해 다른 사람이 성공하도록 도와주는 방법들에 대해 알게 해 주는 것과 그에 대한 토의를 촉진하는 것이 목표라는 것이다.

오늘날에는 더욱 정교하게 개발되어 상품화된 진단 도구들이 많이 있다. 예를 들어 HRD Press의 코칭 효과 진단(Coaching Effectiveness Assessment)은 응답자들에게 코치가 갖추어야 할 기술과 능력에 대해 간략한 개요를 먼저 알려 준 후에 응답을 하게 한다. 응답이 끝나게 되면 개개인은 다음의 일곱 가지 코치 역량에 대한 그들의 효과성 프로파일을 받게 된다.

1. 공감하는 기술(Empathizing Ability)
2. 경청 기술(Listening Skills)
3. 대결과 도전 능력(Capacity to Confront & Challenge)
4. 문제 해결 능력(Problem-Solving Ability)
5. 피드백 기술(Feedback Skills)
6. 위임력(Capacity to Empower)
7. 멘토링 기술(Mentoring Skills)

여기서 평가 진단 자체뿐만 아니라 강사 가이드를 활용하여 더 훌륭한 코치가 될 수 있는 구체적인 실천 방안들도 제시된다. 진단 도구에 대해 다시 한 번 강조할 점은 자신에 대해서 알고 난 후에 그것을 자기 계발에 활용해야 한다는 것이다. 진단 도구에서 나온 자료를 자기 계발에 활용하지 않는다면 그것은 단순히 자료에 그치고 만다.

이제까지 진단 도구를 사용하면서 나타난 하나의 문제점은 응답자들이 자신의 행동 방식을 개선하기 위한 정보로서 자료를 사용하기보다는 자신의 행동에 대한 핑계로 사용한다는 것이다. 예를 들어 어떤 사람이 자신의 행동 양식에 대한 프로파일을 통해 자신이 무뚝뚝한 성격임을 알게 되었다고 하자. 그가 다음에 어느 순간 무뚝뚝하게 행동하고 난 후에는 곧장, "미안하지만, 내 성격은 원래 이래"라고 말을 한다면 이것은 절대 옳지 않은 것이다.

모든 진단 도구가 지닌 장점 중 하나는 결과 자료를 가지고 우리의 행동 양식을 수정하거나 좀더 효과적이면서 새로운 기술들을 배울 수 있게 된다는 것이다. 다시 말하면 그 사람은 자신이 쉽게 무뚝뚝해지거나 직설적이 될 수 있다는 것을 알았기 때문에 타인과의 의사소통 중에도 그 점을 인식하면서 좀더 부드럽고 효과적으로 대화하도록 노력할 수 있을 것이다.

미국의 Inscape Publishing 사는 'C.A.R.E와 함께하는 혁신(Innovate with C.A.R.E)'이라는 진단 도구를 만들었는데, 여기서는 어떤 아이디어를 처음부터 끝까지 실행하기 위해 창조자(Creator), 개선자(Advancer), 정제자(Refiner), 실행자(Executor)라는 네 가지 기본적인 단계를 거친다고 한다. 그리고 다섯 번째 단계는 촉진자(Facilitator)로서 위의 단계들이 순조롭게 진행되도록 도와준다. 팀원들이 모든 역할을 다 잘할 수는 없지만 각자가 자신의 역할을 잘 수행하고 서로의 역할을 존중하는 가운데 전체 팀은 보다 효과적으로 혁신을 이룰 수 있게 된다.

다시 한 번 강조하지만, 중요한 것은 진단 결과 자체보다는 그 결과의 활용 여부이기 때문에 연구자료나 강사 가이드의 목적은 참가자들이 그것을 활용하여 자신을 더욱 발전시켜 나가도록 도와주는 것이다.

사람들이 정보에 대한 내용을 깨닫고 스스로 창조적으로 변화하지 않는 한 그러한 정보들은 아무런 가치가 없다고 해도 과언은 아닐 것이다. 다시 말하면 진단 도구들은 피드백 목적으로도 중요하지만 행동 계획이나 기술 습득의 필요성이 다양한 프로그램에 연결되어, 그 교육들이 실용적인 가치를 창출하거나 가시적인 효과를 나타내게 하는 것이 더 중요하다.

다음은 어떤 진단 도구를 선정 또는 개발하기 전에 반드시 알아야 할 중요한 사항이다. 이 중 많은 문항들은 상품화된 진단 도구를 선정할 때 공급자에게 직접 물어보아야 하는 것들이다.

질문 1: 시험, 설문, 진단의 차이점은 무엇인가?
답변: 시험에는 일반적으로 정답과 오답이 있고, 지식, 능력, 또는 태도를 측정하며 주관적이기보다는 객관적이다. 반면 설문은 주관적인 진단으로 질문 문항에 대한 각 개인의 인식 방법에 기초하며, 개인 특성에 대해서는 어떠한 판단도 내리지 않는다. 진단은 일반적인 평균과 비교할 수 있도록 점수로 환산할 수 있는 문항들로 구성되는데, 이 점수들은 어떤 규칙이나 관련 자료에 의해 산출된다. 여기서 추정(Inferences)에 대한 타당성(Validity)은 반드시 검증되어야 한다.

질문 2: 진단 도구가 측정해야 하는 바를 실제로 정확히 측정하는지 어떻게 알 수 있나?
답변: 측정을 위해 사용되는 도구는 다음과 같은 세 가지 타당성이 있어야 한다.

- 내용(Content) 타당성: 검증된 작가, 연구 기관, 출판물의 비평과 같은 전문가의 판단에 기초를 둔다.
- 준거(Criterion) 타당성: 검토하고자 하는 도구와 같은 내용을 가지면서도 이미 검증된 진단 도구와 유사해야 한다.
- 표면(Face) 타당성: 그 도구에 응답한 사람들이 측정 결과를 인정하고 그것이 정확하다고 믿는 것이다.

질문 3: 신뢰성이란 무엇인가?

답변: 신뢰성은 도구가 매번 동일한 측정값을 일관성 있게 나타내는 것을 말한다. 즉 똑같은 조건에서는 똑같은 결과가 나와야 하는 것이다.

질문 4: 왜 진단 도구들을 사용해야 하는가?

답변: 교육, 팀웍 증진, 코칭 노력의 일부분으로서 진단 도구를 사용하는 다섯 가지 이유가 있다.

- 참가자 자신에 대한 호기심을 충족시킨다.
- 자신에 대한 것이기 때문에 흥미를 느낀다.
- 참가자 자신과 학습 내용을 연결시켜 준다.
- 복잡한 내용을 강사가 단계적으로 접근할 수 있도록 도와준다.
- 강사가 참가자의 흥미를 유발시키고, 참여도를 높이며, 내용에 집중할 수 있도록 속도의 변화를 줄 수 있다.

질문 5: 진단 도구의 장점은 무엇인가?

답변: 진단 도구에는 다섯 가지 주요 장점이 있다.

- 복잡한 개념을 개인화(Personalize)하기 때문에 참가자들의 학습을 촉진한다.

- 참가자들이 다양한 방법으로 참여하기 때문에 내용을 오래 기억할 수 있다.
- 개인화를 통해 배운 것을 활용하는 데 동기 부여가 된다.
- 조직에 가시적인 학습 효과를 제공한다.
- 이미 검증된 교육 방법이다.

질문 6: 진단 도구가 잘못 사용되는 경우는?
답변: 진단 도구를 잘못 사용하는 경우는 다음과 같은 세 가지 경우이다.
- 정답과 오답이 있는 시험으로 간주한다.
- 개인의 점수를 사전 동의 없이 다른 사람에게 노출하는 것은 사생활 침해로 간주될 수 있다.
- 개인 성격에 관한 내용을 어떤 분야에서의 성공을 예측하는 도구로 사용할 경우인데, 예측 타당성이 있는 진단 도구는 거의 없다.

이제껏 다루었던 진단 도구 분야 이외에도 다음과 같은 목적을 위해 사용할 수 있다.
- 경력 쌓기, 목표 설정, 자기 개발 과정의 일부로 사용
- 대인관계에 문제가 있는 사람을 도울 때 사용
- 직업에 대한 이해를 높이고 싶을 때 사용
- 팀웍 증진과 갈등 관리 해결에 사용
- 자신의 소질과 능력을 발견하고 그것을 활용하도록 도울 때 사용

진단 도구 평가시 사용되는 10가지 질문

- 어떤 고객 불만이 있었나?
- 고객 불만을 해결하기 위해 어떤 조치가 있었는가?
- 연구 자료는 최신의 것인가?
- 개인이나 그룹으로 사용하기에는 얼마나 편리한가?
- 어떤 방법으로 학습자들의 참여를 유도하는가?
- 결과를 해석하기에 얼마나 용이한가?
- 안전하면서도 위협적이지 않으며 기밀이 보장되는가?
- 타당성과 신뢰성이 있는가?
- 응답자들에게 어느 정도 통제력이 있는가?
- 자신이 직접 속도 조절을 하고, 채점을 하며 결과 해석을 할 수 있는가?

이 진단 도구를 잘 활용한다면 교육을 통해서 얻을 수 있는 가치 이외에도 더 많은 가치를 만들어 낼 수 있다.

이 장의 정보를 잘 활용하면 그러한 가치를 만드는 데 큰 도움이 될 것이다.

11 Transforming Existing Training Programs

기존 교육 프로그램의 변형

강의 중심의 교육에서
참가자 중심의 교육으로 변형시키는 방법

이 장에서는 사람들에게 유용하다고 생각되는 실용적인 정보와 지침들을 나누고자 한다.

혹시 당신 교육 프로그램이 지루하고 재미없다고 생각되는가? 또는 지금까지 이 책을 읽어 본 결과, "이 책에 있는 내용들은 다 좋지만, 기존의 교육 내용 중에 무시할 수 없는 것들이 너무 많다'라고 생각되는가? 그런 것들에 대해서는 어떻게 해야 하는가? 나는 창의적 교수법 세미나를 하면서 그러한 질문을 하는 사람들을 수없이 보았다.

교육 프로그램에는 사내에서 자체 개발한 것도 있고 교육 컨설팅 회사에서 구매한 범용 프로그램(Off-the-Shelf Solutions)이 있는데, 이 프로그램들은 내용은 훌륭하지만 전달은 그렇지 못하다는 공통적인 문제점을 갖고 있다. "그러면 내가 이 문제를 해결하기 위해 무엇을 할 수 있는가?"라고 스스로 질문을 해 보지만 모든 것을 다 포기하고 프로그램을 처음부터 다시 만들 수는 없는 일이다. 하지만 대부분의 경우 프로그램을 새로 만들지 않아도 기존의 프로그램으로도 많은 교육을 할 수 있다.

이 장에서는 내가 항상 고객들에게 제안하는 다섯 단계를 소개하려고 한다. 고객들은 이것을 자신의 프로그램을 'CTT화' 또는 'Pike화'한다고 한다. 다섯 단계 중에 이 책에서 이미 소개된 내용들은 간단히 다룰 것이고, 새로운 단계에 대해서는 좀더 자세하게 소개할 것이다.

프로그램을 CTT화한다는 것은 무엇을 의미할까? 이것은 기본적으로 기존 프로그램을 다음과 같이 되도록 내용을 재구성하는 것을 말한다.

- C.P.R. 개념 활용
- 90/20/8 법칙 준수
- C.O.R.E. 개념 활용
- 전이 전략(Transfer Strategy)을 포함
- 평가 계획(Evaluation Plan)을 포함

이 장의 마지막에는 프로그램을 만들 때 고객들과 함께 작성하는 점검표(Checklist)가 나와 있다. 그러면 지금부터 프로그램을 수정할 때 우리가 어떻게 해야 하는지 하나씩 살펴보도록 하자.

1. C. P. R. 개념을 활용하라.

모든 학습에는 올바른 내용(Content), 올바른 참여(Participation), 올바른 검토(Review)가 반드시 포함되어야 한다는 것을 우리는 이미 알고 있다. 첫 번째로 우리가 해야 할 일은 그 모든 내용들을 차근차근 검토하는 것인데 내용 전문가(SMEs – Subject Matter Experts)들을 이 과정에 참여시킨다.

프로그램을 새로운 정보로 채우기 위해서는 내용을 추가한 후에 모든

내용들을 다음의 세 가지로 분류한다.

- 알아야 할 정보(Need to Know)
- 알면 좋은 정보(Nice to Know)
- 참고 자료(Where to Go)

'알아야 할 정보'는 프로그램의 핵심이고 '알면 좋은 정보'는 부록처럼 강사가 시간이 있을 때나, 또는 수업 중 필요할 때 찾을 수 있는 정보이다. 그리고 '참고 자료'는 강의 시간에 다루는 내용보다 더 많은 정보를 원하는 사람을 위한 부분이다.

'알아야 할 정보'와 '알면 좋은' 정보에 대하여는 참가자들이 어느 수준까지 알 필요가 있는지 내용 전문가들의 자문을 구한다. 우리는 이미 숙달(Mastery)의 네 단계에 대해 다루었으므로 각각의 내용에 대해 다음과 같은 질문을 해본다. 참가자들에게 자각(Awareness), 친숙(Familiarity), 유능(Competence), 숙달(Mastery) 단계 중에 어떤 것이 필요한가? 대부분의 경우에는 자각과 친숙이 전체 내용의 50% 정도이고, 능력과 숙달 단계가 나머지 50% 정도이다.

'알아야 할 정보'와 '알면 좋은 정보' 이 두 가지는 모두 독자적으로 사용될 수 있는데, 이 부분은 강의 중에 다루지 않았거나 강사의 부연 설명이 없더라도 참가자들이 이해할 수 있기 때문에 그 가치가 있는 것이다. 그래서 이 부분은 빈칸 채우기 같은 방식은 사용하지 않는다. 참여와 검토 부분으로 넘어가기 전에 90/20/8 법칙에 대해 알아보자.

2. 90/20/8 법칙을 준수하라.

참가자들은 90분 동안은 이해하면서 들을 수 있고, 20분 동안은 기억하면서 들을 수 있다. 8분마다 그들이 참여할 수 있도록 해야 한다는 것이다. '알아야 할 정보'와 '알면 좋은 정보'를 20분 분량으로 나눈 후에 그 20분 동안에 8분마다 그들을 참여시킬 수 있는 방법을 생각한다.

참여 방법에는 소그룹으로 나누어 짧게 토의하도록 질문을 하게 하고 또한 강사와 함께 칠판에 윈도우 패닝 그림을 그리거나, 참가자들에게 그동안 배운 내용 중 가장 중요하다고 생각하는 것에 대해 두 가지 문제를 2분 동안 만들어 보게 하는 방법 등이 있다.

이제 매 단위 시간마다 참가자들이 그 내용에 대해 얼마나 참여했는지 검토한다. 그리고 참가자 일부, 또는 모두에게 배운 내용에 관련된 지식과 경험에 대해 질문을 한다.

어떤 방법들을 사용해야 그들이 알아야 할 내용들을 찾아내고 그것을 완전히 습득할 수 있도록 도울 수 있을까?

다음 페이지에 나오는 교수 설계 그리드(Instructional Design Grid)와 '다양한 교육을 위한 37가지 방법(Put variety in your training…37 Dynamite Ways)'에 대한 점검표인데 이것은 우리가 최상의 효과를 거둘 수 있는 방법들이다.

3. C. O. R. E. (Closing/Opening/Review&Revisiting/Energizing) 개념을 활용하라.

- 복습과 검토(Review&Revisiting)

자각과 친숙 수준에 있는 내용들은 능력과 숙달 수준의 내용만큼 자세하게 복습하지 않는다. 능력과 숙달 수준에 있는 내용에 대해서는 메라비안(Mehrabian)의 연구를 적용한다. 이것은 그 내용을 여섯 번 접하게 하는 방법으로 단기적 기억에서 장기적 기억으로 바뀌도

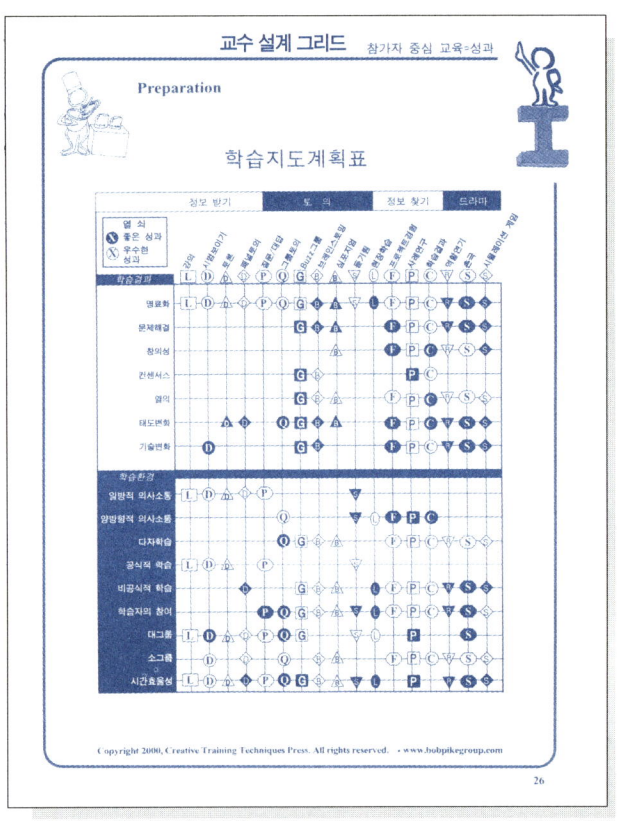

록 한다. 이것은 참가자가 직접 복습하게 해야 하는데, 그것은 과정에 더 많이 참가할수록 그 정보를 장기적 기억장소에 더 많이 보존하게 되기 때문이다.

내용들을 다시 접하게 하는 방법 중에 자주 사용되는 방법에는 다음과 같은 것들이 있다.

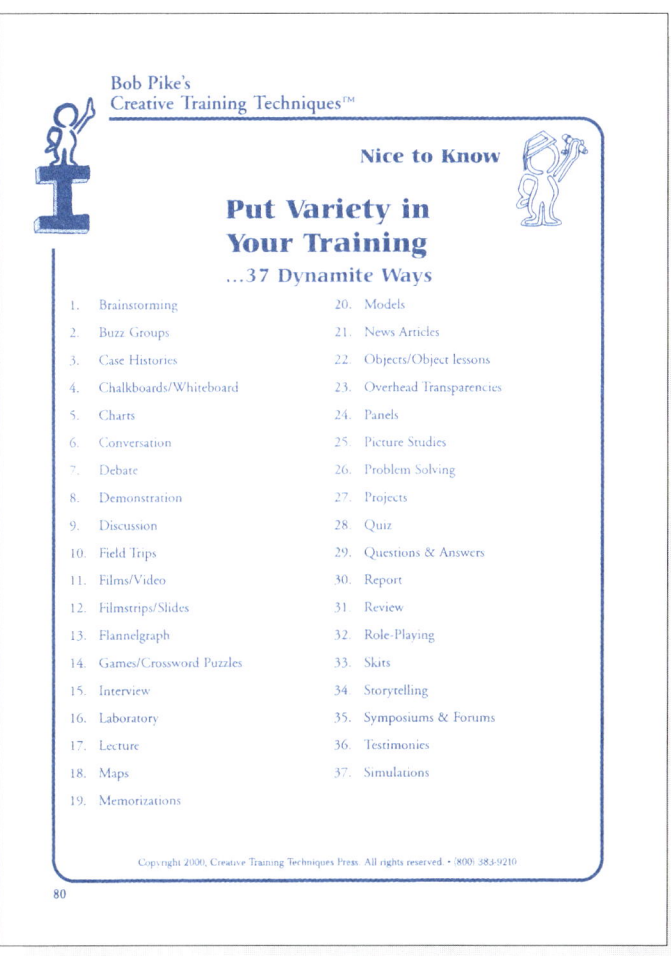

- 윈도우 패닝

참가자들이 핵심 단어를 찾아 그것에 대한 아이콘을 각 창에 그린다.

- 마인드 맵 만들기

참가자들이 내용이나 과정에 대한 마인드 맵을 직접 만들거나, 만들어진 마인드 맵의 일부분을 완성한다.

• Top 10 목록

참가자들을 소규모 그룹으로 나누어 Top 10 목록을 만든다. 이 목록에는 현재까지 나온 좋은 아이디어를 포함해 질문해야 할 내용, 답변해야 할 내용, 가장 흔히 직면하게 되는 문제, 가장 흔한 질문 등을 쓸 수 있다.

소규모 그룹별 토의를 거친 후 그룹 전체의 최종 Top 10 목록을 만드는데 그룹들이 때로는 스스로 놀랄 만큼 창조적인 결과를 만드는 경우도 있다.

다음은 Disney Institute 강사들이 만든 Top 10 목록인데 이 책이 흑백인 관계로 정확하게 나타나지는 않았다. 여기 나타난 모든 아이디어들은 이 책에서 다룰 예정이다.

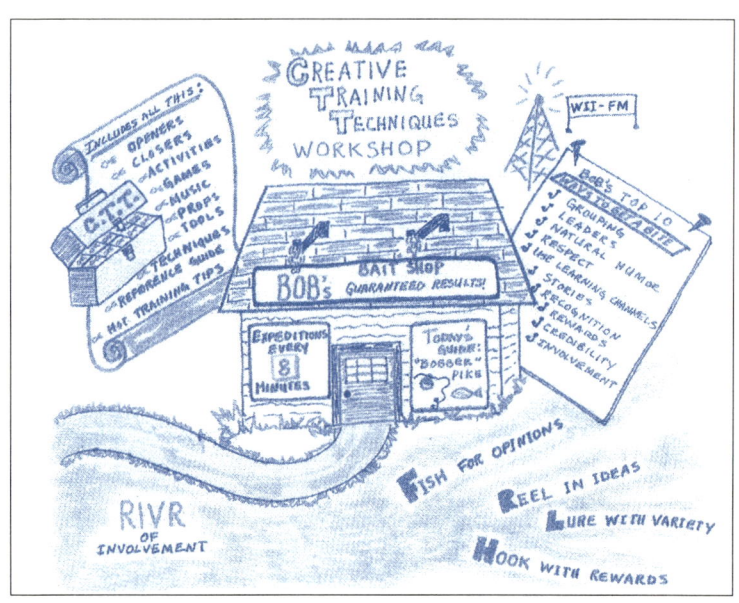

- 실행 아이디어 목록(Action Idea List)

참가자들이 배운 내용 중 자신의 업무에 사용할 중요한 것들을 자신의 목록에다 주기적으로 추가할 수 있다. 5~7인으로 구성되어 있는 소그룹들이 매 3~6시간마다 서로의 최신 목록을 공유하게 함으로써, 다른 그룹으로부터 얻은 생각을 자신의 목록에 추가할 수도 있다. 사람들은 관심을 한번에 한쪽 방향으로만 쏟는다. 그러므로 주기적으로 다른 사람의 의견을 들어야 자신과는 관점이 달라서 전혀 생각하지 못했던 아이디어들을 얻을 수 있게 된다. 이러한 과정을 거치면서 나의 생각도 더 강화시킬 수 있다.

하루에 한 번은 모든 그룹의 최종 목록을 차트로 만들어 벽에 붙여 놓으면 모든 참가자들이 계속해서 목록을 볼 수 있다.

- 3인조 질문(Triad Question)

참가자들이 내용을 이해한 후 질문 목록(List of Questions)을 만들고 각 그룹은 배운 내용들에 기초하여 각각 20개의 질문 목록을 만든다. 그 질문 목록이 두 번째 그룹에게 전달되면 그 그룹은 질문 문항이 명확하고 완전한지를 검토한다(그룹 중 한 명이 질문 목록을 가져 가서 검토하는 그룹에게 그 내용을 설명한다).

검토하는 그룹은 20문항 중 15개의 문항을 선택하여 새로운 제3의 그룹에게 전달하는데, 그 새로운 그룹은 가능한 모든 자원을 동원하여 답을 하도록 한다. 이런 방법으로 짧은 시간 동안 참가자 전체가 많은 양의 내용을 다양한 방법으로 다시 접하게 된다.

도표 형태로 과정을 나타내면 다음과 같다.

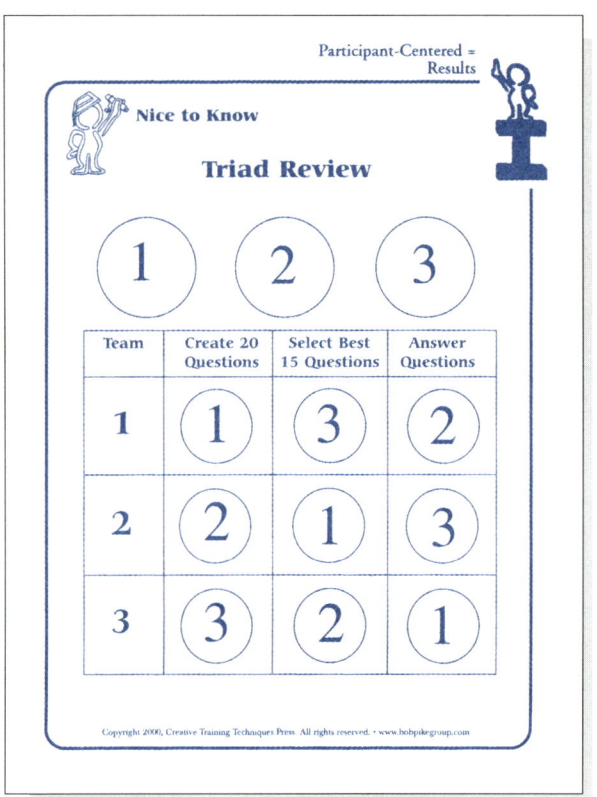

- 갤러리 관람(Gallery Walk)

강의 시간에 학습한 것들을 여러 장의 차트로 만들어 벽에 붙여 놓는다. 전체를 세 명으로 구성된 그룹(그 세 명은 모두 다른 그룹에서부터 옴)으로 나누어 갤러리를 관람하는 것처럼 강의실을 둘러보게 한다. 각 그룹들은 그들끼리 각 차트의 의미, 차트와 관련된 내용 등 프로그램을 듣고 그들이 얻은 통찰력, 해결된 문제 등에 대해 토의한다. 이 15분간의 갤러리 관람이 끝난 다음에 각자 원래 그룹으로 돌아가서 갤러리 관람에서 얻은 중요한 내용에 대해 다시 몇 분간 의견을 나눈다.

이제까지 검토와 복습 부분을 다루었는데 지금부터는 C.O.R.E의 나머지 세 부분인 마무리, 오프닝, 활력 요소에 대해 알아보자.

- 마무리(Closing)

프로그램 전체 또는 프로그램의 핵심을 어떻게 마무리할 것인가? 수일에 걸친 프로그램은 날마다 마무리를 준비해야 하는데 그것들은 약자 A.C.T.로 표시되는 세 가지 조건을 모두 충족시켜야 한다.

자축할 수 있게 한다 (They **A**llow for Celebration)
참가자들은 행동 계획을 만들고 (Participants **C**reate Action Plans and)
모든 것을 종합 정리한다. (It **T**ies thing together.)

25년 전부터 우리의 고객인 Pfizer사의 한 부서를 위해 최근에 특별 프로그램을 개발하였는데, 그 과정의 마지막 시간에 5~7명으로 구성된 그룹에서 한 명씩 수료증을 받게 하였다. 수료증은 그 사람이 속한 그룹 내의 다른 사람이 그에게 전달해 주는 방법으로 참가자들은 그날 배운 것 중 가장 값진 내용과 그것을 어떻게 활용할 것인가에 대해 의견을 나눌 수 있게 된다.

먼저 조장은 "저는 후안에게 이 수료증을 드리는데 오늘 후안이 우리 그룹에 기여한 점 중 하나는 …… 입니다"라고 말한다. 여기에 대해 후안은 "감사합니다"라고 대답을 하고는 다시 "저는 크리스에게 이 수료증을 드리고 싶은데 오늘 크리스가 우리 그룹에 기여한 중 하나는 …… 입니다"라고 말한다. 역시 크리스도 "감사합니다"라고 말을 하며 이 과정은 모든 참가자들이 자신의 수료증을 받을 때까지 계속된다. 이런 마무리는 15분도 채 걸리지 않으며 그날을 효과적으로 마무리하는 데 매우 좋은 방법이다.

■ 오프닝(Opening)

많은 강사들은 오프닝을 하지 않고 그냥 프로그램을 시작해 버리는 경우가 있는데 이것은 커다란 잘못이다. 사람들이 강의실에 와 있다고 해서 마음까지 와 있는 것은 아니기 때문에, 교육을 시작할 때에 적어도 다음 세 가지 B.A.R.을 해야 한다.

참여를 통한 선입관 탈피
(**B**reak preoccupation through involvement)
긴장을 완화하고 집중력을 향상시키기 위한 네트워킹의 구현
(**A**llow networking to reduce tension and increase retention)
오프닝을 주제와 관련시켜 참가자들에게 오프닝과의 관련성을 이해시킴
(**R**elate the opening to the content so that participants see the relevance of the opening)

우리가 많은 고객들을 위해 개발한 효과적인 오프닝은 창업 오프닝이다. 만약 주제가 리더십일 경우에 5~7명으로 된 그룹은 하나의 리더십 회사가 된다. 각 그룹은 자기 회사의 명칭, 모토, 로고와 조원들로 구성된 그 회사의 조직도를 벽에 있는 차트에 써 넣는다. 프로그램이 진행되는 동안에 회사 임원들은 좋은 근무 환경을 만들고, 직원들을 동기부여시키며, 이윤을 최대로 남길 수 있는 리더십 원칙들을 포스트잇에 기록하여 계속 차트에 부착하게 한다. 이 경우 주제가 리더십이기 때문에 참가자들은 그러한 활동과 주제의 관련성을 이해하게 되고, 모든 그룹이 참여하기 때문에 상호 의사소통이 이루어지며 긴장이 완화된다. 직접 참여하기 때문에 기존의 선입관은 무너지고, 우리의 뇌가 자극을 받으며(어떤 경우에는 잠에서 깨어나기도 한다!) 참가자들은 프로그램에 집중하게 된다.

검토와 복습 기법은 이미 다루었으므로 다음 단계로 넘어가자.

■ 활력 요소(Energizing)

대부분의 참가자들은 과정 중에 자신의 높고 낮은 활력의 주기(Energy Period)를 거치게 된다. 하루 프로그램인 경우에 활력이 가장 떨어지는 시기는 오후 2시~3시 사이가 된다. 참가자들에게 자주 휴식 시간을 줄 수는 없어도, 짧고 효과적인 활력 요소를 주면 다음 내용으로 자연스럽게 넘어갈 수 있게 된다.

간단하면서도 매우 효과적인 활동의 예는 다음과 같다.

- 통제된 스트레칭 휴식
  참가자들에게 개인별로 과제를 준 뒤 그것을 마친 참가자는 그 자리에 일어서게 한다. 참가자 전원이 일어서면 모두 자리에 앉게 한 후에 그 과제에 대해 토의한다.
- 벽 돌아보기
  각 테이블마다 벽에 차트를 부착하여 참가자들이 벽에 붙어 있는 차트에 주기적으로 내용을 추가하도록 한다. 이와 같이 테이블에서 벽으로 왔다갔다 하는 것은 참가자들에게 자극을 주고 활력 있게 한다.
- 가르치고 배우기
  참가자들을 몇 개의 그룹으로 나누어 각 그룹이 알고 싶어하는 정보의 제목을 자신의 차트에 기록하게 한다. 모든 그룹이 작성을 마치면 전체 그룹을 다시 새롭게 편성해서 새로운 그룹은 이전 그룹들이 작성한 차트를 하나씩 갖게 한다. 그 차트의 내용을 기록했던 조원 한 명이 그것을 그룹에게 설명하면 그룹은 제목에 답을 적는 작업을 한다.

창의적 교수법 세미나에는 다음과 같은 세 가지의 차트가 있었다.
- 교육 도구(Tools)

- 참가자에게 학습에 대한 책임감(Responsibility)을 증진시키는 방법
- 참가자(Participants)들을 휴식시간으로부터 돌아오게 하는 방법

예를 들어 어느 세미나에 각각 5명으로 구성된 9개의 그룹(총 45명)이 있다고 하면 차트 위에 도구를 의미하는 'T', 책임감을 의미하는 'R', 그리고 참가자들을 의미하는 'P'를 각각 세 개씩 모두 아홉 개의 글자들을 써 넣는다. 그 후 각 그룹에게 원하는 글자를 먼저 결정하게 한 후 앞에 있는 차트에 펜으로 동그라미를 그려 선택을 하게 한다. 물론 한 번 선택하면 바꿀 수 없다는 것을 알려 준다. 참가자들은 그 글자가 무엇을 뜻하는지도 모르면서 동그라미를 먼저 그리려고 달려 나올 것이고 이 순간에 활력이 넘치게 된다. 그러고 나서 3분 동안 시간을 주고 각 그룹이 선택한 주제에 관해 가능한 한 많은 것들을 기록하게 한다.

3분이 지난 후 T-그룹 15명은 전부 자신들의 노트를 들고 한쪽 벽에 나란히 서게 하고, R-그룹과 P-그룹도 마찬가지의 방법으로 세운다. 그 후 T-그룹에게 1~5까지 번호를 부여하여 번호별로 다시 헤쳐 모여 다섯 개의 새로운 3인 그룹을 만든다. R-그룹과 P-그룹도 이와 같은 방법으로 3인 그룹을 나눠서 2분 동안 자신들이 기록한 내용을 서로 비교하고, 답변에 대해 토의하면서 자신의 최초 그룹에서는 생각하지 못했던 내용들을 추가한다.

마지막으로 T, R, P 세 그룹의 구성원들에게 1~15까지 번호를 부여하면 15개의 새로운 3인 그룹이 만들어지며 각 그룹은 각각 다른 세 개의 내용을 가진 조원들로 구성된다. 이 새로운 그룹은 9분 동안 자신들이 기록한 내용을 다른 조원에게 설명해서 그들이 그것을 완성할 수 있게 한다.

이 방법을 사용하면 참가자들이 방 안에서 25~30분 동안 매

3~5분 간격으로 움직이게 되어 참가자들은 주요 내용들을 다시 검토하는 기회를 적어도 세 번 이상씩은 갖게 된다. 그래서 개개인은 새로운 아이디어를 배울 뿐만 아니라 그것을 다른 사람과 계속 나누면서 자신감이 더욱 커지게 된다.

4. 전이(Transfer) 전략을 만들라.

창의적 교수법이 30여 년 넘게 사용된 가장 중요한 이유는 성과를 중요시하기 때문이다. 이 책을 여기까지 세심하게 읽었다면 우리의 시스템이 과정 설계나 강의 기법뿐만 아니라, 배운 것을 업무나 개인 생활에서 확실하게 적용하는 전략까지도 포함하고 있음을 알 수 있을 것이다. 교육 프로그램에 참여하는 모든 사람이 자신의 환경을 완전히 조정할 수는 없기 때문에 그들이 배운 것을 적용하는 데에는 여러 장애물들이 있을 수 있다.

전이 전략을 통한 사고는 이러한 장애물들을 극복하는 데 도움을 줄 것이다.

존 뉴스톰(John Newstorm)과 메리 브로디(Mary Broade)는 《교육의 전이(Transfer of Training)》라는 책에서 다음의 전이표(Transfer Matrix)를 개발하였는데 이는 교육 결과가 실제 업무와 연관될 때에 다음 세 사람의 영향을 많이 받는다는 것이다.

- 참가자를 교육에 보내는 관리자(Manager)
- 교육에 참가하는 참가자(Participant)
- 교육을 하는 강사(Trainer)

그 밖에도 '교육 이전(Before)', '교육 도중(During)', '교육 이후(After)' 이 세 기간에 교육 내용이 얼마나 사용되는가 그 정도를 점수로 환산하였다. Fortune 500대 기업 중 85개 기업에 대한 연구 결과를 바탕으로 세 사람에 대한 전이효과를 다음의 표로 나타내었다. 수치는 가장 영향을 많이 미치는 것부터 적게 미치는 순으로 나열되어 있다.

교육 전이(Transfer of training)

	Before	During	After
Manager	1	8	3
Participant	7	5	6
Trainer	2	4	9

지식과 기술 전이에 가장 영향을 많이 미치는 순서가 표시되어 있다.

설명하자면, 1 - 관리자 이전, 2 - 강사 이전, 3 - 관리자 이후의 경우이다. 당신이 이 책에서 배운 내용을 전부 활용하기 시작한다면 이 표에서 2, 4, 5, 6, 7번을 전부 다루게 되는 것이다.

중요한 것은 교육 전이에 도움이 되는 것 중 무엇을 지금 하고 있는지 자문하는 것이다.

- **관리자 이전(Manager before : 1순위 영향)**
  - 참가자의 니즈를 알려 주는 자문 역할
  - 교육에 참가한 이유와 목적에 대해 참가자와 간단한 회의
  - 정책, 시스템, 채용, 배치 등이 참가자의 성과에 영향을 주고 있는지를 확인
  - 코칭 기술 습득
  - 교육 사후 회의를 약속하여 참가자들이 교육을 마친 후 행동 계획을 가지고 돌아오도록 인식시킴

- **강사 이전(Trainer before : 2순위 영향)**
  - 관리자들에게 교육 프로그램 필요 분석이 중요하다는 것을 인식시켜 교육 프로그램의 주인 의식 함양
  - 교육 프로그램이 신뢰를 얻을 수 있도록 존경받는 관리자들이 포함된 자문 회의 구성
  - 관리자들에게 프로그램의 목표에 대해 자세히 설명하고, 관리자들이 참가자들에게 그것을 설명하게 함
  - 대부분의 관리자들은 자신의 상사로부터 배운 것이 많지 않기 때문에 관리자들로 하여금 대상으로 코칭을 해 주거나 그에 관한 교육을 제공

- **관리자 이후(Manager After : 3순위 영향)**
  - 각 참가자들의 행동 계획을 검토할 수 있는 교육 사후 회의 주선
  - 각 참가자들이 교육을 통해 배운 기술과 지식들을 수료한 이후 30일 동안 실천할 수 있는 분위기를 마련
  - 참가자에게 수료증을 수여하면서 그들이 배운 내용과 그것을 어떻게 활용할 것인지를 부서원과 함께 나눔

우리는 컨설팅 과정 중 위의 아홉 개 분야 각각에 대해 최고의 전이와 효과를 갖게 하는 8~9개 전략들을 사용해 왔다.

5. 평가(Evaluation) 전략을 만들라.

돈 커크패트릭(Don Kirkpatrick)의 4단계 평가 모델은 다음과 같다.

- 참가자들이 좋아했는가?

  여기서는 설문지를 사용하여 내용, 강사, 교육 환경, 참가자 등 최소한 네 가지를 평가한다.

- 참가자들이 배웠는가?

  참가자들이 배웠는가를 알아보려면 프로그램 사전과 사후를 위한 사지선다형, 연결형, O/X형, 빈칸 채우기 형, 단답형, 에세이 형태의 시험 문제를 활용할 수 있다. 부록에서 이런 유형들마다 좋은 문항들을 만드는 지침이 나와 있다. 프로그램 사전과 사후 두 시험은 동시에 만들어져야 하며, 그 내용은 서로 달라야 한다. 컴퓨터를 이용해서 만들어진 시험의 경우에는 다른 답이 나오도록 문제를 바꾸기도 한다.

예를 들어 '여러 가능한 답 중에서 하나를 골라 내는 문제의 유형을 무엇이라 하나?'

    A. 사지선다형
    B. 빈칸 채우기 형
    C. O/X 형
    D. 단답형

이 경우 정답은 'A. 사지선다형'이지만 다음번 시험에서는 정답이 B나 C, 또는 D가 될 수 있도록 보기의 순서를 바꿀 수 있다.

- 참가자들이 배운 내용을 업무에 적용하는가?

  우리는 관리자들과의 사후 미팅을 통해서 참가자의 전이 정도에 관한 의견을 듣게 된다. 이 경우 참가자와 관리자가 프로그램이 끝난 후 행동 계획에 대한 토의를 했는지를 먼저 확인해야 한다. 또 다른 방법은 프로그램이 끝난 후 60일 후에 단체 회의를 갖는 것이다. 참가자들은 관리자들과 상급 관리자가 참관하는 가운데 함께 모여 그들의 행동 계획을 어떻게 실행했는지 서로 의견을 나눈다. 프로그램이 끝나고 60일 후에 열리는 이 단체 회의를 보고 행동 계획을 이행하는 데 충분한 시간이 필요함을 관리자들이 깨달을 수 있다.

- 변화가 일어났는가?

  항상 조직에는 너무나 많은 변수들이 작용하고 있기 때문에 교육 프로그램으로 인해 변화했다고 증명을 하는 것은 대단히 힘들고 비용이 많이 드는 작업이다. 그렇기 때문에 우리는 증명이 아닌 증거들을 찾아야 한다. 예를 들어 교육에 참가하지 않은 사람들보다 고객 지원 교육을 받은 참가자들이 60일 이후에 더 높은 고객 만족 점수를 받았다고 한다면, 이것은 교육이 긍정적인 결과를 가져왔다는 증거가 되는 것이다.

이 평가 자료에 대한 결과를 그 조직에게 제출하는 데에만 사용하지 않고, 다음번 교육 과정의 질을 향상시키는 데에도 활용한다.

프로그램을 CTT화 하려 할 때 다음과 같은 아홉 가지 질문에 답할 수 있어야 한다.

- 다루어야 할 내용을 어떻게 20분 분량으로 나눌 수 있는가?
- 내용을 '알아야 할 정보'/'알면 좋은 정보'/'참고 자료'로 나눌 때에 내용 전문가(SMEs)가 필요한가?
- 분할된 내용이 어느 정도의 숙달 단계를 요구하는가? 내용 전문가가 필요한가?
- 현재의 참여도는 어떤가? '교육에 다양함을 주는 37가지 방법'과 '교수 설계 그리드'에 어떠한 것들을 추가시킬 것인가?
- 당신은 어떤 종류의 검토와 복습 방법을 가지고 있는가? 또 그것을 어떻게 발전시킬 것인가?
  복습을 참가자가 하는가? 아니면 강사가 하는가?
- 어떻게 마무리 할 것인가? 얼마나 자주 할 것인가?
- 어떻게 오프닝을 할 것인가? 얼마나 자주 할 것인가?
- 어떠한 전이 전략을 사용할 것인가?
- 어떠한 평가 전략을 사용할 것인가?

기존의 교육 프로그램에 창의적 교수법을 접목시키면 학습 효과를 향상시키고 교육 기간을 단축할 수 있으며, 실제 업무에 적용할 수 있다는 확신을 줄 수 있다.

이 장을 책의 나머지 부분에 대한 길잡이로 생각하고 오늘 당장 시행해 보자!

12

Participant-Centered Techniques for Technical Training

기술 교육을 위한 참가자 중심의 교수법

지루하고 재미없는 기술 교육을 흥미롭고 역동적으로 만들기

내가 창의적 교수법 세미나를 할 때마다 기술 교육을 흥미롭게 진행할 수 있는 방법에 대해 질문하는 강사들이 많았다. 그런 질문을 하는 이유는 기술 교육이 대부분 지루하고 재미없기 때문이라고 했다. 그러나 나는 교육 자체가 지루하고 재미없는 것이 아니라 단지 지루하고 재미없는 방법으로 전달할 뿐이라고 생각한다. 교육의 목적이 참가자들의 지식과 기술 향상을 통해 실무 능률을 올리는 것이라면 우리는 반드시 그들이 승리자가 되는 교육을 해야 한다. 이것이 지루한 동기인가? 절대 그렇지 않다. 다음부터 기술 교육을 할 때에는 이 점을 반드시 명심하기 바란다. 그리고 '나는 무엇을 가능케 하는 방법을 찾는 사람이지, 불가능하게 하는 이유를 찾는 사람이 아니다'라는 점도 가슴 깊이 새겨두기 바란다.

모든 것은 자신의 태도를 어떻게 가지느냐에서 시작된다. 나는 항상 '무엇을 배우는 데 이유가 존재한다면, 배우려는 동기 또한 존재한다'는 자세를 가지고 있다. 강사 자신부터 기술 교육 주제가 지루하고 재미없다고 생각한다면 참가자들 역시 똑같이 느낄 것이다.

모든 참가자들은 WII-FM(이 안에서 무엇이 내게 도움이 되는가? - What's In It For Me?)과 MMFI-AM(자기 자신에 대해 중요하다고 생각하기 - Make Me Feel Important About Myself)라는 두 가지 방송의 주파수에 맞춰져 있다는 것을 기억해라. 그러므로 당신이 전달하는 교육이 어떻게 그 사람들의 업무를 빠르고, 효과적이며, 쉽게 만들 수 있을까? 그들은 어떠한 이득을 얻게 될까? 그들이 피하고 싶은 손실은 어떤 것들이 있을까? 이러한 질문들에 답을 할 수 있을 때에야 비로서 활기찬 교육 분위기를 만들 수 있을 것이다.

이 책에서 지금까지 다루었던 모든 내용들은 기술 교육에도 적용된다. 여기서는 그것을 좀더 세부적으로 살펴보게 되는데 당신이 직접 수정하고, 조정하고, 조율하여 채택할 수 있는 실증적인 예제들도 살펴 보기로 하자.

기술 교육의 범위는 심폐소생기(CPR), 금전 출납기, 선반, 컴퓨터 사용법에서부터 자동차를 고치는 방법, 배경화면 설정 방법, 그리고 컴퓨터 프로그램 작성 방법에 이르기까지 매우 광범위하다.

기술 교육을 하면서 긍정적인 사고방식을 갖게 하는 네 가지의 방법은 다음과 같다.

기술 교육을 오프닝하는 네 가지 방법

다른 교육 분야에서와 마찬가지로 기술 교육에서도 강력한 오프닝이 중요하지만, 더 중요한 것은 오프닝이 내용과 연관성이 있어야 하는 것이다.

1. 퍼즐(Brain Teasers)
퍼즐은 언제나 두뇌를 깨우는 좋은 방법이다.

예를 들어, 내가 재고번호와 코드 관련 프로그램 교육 중이라면 현재 재고 상품이 무엇인지를 맞춰보라고 질문할 수 있다. 정식 시험이나 퀴즈와는 달리 교육에서 질문을 하는 목적은 학습 효과를 높이는데 있다.

나는 대부분의 경우 상호 의사소통을 할 수 있도록 그룹 단위로 활동하는 것을 좋아하는데, 그 이유는 참가자들이 상호 협력하면서 서로에게 배울 수 있으며, 프로그램이 끝나더라도 서로 도움을 줄 수 있는 인간관계가 형성되기 때문이다.

2. 깜짝 퀴즈(Pop Quiz)

깜짝 퀴즈는 참가자들 중에 그 분야의 전문가들이 많이 있거나 이전에 교육에 참가했던 사람들의 기억을 새롭게 할 때에 효과적이다. 이런 사람들은 이번 교육이 전혀 필요 없다고 생각할 수 있고, 또는 약간 새롭기는 하지만 형태나 방식이 이전과 별 차이 없다고 느낄 수도 있다.

내 경험에 비추어 보면 사소한 것들이 큰 차이를 가져오기도 한다. 그래서 나는 별로 중요할 것 같지 않은데도 주의하지 않으면 완전히 엉뚱한 답이 나올 만한 깜짝 퀴즈를 준비한다. 참가자들은 정답을 모른다고 느낄 때 학습에 대한 필요성을 깨닫게 되어 교육을 하는 것이 훨씬 쉬워진다.

이것을 변형한 방법으로는 각자 5~10분간 과제를 풀어보도록 하고, 그 다음에 그룹을 만들어서 더 많은 답을 찾게 하는 것이다. 이 과정에서는 문제에 대한 답을 교육 시작 전에는 다 알지는 못했어도 교육이 끝날 때에는 답을 전부 알게 된다는 점이 중요하다.

3. 이름표 위의 문제(Question on Name Tag)

이것은 깜짝 퀴즈의 변형으로 참가자가 도착할 때 모두 주제와 관련된 문제 하나씩을 준비한다. 그들의 목표는 강사를 제외한 다른 참가자들 가운데 자신의 문제에 대한 답을 알고 있는 사람을 찾는 것이므로 답을 찾기 힘든 문제를 만드는 것이 좋다. 참가자가 자신의 문제에 대한 답을 찾은 경우 벽에 붙어 있는 '질의-응답' 차트에 먼저 그 사람의 이름표를 부착하고, 여분의 이름표나 포스트잇에 정답을 써서 그 옆에 붙인다. 그러면 교육이 끝났을 때 모든 사람의 이름표가 차트에 붙어 있을 것이다.

4. 그리드(Grid)

효과성 그리드의 사용법에 대해서는 이 책의 6장 뒷부분에서 다루었다. 당신이 가르치게 될 전문 기술과 지식을 근거로 만들어진 효과성 그리드는 참가자들이 이미 알고 있는 내용이거나, 또는 할 수 있는 것들을 정확히 인지하고 기준을 잡는 데 도움을 줄 수 있다.

또한 참가자들은 그룹 내에 이미 그 내용을 알고 있는 전문가를 인정함으로써 강사뿐 아니라 이 분야에 경험 있는 다른 사람도 찾을 수 있게 된다.

선 위에 서기(Standing on the Line)

강의실 앞에 긴 줄 테이프를 붙여 놓고 한쪽에는 1, 다른 쪽에는 10을 써넣은 후 중간 중간에 2부터 9까지의 숫자를 표시한다. 참가자들은 강의실 앞으로 나와서 배우게 될 내용에 대한 숙련 정도를 숫자로 표시한 위치에 서게 한다. 이렇게 하면 참가자들이 스스로 '얼마나 알고 있다고 생각하는가'를 알 수 있다. 이것은 교육 과정을 진행하는 당신에게 도움이 될 것이다.

만약 선 위에 모두가 설 수 있을 만큼의 충분한 공간이 확보되지 않은 경우에는 참가자들을 일어서게 할 수도 있다. 먼저 주제를 말한 뒤 천천히 1-2, 3-4, 5-6, 7-8, 9-10을 세는 것이다. 자신은 아주 기초적인 수준이거나 그 이하라고 생각되면 1-2에 일어서게 하는데 그 수준에 해당되는 사람들이 완전히 일어난 다음에 그들을 자리에 앉게 한다. '다소 친숙하다'의 경우 3-4, '능숙하다'는 5-6, '숙달 단계이다'는 7-8, '내가 이 주제를 가르칠 수 있다'는 9-10에 일어서게 한다(참가자들은 보통 이 마지막 말에 웃음을 터뜨리게 된다).

기술 교육에서 흥미를 유발하고 유지하기

기술 교육에서 흥미를 유발하고 유지하는 것은 다른 교육 분야와 마찬가지로 중요하다. 다음 내용들은 이미 8장에서 다루었던 것 중에 기술 교육에 적용될 수 있는 것들이다.

시각 교재와 색을 이용하라

두뇌는 정보를 그림으로 떠올리기 때문에 핵심 내용을 어떻게 시각적으로 표현할 것인지 생각해 보자. 예를 들어 청사진을 해독하는 전문교육 과정에서는 청사진 전체를 슬라이드로 준비할 것이다. 하지만 참가자들이 한눈에 볼 수 없는 전체적인 청사진을 준비하기보다는 전체 청사진을 배경 화면으로 처리한 후에 원하는 부분만 박스로 표시하고, 그 박스 부분을 화면의 2/3정도가 되도록 확대하여 강조하는 것이 좋다. 어떤 프레젠테이션 프로그램은 화면의 일부를 선택해서 확대할 수 있는데 이것도 같은 맥락이다.

하지만 여기서 주의해야 할 점이 있다. 디젤 엔진 수리 교육과정에서 사람들은 작업실 한가운데에 있고, 다양한 부품들이 각 기능에 따라 색으로 표시되어 있는 커다란 엔진 모델을 가지고 엔진을 고치는 방법을 배웠다. 그러나 다음 주 그들이 실제 엔진을 보았을 때는 당황했다. 그 이유는 엔진을 밑바닥으로부터 보아야 했으며, 실제의 엔진은 색으로 표시되어 있지 않았기 때문이다. 따라서 색을 사용하는 것이 언제나 도움이 되는 것은 아니다. 사실과 모델을 사용할 때는 참가자들이 실무에서 사용하는 것과 똑같은 형태를 가져야 한다는 것을 보여 주는 사례이다. 시각 교재의 사용에 대해서는 4장의 내용을 참조하라.

유머를 사용하라

이것은 농담을 하라는 말이 아니라 거의 모든 전문적인 주제들은 그 안에 유머 소재들을 내포하고 있다는 뜻이다. 어느 컴퓨터 교육 중에 컴퓨터의 부팅(booting)에 대한 이야기가 나왔는데, 컴퓨터를 처음 사용했던 나로서는 왜 컴퓨터를 발로 차야 하는지 이해할 수 없었다(boot에는 '발로 차다'라는 의미가 있다-역주).

또한 나는 소프트웨어 설명서를 처음 읽었을 때를 얘기했다. 설명서에는 어떠한 명령어를 친 뒤 엔터 키(Enter key)를 치라고 되어 있었으나 난 키보드를 자세히 살펴보아도 엔터(Enter)라고 쓰인 키를 찾을 수가 없었다. 그 당시의 키보드에는 왼쪽을 향하는 화살표가 있었는데, 컴퓨터를 잘 아는 사람은 당연히 그것이 엔터라는 것을 알았지만 컴맹인 나로서는 알 수가 없었다.

마지막으로 내가 목공소에서 훈련을 받고 있을 때 나에게 Butt gage(엉덩이 크기 재는 도구?)를 가져오라고 했다. 그때에 나는 놀림을 받고 있다는 느낌이 들었고, 신참이면 겪는 통과 의례라고 생각했다. 그러나 나중에 butt gage(나무의 홈을 파는 도구)가 문의 이음새 부분에 정확한 크기와 깊이의 홈을 파서 문틀과 나란히 맞추는 데 쓰이는 목공용 공구라는 것을 알게 되었다.

약속을 하라

의학 용어 과정일 경우, 강의의 첫 45분 중에 의학 용어를 암기하는 데 드는 시간을 50% 줄일 수 있는 다섯 가지의 기억 방식을 알려 주겠다고 약속한다.

또는 중요한 네 가지를 먼저 알려 주고, 휴식시간이 끝나고 참가자들이 질문하는 경우에만 가장 중요한 다섯 번째가 무엇인지도 알려 주겠다고 한다. 여기서 반드시 참가자들이 물어보는 것을 잊지 말아야 한다고 강조한다. 휴식시간이 지나고 그들이 질문하면(보통 그들은 기억한다) 다섯 번째를 알려주기 전에 전 시간에 알려 주었던 네 가지가 무엇인지 물어본다.

한 그룹에 첫 번째 것을, 다른 그룹에 두 번째 것을 물어보는 방법으로 계속한다. 그러고 나서 약속대로 다섯 번째 것을 알려주게 되면, 참가자들은 이 과정에서 모두가 함께 참여했기 때문에 시험이 아닌 방법으로 배운 내용을 복습하게 되는 것이다. 이렇게 우리는 단지 약속을 하는 간단한 방법으로도 다양한 목적들을 달성할 수 있게 된다.

질문을 하라

나는 교육 도중 많은 질문을 하지만 한 개인에게는 결코 질문을 던지지 않는다. 그 대신 앞에서 설명했던 것처럼 참가자 전체가 참여하여 복습을 통해 답을 얻어 낼 수 있도록 하는 기법을 사용한다. 이 기법은 경험이 풍부한 참가자들이 많은 경우 대단히 효과적인데 그 이유는 당신이 그들의 지식과 경험을 존중한다는 것을 보여 줄 수 있기 때문이다.

다음으로 고객들이 훌륭한 질문들을 만들 때 도움을 주었던 문항에 관해서 살펴보자.

- 사람들이 가장 흔히 하는 실수 세 가지는 무엇인가? (어디서? 언제? 무엇에 의해서?)
- 고객/ 의뢰인/ 환자/ 손님들의 공통적인 다섯 가지 특징은 무엇인가? (불평, 떠남, 고소, 항의 편지 보내기, 환불 요구, 반품, 재구매, 타인을 참고함, 기타 등등)
- 문제해결/ 수리/ 제작할 때 가장 먼저 해야 하는 세 가지는 무엇인가?

당신 강의에서 참가자들이 질문했던 내용들의 목록을 만들어 보는 것도 좋을 것이다. 그리고 자신에게 다시 물어본 뒤 여기에 나와 있는 예제나 생각들을 이용해서 그것들을 어떻게 발전시킬 수 있는지 생각해 보라.

일화나 경험을 이야기하라

일화는 사람들의 기억 속에 깊이 파고들면서 사람들이 참여할 수 있는 감정적인 경험을 떠올리게 하고, 그 감정들은 학습을 하고 내용을 기억하는 데 훌륭한 도움이 된다.

내가 기초 배선(electrical wiring)에 대한 교육을 하고 있다면 다음과 같은 일화를 얘기할 것이다.

"내가 8살 때였다. 부모님이 옆집에 놀러 가셨을 때 나는 동생들을 돌보기 위해 집에 남게 되었다. 그때 우리는 숨바꼭질을 했는데 나는 정말로 잘 숨었다. 한 번은 거실 소파 뒤에 숨었는데 전등의 불빛 때문에 들킬 것만 같아서 숨어 있던 그 자리에서 손만 뻗어서 전등 코드를 잡고 확 잡아 당겼다. 놀이가 끝나고 다시 코드를 꽂으러 갔는데 플러그의 끝부분이 벽의 콘센트에 그대로 박혀 있는 것이었다. 부모님이 돌아오시기 전에 고쳐야 했기 때문에 나는 매우 당황하였다. 그래서 콘센트에 박혀 있는 플러그를 꺼내려고 끝부분을 잡았을 때 감전이 되었는데 그때 나의 동작이 너무 느려서 그런 것이라고만 생각했다. 더 빨리 끄집어내면 감전되지 않을 것이라고 생각해 다시 시도했지만 나는 전기보다 빠르지 않다는 점만 확인할 수 있었다. 그래서 부러진 플러그를 콘센트에 조심스레 올려놓고는 다시 시도할 생각은 절대로 하지 않았다."

그러고 나서 참가자들에게 이렇게 질문한다. "위의 이야기에서 얻을 수 있는 교훈 세 가지는 무엇인가?"

각 그룹별로 60초 동안 토의를 하게 한다.

다른 질문으로는 "그때 내가 전기의 기본 성질을 알았더라면 그 끝부분을 빼낼 수 있었던 방법이 적어도 세 가지 이상 있었는데 어떤 것들이 있을까?"가 있다.

인용구나 통계를 이용하라

다음은 컴퓨터에 관해 교육할 때 이용했던 세 가지 인용구이다. 다음과 같은 말을 한 사람은 누구인가?

"64K 이상의 RAM이 필요한 사람은 누구인가?"
"직장이 아닌 집에 컴퓨터가 필요한 이유는 무엇인가?"
"전 세계적으로 컴퓨터의 수요는 10대 정도일 것이라고 믿는다."

위의 인용구는 우리에게 황당하게 들리겠지만, 이는 컴퓨터 산업의 선구자들이 한 말로서 Microsoft 설립자인 빌 게이츠(Bill Gates)가 첫 번째, Digital Equipment 설립자인 켄 올슨(Ken Olsen)이 두 번째, IBM의 설립자인 토마스 왓슨(Thomas Watson)이 세 번째 인용구의 주인공이다. 이러한 인용구들은 다양한 전문 주제에 대해 토의할 수 있는 훌륭한 소재가 될 수 있다.

'모든 통계자료의 43%는 즉석에서 만들어진다'라는 통계를 나는 좋아한다. 정확성이 요구되는 내용을 교육할 때 나는 참석자에게 작은 카드를 나누어 주고 다음과 같은 질문에 대해 답을 쓰도록 한다.

당신은 팀에 팀원을 한 명 채용하고자 하며 그 사람의 개인 프로파일과 업무 평가서를 검토하고 있다. 다음과 같은 내용들을 고려해야 하는데 정확히 무슨 뜻일까?

- 어떤 사람이 자주 늦는다고 할 때, 그 사람은 몇 %의 경우에 늦는가?
- 어떤 사람이 자주 다른 사람을 돕는다고 할 때, 몇 %의 경우에 그러한 일이 일어나는가?
- 어떤 사람이 마감일을 거의 어기지 않는다고 할 때, 그 사람이 마감일을 넘기는 경우는 몇 %나 일어나는가?
- 어떤 사람이 팀 플레이어라고 할 때, 그 사람이 몇 %의 경우에 그렇게 행동하는가?
- 당신은 누군가로부터 보고서를 받아야 한다. 전화를 걸어 언제쯤 준비가 될 것인가를 물어보았더니 '곧'이라는 답변을 받았다. 당신이 그 보고서를 받기까지 얼마나 더 기다리게 될 것이라고 생각하는가?
- 누군가를 축하하기 위해 당신이 파티를 열었다. 그런데 그들이 한 시간째 늦는다. 전화가 와서 '잠시 후' 도착할 것이라고 한다. 그들이 도착하는 데는 얼마나 걸릴 것이라고 생각하는가?

이후에 각 그룹들은 개인의 결과를 비교하고 답의 범위를 적는다. 각 그룹들의 범위들을 칠판에 적은 뒤에 우리가 얼마나 정확한 의사소통을 하고 있는지에 대해 토의를 한다. 그 다음에 현재 배우고 있는 기술 교육과 관련하여 위의 예제로부터 배울 점 세 가지를 각 그룹이 토의하게 한다.

마술, 소품, 도구를 활용하라

이 책의 앞에서 감자를 하나의 상(Reward)이 아닌 신념의 중요성을 강조하는 교육의 도구로 활용하는 방법을 소개했는데 다음과 같은 다른 방법도 있다. 강의실 앞에 달걀이 가득 담긴 커다란 그릇을 놓고는 달걀 몇 개를 집어서 그릇에 깨 넣으면서 달걀 껍질은 이렇게 약하다고 설명한다. 그 다음에 그 달걀 몇 개를 집어서 참가자들에게 마구 던진다. 이때 모두들 놀라서 숨고 피하지만, 나중에서야 참가자들은 그것이 진짜 달걀이 아닌 말랑말랑한 가짜 고무 달걀임을 알게 된다.

그리고 나서 우리가 가정을 하는 것과 그러한 가정으로 문제가 발생할 수 있다는 점에 대해서 토의를 시작한다. 그 다음에 참가자들이 알고 있는 가정의 사례와 그 가정을 기정 사실로 받아들였을 때 발생되는 문제점들에 대해 토의한다.

앞부분에서 감자를 상으로 사용한 다음에 신념의 중요성을 강조하기 위해 참가자들이 단 한 번에 빨대로 감자를 뚫는 방법을 설명했다. 이것은 비록 몇 분 사이에 일어난 일이지만 여기에는 강력한 은유가 있으므로 한 시간의 강의보다도 더욱 설득력 있게 만든다.

나는 데이브 아치(Dave Arch)의 《강사를 위한 마술(Tricks for Trainers)》 시리즈들과, 내가 서술한 《강사를 위한 101가지 게임과 그 외의 101가지 게임(101 Games for Trainers and 101 More Games for Trainers)》을 추천한다.

게임을 사용하라

게임은 참가자들 사이에 건전한 경쟁심을 유발하고, 중요한 내용들을 복습하고 기억할 수 있도록 해준다. 복강 압박술(Heimlich Maneuver)의 기본 9단계를 참가자들에게 윈도우 패닝 기법을 사용해서 가르쳤더니 참가자들은 5분 이내에 그 단계들을 전부 이해하였다. 그러고 나서 지원자가 환자 역할, 내가 구조자 역할을 하면서 각 단계를 하나씩 시행하는데, 내가 행동을 할 때마다 참가자 전체가 그 단계를 외치게 한다. 그 다음에 지원자와 내가 역할을 바꿔서 그가 나에게 복강 압박술을 시행하고, 참가자들은 마찬가지로 각 단계를 외치게 한다.

이 시범 단계를 마치고 참가자들이 둘씩 짝지어 서로 연습하게 한 후에 기록 재기를 시작한다. 각 그룹은 아홉 개의 단계가 적혀 있는 아홉 장의 종이와 봉투 한 장을 받게 되지만 그 종이에는 칠판에 있었던 그림들은 없고 각 단계를 자세하게 설명한 내용들만 적혀 있다. 그리고 그 중에는 사람들이 복강 압박술을 시행할 때 흔히 실수하는 잘못된 단계도 두 개가 들어 있다.

각 그룹에서 한 사람은 시간을 재고 나머지는 전부 윈도우 패닝 기법을 따라서 그리는데, 다 끝나면 시간을 기록하고 그들이 한 과정들을 검토해 본다. 위치가 잘못된 단계에 대해서는 30초를 더하고, 단계 자체가 잘못된 것에 대해서는 1분을 더한다.

그리고 그 과정이 쉬웠는지 어려웠는지 간단히 토의한다. 마지막으로 각 단계들을 다시 섞고 게임을 한 번 더 하는데 이번의 목표는 이전의 기록을 깨는 것이다. 보통 대부분의 그룹은 기록을 갱신하게 되어 자신감을 가지게 되고, 자신들의 기억력에 놀라게 되며, 기록을 깬 것에 대해 기뻐하게 된다. 이때 절대로 다른 그룹과 결과를 비교해서는 안 된다. 이런 학습 방법을 통해서 복강 압박술을 20분 안에 교육할 수 있다. 참가자들은 또한 다양한 방법을 통해 그 내용을 20여 회 이상 복습했다는 사실에 놀랄 것이다.

참가자들이 망가뜨리게 하라

시티뱅크에서 컴퓨터 유지보수 담당자들에게 기술 교육을 하는 강사들을 교육한 적이 있다. 유지보수 담당자들에게 회로판의 문제점을 찾고 해결하는 방법을 교육하기 위해서 회로판을 망가뜨려야 하는 작업이 필요했다. 그래서 그 강사들은 교육을 준비하는 데 많은 시간이 필요했다.

강사들은 창의적 교수법을 사용해서 자신들의 준비 시간을 현격히 줄일 수 있는 단계를 개발했다. 먼저 강의실에서 문제를 찾고 해결하는 방법을 알려 주고 시범을 보여 준다. 그리고 2인 1개조로 나뉜 참가자들은 회로판 한 개씩을 갖고서 직접 회로판에 실제로 발생하는 흔한 고장들을 한두 가지 만들어 보는 것이다.

고장을 낸 다음에 그 그룹의 한 명이 다른 그룹에 관찰자로 간다. 남아 있는 나머지 한 명은 자신들이 만든 고장에 대해 다른 그룹에서 온 관찰자에게 설명한다. 새로 온 관찰자는 그 고장이 교육 과정에서 다루었던 종류인지를 확인한다. 그리고 자신의 그룹으로 돌아가서 자신들이 만들었거나 다른 그룹에서 보았던 회로판이 아닌 다른 회로판을 받은 뒤 문제점을 찾아 고장을 수리하게 된다.

이러한 방법을 사용하면 여러 흥미로운 결과가 나타난다.

- 참가자들이 강사가 과거에 낸 문제보다 더 어려운 문제를 직접 만들어 낸다.
- 참가자들이 모든 과정에 흥미, 흥분, 도전 의식을 가지고 접근한다.
- 이러한 과정을 통해 중요한 내용들을 적어도 네 번 이상씩 복습하게 된다.
- 집중적인 실습을 통해 자신감이 증대된다.
- 강사들은 자유롭게 관찰자와 코치 역할을 할 수 있다.

기술 교육 참가자들이 질문하게 하고 답변하는 여섯 가지 방법

질문을 하고 그것에 답변하는 방식은 기술 교육에서 흔히 사용되는 방법이지만 종종 남용되거나 오용되는 경우도 있다. 어떤 때에는 강사가 어떠한 질문도 받지 못하고 또는 질문을 하는 척하면서 은근히 자신의 전쟁 체험담 얘기를 늘어놓으려는 사람들의 질문을 받기도 한다.

다음은 효과적으로 질문하고 답변하기 위한 여섯 가지 기법인데, 당신의 프로그램에 활용하기 전에 얼마든지 수정, 조정, 변경할 수 있다.

1. 질문 바구니

방 앞쪽에 바구니를 놓아 두고 참가자들에게는 카드를 나누어 준다. 참가자들이 질문을 그 카드에 적게 한 후 바구니 안에 넣는다. 강사는 카드들을 검토하고 답변을 해 준다. 강사가 생각하기에 질문이 이미 배운 내용이거나 참가자들이 알 만한 내용이라고 생각되면, 그 카드를 그룹으로 넘겨줄 수도 있는데 각 그룹에게 그 질문의 답을 찾기 위한 시간(문제의 성격에 따라 달라진다)을 준다.

2. 20원

이 방법은 외향적 성격의 참가자들이 많은 경우에 좋은 방법이다. 모든 참가자들은 10원짜리를 두 개씩 받는다. 질문을 하거나 발언을 할 때 10원짜리 한 개를 사용해야 한다. 그러다 동전 두 개를 모두 써 버린 참가자는 다른 참가자들이 동전을 모두 쓸 때까지 더 이상의 질문이나 발언을 할 수 없다. 그리고 시간을 잘 지키거나 과제를 훌륭히 마친 참가자에게는 동전을 더 준다.

3. 질문 수집판

참가자들의 질문 내용이 훌륭할 때도 많지만 질문 시기가 부적절한 경우도 있다. 그럴 때는 참가자들에게 포스트잇을 나누어 주고, 답변을 미뤄야 할 경우(답변이 다른 참가자들을 더욱 혼동시킬 소지가 있는 경우일 때가 많다) 포스트잇에 질문 내용을 적어 질문 수집판에 붙이도록 한다. 강사는 답변을 해야 할 시간을 미리 정하고 참가자들에게 그 시간이 되면 알려 달라고 부탁을 한다.

4. 다른 그룹을 위해 만들기

이 방법은 다음과 같은 두 가지 경우에 사용될 수 있다.

첫 번째는 참가자들이 많은 기술적 지식과 경험을 가진 그룹으로 안전 요원 또는 CPR 자격증 갱신 교육 같은 경우이다. 이때 참가자들을 3개 이상의 그룹으로 나누어 면허 있는 사람들은 반드시 알아야 하는 내용들에 대해 문항을 만들게 한다. 그 문항들을 다른 그룹에 주고 그 그룹이 답을 찾도록 한다.

두 번째는 전문적인 내용들이 이미 다루어진 경우이다. 이때에도 참가자들을 여러 그룹으로 나누어 배운 범위 내에서 내용을 모두 이해하면 충분히 답할 수 있는 20개의 문항을 만들게 한다. 그 다음에 문항들을 두 번째 그룹으로 넘겨서 문항이 명확한지 확인한 후에 그 중 가장 좋은 15개를 선택하게 한다. 마지막으로 세 번째 그룹은 15문제를 모든 수단을 동원해서 풀어 보는데 이렇게 하면 20~25분 이내에 중요한 내용들을 최소한 3회 이상 복습할 수 있다.

5. 녹색과 적색 점 스티커

참가자들은 녹색과 적색의 점 스티커를 받는다. 매우 유용하고 중요한 개념, 기법, 방법들에 대해 충분히 이해한 참가자들은 가운데 5~10개 정도를 선택한 후에 그 옆에 녹색 스티커를 붙인다. 그리고 잘 이해가 되지 않는 개념, 기법, 방법들 가운데 5~10개 정도를 골라서 적색 스티커를 붙인다. 각 그룹에서는 녹색, 적색 스티커가 붙은 내용과 참가자의 이해 정도에 대해 토의를 한다. 조원들의 도움을 받은 결과 적색 스티커보다 녹색 스티커가 점점 더 많아지게 되는데, 그래도 남은 적색 스티커의 내용은 강사에게 넘긴다.

6. 질문 목록

참가자들은 여러 색의 포스트잇을 받는다. 그룹별로 자신들이 답할 수 있는 모든 문제들, 또는 아직 답이 명확하지 않은 질문들을 기록한다. 2~5분 후에 그것을 벽에 있는 자신의 그룹 게시판에 붙인다. 그 후에 각 그룹의 게시판을 돌면서 자신들이 답을 모르는 문제 옆에 자신의 그룹 색깔 포스트잇을 붙인다. 그러면 문제를 만들었던 그룹이 종이를 붙인 그룹에게 답을 해 주거나 다른 포스트잇에 답을 적어서 붙여 주게 된다.

7. 의논 봉투

강의가 시작될 때에 모든 참가자들에게 봉투를 세 개씩 줄 수도 있고, 개인당 3~4개의 봉투를 미리 벽에 붙여놓고 실시할 수도 있다. 봉투의 접힌 부분 안쪽에 참가자들과 강사가 함께 토의했으면 하는 주제와 관련된 질문을 적고 난 후 봉투의 질문 내용이 앞쪽으로 보이도록 벽에 붙인다.

강사는 카드를 참가자에게 나누어 주고 그 봉투에 적힌 질문에 대한 아이디어가 있으면 그 카드에 자신의 이름과 내용을 적어서 봉투에 넣게 한다. 이 과정을 두세 번 반복한 뒤 참가자들은 자신의 봉투를 열어서 안에 있는 내용을 확인한다.

그리고 그 중 가장 유용한 답변을 서로 공유하면서 그 카드를 작성한 사람과 다른 참가자들이 서로 의견을 나누게 한다. 여기서도 마찬가지로 그룹 내에서 경험 많은 참가자를 존중함으로써 자신감을 향상시킬 수 있다. 이 방법은 프로그램 진행 중 아무 때나 반복해서 사용할 수 있다.

기술 교육을 흥미롭게 하는 여섯 가지 방법

아래의 방법들은 교육 과정에 모두 사용되었던 것들로 참가자들은 그것을 다양한 목적으로 사용할 수 있다. 각 그룹들은 여러 방법 중 하나를 선택해서 시작한 뒤 정해진 시간 내에 서로 바꿔서 활동한다. 5~6분 후에 다른 그룹과 함께 그들이 하고 있던 방식을 마무리한다. 당신이 교육을 할 때는 어떤 방법들을 사용할 수 있을까?

1. 점 스티커
참가자들은 점 스티커를 최소 네 가지 이상의 방법으로 활용할 수 있다.

첫째, 유용하다고 생각되는 부분에 녹색 점 스티커를 붙이고 의견을 나눈다.

둘째, 부연설명이 필요한 부분에 적색 점 스티커를 붙인다. 다른 참가자나 강사의 도움을 통해 적색 점 스티커들을 녹색 점 스티커들로 바꿔 나간다.

셋째, 강의 중 가장 심도 있게 다루어져야 한다고 생각하는 부분에 투표할 수 있다. 보통은 전체 1/3 정도의 주제와 가장 중요하다고 생각하는 한 개 주제에 점 스티커를 붙이는데 이것을 '1/3 + 1' 법칙이라 한다. 이를 통해 중요하다고 생각되는 부분을 강사가 알 수 있게 되어 다뤄야 할 내용을 확대하거나 축소할 수 있다.

넷째, 참가자들은 자신의 학습을 도와주었던 동료의 이름표나 그룹 명부에 점 스티커를 붙인다. 그러면 다른 사람이 도움이 되었다고 여긴 것에 대해 구체적인 피드백을 받을 수 있다.

그 외 어떤 곳에 점 스티커를 사용할 수 있을까?

2. 표식 테이프

강의 초반에 참가자들에게 다양한 색상의 3M 표식 테이프를 나누어 주면 각 그룹별로 각 색상이 무엇을 나타낼지를 결정한다. 이 표식 테이프는 여러 배포자료, 교재, 참고 자료들 중에 중요 내용, 연관 차트, 점검표 등을 표시하는 데 사용될 수 있다. 이를 통해 여러 자료들에 대해 더 잘 알 수 있으며 교육이 끝난 후에도 활용하기 쉬워진다.

그 외 어떤 곳에 표식 테이프를 사용할 수 있을까?

3. 형광펜

참가자들에게 여러 색의 형광펜을 나눠 주고 각 색상이 어떤 내용을 표시하는지 결정하게 한다. 중요 내용, 확인해야 할 내용, 유용한 내용 등을 표시할 수 있는데, 교육 과정 동안 참가자들이 주기적으로 형광펜으로 표시한 내용을 다른 사람과 비교해 보면 내용을 더 확실하게 이해하게 된다.

그 외 어떤 곳에 형광펜을 사용할 수 있을까?

4. 포스트잇

각 책상들마다 포스트잇(Keynote라고도 함)을 놓아 둔다. 참가자들이 교육이 진행되는 동안 아이디어, 질문에 대한 답이나 질문을 기록하는 데 사용할 수 있고, 순서 맞추기 같은 게임을 만드는 데도 사용할 수 있다. 각 그룹은 교육 과정에서 배운 내용을 단계별로 한 장에 한 가지씩을 쓰게 한다(확실히 단계를 정할 수 없는 것도 상관없다). 그리고 다른 그룹으로 하여금 빠른 시간 내에 그 종이들의 순서를 맞추게 한다.

또한 벽에 있는 차트에 임의의 순서대로 각 단계들을 붙여 놓을 수 있다. 그 단계를 만든 참가자 중 한 명은 차트 옆에 있고, 각 그룹은 차트를 옮겨 다니면서 순서를 맞춰 본다. 각 그룹마다 순서를 맞추는 시간을 기록하고, 그룹이 바뀔 때에는 차트 옆의 사람이 다음 그룹을 위해서 종이들의 순서를 흩뜨려 놓는다.

그 외 어떤 곳에 포스트잇을 사용할 수 있을까?

5. 짝 맞추기

참가자들이 교육 내용 중 짝을 이루는 내용으로 게임을 만드는 것이다. 예를 들면, 단어와 그 뜻, 부품과 그 위치, 결함과 수리방법, 물건과 그 용도 등이다. 이것들을 다른 그룹에 넘기거나 벽에 붙여 놓고 다른 그룹들이 가능한 한 빨리 차례대로 짝을 맞추도록 한다.

그 외 어떤 곳에 짝 맞추기를 사용할 수 있을까?

6. 십자말 퍼즐

이것은 적어도 두 가지 이상의 용도로 사용될 수 있는데, 참가자들이 교육 전에 얼마나 알고 있는지를 측정하는 '사전 테스트'와 교육 중이나 종료 후에 복습하는 방법으로 사용될 수 있다. 첫 번째 경우에는 강사가 십자말 퍼즐을 준비하고, 두 번째의 경우에는 참가자들이 직접 십자말 퍼즐을 만들 수 있다.

그 외 어떤 곳에 십자말 풀이를 사용할 수 있을까?

기술 교육에서 기술을 연습하는 것은 자연스럽게 참여를 유도하기 때문에 다른 분야에 비해 참가자 중심으로 교육하기가 훨씬 용이하다. 참가자들 대부분은 자신의 업무로 돌아갔을 때에 보다 더 효과적으로 일하고 싶어한다. 그리고 이런 참가자들은 이미 교육의 중요성을 실감하고 있기 때문에 기술 교육의 실용적인 측면은 훨씬 부각된다. 우리가 이 장에서 이제껏 다루었던 내용들을 수정하고 조정하여 활용한다면 당신의 기술 교육은 흥미진진한 많은 변화가 있을 것이다.

기술 교육을 더 기억하게 하는 도구

참가자들에게 교육 핵심 내용들을 기억하고 교육 방식들이 어떻게 사용되었는지를 알아보기 위해 이 페이지를 활용할 것을 요청하였다. 시각적 도구들이 기억을 하는 데 얼마나 중요한 역할을 하는지를 보여 준다(적어도 70% 이상의 학습자들에게는 중요하다).

쌓기/연결하기(Stacking/Linking)

이 방법 중에 하나는 여러 항목들을 가지고 이야기를 만드는 것으로 그 항목들을 위로 쌓거나 서로 연결하는 것이다.

예를 들어 관련이 거의 없는 다음 20개 항목들을 살펴보자.

벽지	간호사	화분
산	시계	전력
치마	향수	금고
실	코끼리	멜론
아이스크림콘	감옥	개
가위	거울	목걸이
손톱	여행가방	

이 항목들을 사용해서 이야기를 구성할 때에 주위의 여러 물건들을 가리키거나 제스처를 취한다. 이 내용을 자신이 마음속으로 그려볼 수 있도록 하자. 참가자들이 이야기의 여러 부분을 반복하게 하고 동작을 취하도록 한다. 이러한 부가적인 활동들은 기억력과 학습력이 적극적으로 작동하도록 한다.

처음에는 강사가 이야기를 하면서 행동과 움직임을 병행한다. 두 번째에는 강사는 멈추고 참가자들은 그 단어를 말한다. 그리고 세 번째로 강사가 행동과 움직임만을 보여주면 참가자들은 조용히 마음 속으로 그 이야기를 재연한다. 네 번째에는 한 지원자가 나와서 이야기를 하고 다른 참가자들은 모두가 멈추는데 이 네 단계를 모두 하는 데 15분도 안 걸린다.

여기 이 벽에는 (벽지)가 붙어 있다. 〔벽을 손으로 문지른다〕 벽지에는 (산) 그림이 있고, 〔삼각형을 만들거나 산 모양의 제스처를 한다〕 그 산은 (치마)를 두르고 있다. 〔치마를 두르는 행동을 한다〕 그 치마는 (실)이 삐져 나와 있고, 방 한가운데 있는 2미터 높이 (아이스크림콘)위로 빠져 버렸다. 〔방 한가운데에 2미터 높이의 아이스크림콘을 만드는 동작을 한다〕 우리는 그 콘을 (가위)로 자르고 싶지만, 〔양팔로 가위가 자르는 듯한 X자 형태를 취한다〕 가위가 고장 났기 때문에 (손톱)으로 고친다. 가위를 고치고 있는 사람은 (간호사)인데 〔간호사 모자를 쓰고 있는 것처럼 행동한다〕 지금 (시계)를 차고 있다. 그리고 (향수)를 뿌렸는데 〔몸에 향수를 뿌리는 행동을 한다〕 냄새가 (코끼리) 같다. 〔팔을 코 앞으로 내어 코끼리 코처럼 흔든다〕 코끼리는 (감옥)의 문을 짓밟아 버리고 들어갔다. 감옥의 한 쪽 벽은 (거울)로 되어 있다. 〔거울 앞에서 빗질을 하는 동작을 취한다〕 거울 아래에는 (여행가방)이 있다. 〔여행가방을 가리킨다〕 가방을 열어서 (화분)을 꺼낸다. 이것은 신기한 화분이다. 이 화분을 건드리면 불이 켜지고, 다시 화분을 건드리면 그 불이 꺼진다. 이 화분은 (전력)을 가지고 있다. 〔팔을 들어서 팔뚝 근육을 보여 준다〕 벽의 다른 쪽에는 〔벽의 다른 쪽을 가리킨다〕 (금고)가 있다. 〔금고 열쇠를 돌리는 시늉을 한다〕 금고를 열고 (멜론)을 꺼내 굴린다. 그 멜론은 방 바깥으로 굴러가서 (개)와 부딪히는데, 그 개는 값비싼 (목걸이)를 하고 있다. 〔목걸이가 내 목에 있는 것처럼 행동한다〕

참가자들에게 위의 항목들을 잠시 동안 보고 기억해보라고 하면 대부분은 잘 기억해 내지 못한다. 특히 그 항목들이 정확한 순서로 되어 있을 경우에는 더욱 그러하다. 예를 들어서 항목만 기억하는 데 1점, 정확한 위치에 있을 때 추가적으로 2점을 준다고 하면 만점은 60점이 되지만, 대부분의 경우는 20점이나 그 이하가 된다.

위 이야기를 우리가 제시한 방법으로 했을 때에 대부분 사람들의 점수가 최소 50% 정도 향상되었다. 70%가 넘는 사람들이 90% 이상의 점수를 받았다(심지어 그 다음날도 그 이야기를 계속 기억하고 있었다!).

마인드 맵핑 / 브레인라이팅(Mind Mapping/Brainwriting)

발표를 할 때 가장 어려운 것은 준비하는 과정이다. 많은 사람들은 자리에 앉아 종이 한 장을 집는 순간 머릿속은 텅 비게 된다. 그 이유는 어디서부터 시작해야 할지, 어떻게 그것들을 정리해야 할지도 모르며, 어떤 형태를 취할지 또는 어떤 점에 대해 다루어야 할지 충분한 자료가 없기 때문이다.

토니 부잔(Tony Buzan)의 《양쪽 뇌를 사용하라(Use Both Sides of your Brain)》는 프레젠테이션을 준비하는 데 매우 유용한데 이 책의 상당 부분에서는 마인드 맵(Mindmap)이라는 기법을 다루고 있다. 나의 경우에는 마인드 맵을 사용하여 프레젠테이션 준비, 보고서 작성, 기사 작성, 편지 쓰는 시간이 약 50% 감소되었다. 기록하거나 요약하는 것보다 더 좋은 교육 효과가 있는 마인드 맵은 단어들을 개념이나 정보에 연결시켜 사용할 수 있게 해준다. 마인드 맵은 내가 정보를 어떻게 표현해야 할지 알 수 있도록 도와주는데, 내용 뿐만 아니라 그 내용의 순서까지도 초점을 맞출 수 있게 한다. 그리고 마인드 맵은 무엇이 있는지뿐만 아니라 무엇이 빠졌는지도 알려 준다.

마인드 맵의 기본 특징은 다음과 같다.

- 중심 생각에서 시작하라.
  전제를 빈 종이의 중간에 적어라. 그리고 12시 방향에 가장 처음 떠오르는 생각들을 적고 난 후에 그것에 관련된 내용들을 적어라. 그 주제에 대해 더 이상 생각나는 내용이 없으면 1시의 방향으로 가서 다시 시작하라. 이렇게 시계를 한 바퀴 도는 것이다.

- 자유롭게 흘러가도록 하라.
  내가 사용하는 모델 중 하나는 핀볼 기계처럼 생긴 것이다. 핀볼은 어떠한 논리적 결론을 내리기도 전에 수많은 생각들 사이에서 계속 튀는 것이다. 누구나 다음과 같은 경험을 해보았을 것이다. 누군가가 당신에게 무엇인가를 말했을 때에 당신은 잠시 멈췄다가 대답한다. "당신이 이렇게 말했는데, 이것에 대해 내가 이렇게 생각하게 되고, 또 그렇게 생각한 것은 다시 저렇게 생각되고, 그래서 난 너한테 저렇게 대답하는 것이다." 이렇게 말한다면 당신 생각에는 대단히 논리적인 것처럼 보이지만,

다른 사람이 보았을 때는 당신이 어떻게 처음의 말에서 대답까지 이르게 되었는지 알 수 없다.
마인드 맵을 활용하면 이러한 빠른 생각의 흐름을 노트를 적거나 요약할 때보다 더 잘 도출해 낼 수 있다.

- 핵심 단어만 사용하라.

노트에 적거나 요약할 때에는 너무 많은 단어들이 사용된다. 대부분의 사람들은 쓰는 속도보다 생각하는 속도가 훨씬 빠르다. (사람들은 분당 1,200개~1,600개의 단어를 생각할 수 있지만 분당 25개~30개 정도 단어밖에 쓸 수 없고, 아무리 빠른 사람들도 분당 100개 이상의 단어를 입력시키기 힘들다). 그렇기 때문에 핵심 개념을 총알처럼 생각하면서 개념을 잡을 만한 한두 단어를 적는 것이다. 이러한 방법을 통해 생각의 속도를 늦추지 않을 수 있다.

- 어디든지 갈 수 있다.

세 번째나 네 번째의 핵심 내용들을 생각하다가 갑자기 첫 번째의 핵심 내용이 생각날 수도 있다. 하지만 걱정하지 말라. 일단 멈추고, 돌아가서 그 생각을 추가하고 난 후에 계속 진행해라.

- 연관되는 것들을 자유롭게 연결시켜라.

두 가지의 주제가 서로 연관되어 있으면 간단히 화살표로 연결시켜라. 화살표는 마인드 맵 색깔과 같아도 좋고, 아니면 연관성을 강조하기 위해 의도적으로 다른 색을 사용해도 무방하다.

- 짧은 시간에 집중하라.

5분 동안 작성하고, 휴식을 가져라. 멀리 떨어져 앉아 마인드 맵을 바라보거나 다른 일을 해라. 그리고 다시 5분 동안 마인드 맵에 대한 추가, 수정, 변경을 하라.

마인드 맵은 바로 당신을 위한 도구라는 점을 기억해라. 그 도구는 당신을 위해 존재하는 것이다. 많은 사람들이 마인드 맵을 접할 때, "이건 절대 직장 상사에게 보여줄 수 없다"라고 걱정하는데 마인드 맵은 다른 사람을 위한 것이 아니라 당신만을 위한 것이다. 마인드 맵을 보고서로 간주하지 말고 보고서를 써 나가는 데 마인드 맵을 활용해라. 그리고 보고서를 작성하기 전에 보고서에 넣고자 하는 내용이 모두 포함되었는지를 확인하는 용도로 사용해라.*

윈도우 패닝

끝으로 윈도우 패닝을 사용해 보기를 권하는데 이미 4장 시각 교재에서 이것의 기본 개념과 예를 설명하였다. 이 윈도우 패닝은 순차적인 단계를 따라야 하는 내용들을 가르칠 때에 대단히 유용하다.

이제까지 설명한 많은 기법과 이 책의 다른 부분의 방법들을 잘 적용한다면 당신의 기술 교육에 변화가 생기게 되어 참가자들에게 더 긍정적인 영향을 줄 수 있을 것이다. 다시 말하면 내부 직원 또는 외부 고객에게 제공되는 과정에서 당신은 좋은 성과를 얻을 수 있을 것이다.

---

* 마인드 맵에 관한 내용은 본인의 저서인 《프레젠테이션의 효과(*High Impact Presentations*)》를 참조했고 인가를 받아 사용한 것이다.

13 Participant-Centered Techniques for Computer Training

컴퓨터 교육을 위한 참가자 중심의 교수법

지루하고 재미없는 컴퓨터 교육을 흥미롭고 역동적인 교육으로 만들기

이 장의 내용은 여러 가지 면에서 앞서 다루었던 기술 교육의 내용과 중복이 되거나, 혹은 그에 대한 부가적인 것으로 이루어져 있다. 그래서 당신이 컴퓨터 교육을 준비하거나 직접 하는 경우에는 반드시 12장의 기술 교육에 관한 내용을 잘 읽어 보기를 권한다. 이 장에서는 다른 기술 교육에는 없는 실습장에서의 컴퓨터 교육의 내용에 초점을 맞출 것이다.

많은 컴퓨터 강사들이 컴퓨터 교육이 어렵고 교육 내용도 지루하다고 생각한다. 그 이유는 자신이 가르쳐야 하는 소프트웨어와 함께 제공되는 설명서가 주로 이해하기 힘들고, 교육 진행 방식 또한 대부분 시범과 실습을 단조롭게 반복하기 때문이다.

하지만 이런 것들은 불변의 진리가 아니므로 오늘 당장 바꿀 수 있다. 사실 참가자 대부분은 소프트웨어를 더 효과적으로 사용하는 방법을 배우고 싶어한다. 또한 그러한 동기는 실제 업무와 직접적으로 연관되어 있기에 컴퓨터 교육과 실생활의 연결 고리를 찾는 것은 그리 어렵지 않다.

실습장 배치

일반적으로 실습장의 컴퓨터들은 실습장 앞쪽의 강사 자리를 향한 채 줄지어 놓여 있다. 비록 강사도 컴퓨터를 가지고 참가자들을 향해 있지만 컴퓨터와 모니터들이 그 중간에 있기 때문에 참가자와 시선을 맞추기에는 한계가 있다.

이런 배치가 이전에 아메리칸 익스프레스 사에서 직원들의 운영 교육을 할 때 사용했던 일반적인 배치였는데, 우리는 이것을 바꾸라고 권유하였다.

이미 살펴보았듯이 창의적 교수법은 참가자 중심으로 이루어진다. 개인학습 통찰프로파일(Personal Learning Insights Profile)을 통해 25,000명 이상의 성인 학습자들을 조사해 본 결과, 75%가 개인적으로 배우는 것보다는 그룹별로 배우는 방법을 선호하였는데 이것은 컴퓨터 교육에도 해당되는 것이다.

그러면 상호 의사 소통이 더 원활해지는 실습장으로 주제를 바꾸어 보자. 다음 페이지에 나오는 두 가지 그림은 20명의 참가자가 있을 때의 실습장 배치를 보여 주고 있다. 이 두 방의 크기는 같지만 배열된 형태는 서로 다르다. 일반적인 배치에서 창의적인 배치로 바꾸기 위해 모든 컴퓨터를 양쪽 벽면과 뒤쪽 벽면으로 이동시킨 것에 주목하라.

실습장 한가운데에는 몇 개의 원탁을 놓았다. 참가자들이 강사와 함께 그룹별로 토의를 할 경우에는 컴퓨터에서 중앙의 테이블로 모여 토의를 진행하다가 컴퓨터를 사용해야 할 때에는 다시 컴퓨터 앞으로 돌아간다.

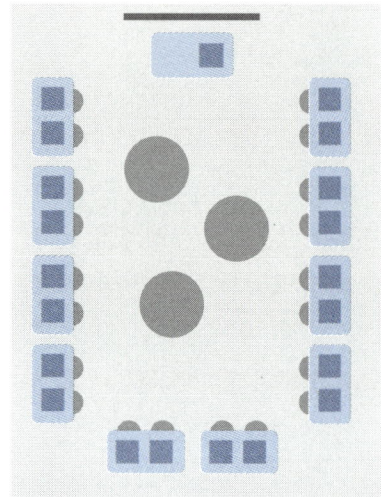

이전 – 일반적 배치   이후 – 창의적 배치

이와 같은 실습장 배치에는 몇 가지 장점이 있다.

- 강사와 참가자들 사이의 시선 맞추기가 용이하다.
- 참가자들이 자신의 컴퓨터로부터 떨어져 있어서 그룹별로 새로운 개념을 배울 때 집중할 수 있다.
- 참가자들과 컴퓨터를 잘 볼 수 있어 강사가 그들을 더 잘 관찰할 수 있게 된다.
- 강사가 컴퓨터 사이를 옮겨 다니며 각 참가자들의 개인 진도를 확인하기가 용이하다.
- 참가자들이 혼자보다는 두 명씩 짝지어 작업하기가 용이하다.
- 움직임이 필요한 활동을 할 때에 참가자들이 컴퓨터 사이를 옮겨 다니기가 용이하다.

설명서에 친숙해지기

　부실한 설명서야말로 소프트웨어를 사용하는 참가자나 강사 모두에게 있어 가장 흔한 불만 중의 하나인데, 이는 내가 동업자와 함께 컴퓨터 컨설팅 회사를 공동 설립했던 1983년 이래로 달라진 것이 없다. 그 당시 우리의 첫 번째 임무 중 하나는 설명서를 재구성하는 것과, 제조용 프로그램과 회계용 프로그램을 자연스럽게 통합하는 프로그램에 대한 교육 과정을 개발하는 것이었다.

　그 프로그램의 가격은 65만 달러였고, 기술 제작자가 그 설명서를 작성하는 데 6개월이 걸렸다고 했다. 그런데 베타 테스터(Beta Tester)가 그것을 감정한 결과 10점 만점에 -2점을 받았다. 그 후 우리가 설명서를 그 고객과 함께 검토하게 되었을 때, 우리는 고객에게 우리를 이 프로그램을 처음 구입한 신규 사용자처럼 대해 주기를 요청했다. 우리는 두 개의 박스를 받았는데 한 개의 박스에는 원래의 설명서가 들어 있었고, 다른 한 개의 박스에는 그 설명서를 보관하기 위한 링 바인더가 들어 있었다(모두 24개였다). 우리는 왜 설명서를 링 바인더에 꽂은 채로 사용자들에게 전하지 않느냐고 물어보았다. 그런데 대답이 걸작이었다. 사용자들이 최소한 설명서를 열어 보기라도 하게 하려면 직접 꽂게 만드는 수밖에 없다는 것이었다. 시작부터가 별로 좋지가 않았다.

　그 당시 설명서와 교육을 효과적으로 개선하는 데에 6주 정도의 시간이 남아 있었다. 우리는 사용자들이 친숙하게 사용할 수 있는 24권의 설명서를 6주 안에 쓰기는 불가능하다는 결론을 내렸고 일단 교육 과정 자체에 집중하기로 했다.

　교육이 시작되었을 때 우리는 참가자들에게 24권의 설명서 중 첫 번째 것만 배부하였다. 이것은 교육을 시작하는 첫날에 이미 압도당해 있을 참가자들에게 너무 많은 교재를 한꺼번에 배부함으로써 또다시 압도하는 일이 없도록 하기 위함이었다. 우리는 그들에게 당장 필요한 것만을 주었고 필요에 따라 다른 설명서들을 소개했다.

다음은 내가 했던 대화인데 당신의 목적에 맞게 수정해도 무방하다. 첫 번째 설명서를 들고 나는 이렇게 말했다.

"이거 보이십니까? 이것은 여러분들이 배우게 될 소프트웨어에 대한 첫 번째 설명서입니다. 이건 보물 지도 같은 것입니다. 프로그래머들은 이런 설명서를 만드는 것조차 싫어했고, 똑똑한 사람들만이 이 프로그램을 사용할 수 있다고 생각했습니다. 여러분과 제가 똑똑하다면 우리는 이런 설명서가 필요 없을 것입니다. 하지만 영업부서에서 프로그래머들에게 '설명서를 만들지 않으면 어떤 고객도 그 소프트웨어를 사지 않을 것이고, 그렇게 되면 회사에서는 당신들이 계속 프로그램을 짜도록 월급도 줄 수 없을 것'이라고 말했습니다. 그러자 프로그래머들은 '좋습니다. 하지만 똑똑한 사람만이 우리가 쓴 내용을 이해할 수 있을 것입니다'라고 말했습니다. 비록 그들이 보물을 꼭꼭 숨겨 놓았지만 여러분들과 나의 사명은 미로를 지나 소프트웨어 안에 있는 보물을 찾아내는 것입니다."

설명서가 정말로 부실했을까? 이 경우에는 정말 부실했지만 대부분의 경우에는 그렇게 나쁘지만은 않았다. 하지만 강사와 참가자가 함께 도전한다면 생각했던 것만큼 설명서는 나쁘지 않을 수도 있다.

설명서를 사용자에게 좀더 친숙한 방식으로 바꾸는 몇 가지 아이디어가 있다.

- 참가자들에게 녹색과 적색의 점 스티커를 나누어 준다. 읽어 보다가 질문이 있거나 이해가 가지 않는 부분에는 적색 점 스티커를 붙이고, 녹색 점 스티커는 중요하다고 생각되는 부분에 붙이게 한다. 그룹으로 나누어서 녹색 점의 내용들에 대해서는 서로 공유하게 하고, 적색 점들에 대해서는 함께 해결하게 한

다. 해결되지 못한 적색 점들은 모두가 볼 수 있도록 벽에 있는 질문 게시판에 기록을 한다. 그리하여 강사뿐만 아니라 다른 그룹들도 이 문제를 함께 풀어 볼 수 있게 한다. 녹색 점의 내용들은 포스트잇에 적어서 자신의 그룹 차트 위에 붙인다. 주기적으로 각 그룹들은 다른 그룹의 차트를 보고 자신들의 차트에 좋은 내용들을 추가시킬 수 있다.

- 참가자들에게 표식 테이프를 나눠 준다. 자신들의 설명서를 색상으로 코드화시켜 놓으면, 나중에 급하게 찾아야 할 때 개념, 단계, 과정, 역할 등을 빠르게 찾을 수 있다.
- 설명서의 각 장을 2~3인으로 구성된 각 그룹에게 할당하면 그 그룹은 그 장을 연구하여 반드시 알아야 할 것들(Top 10, Top 20 등)을 선정하고, 그 장을 이해했다면 해결할 수 있는 10개의 문제를 만든다. 각 조원들은 각각 다른 그룹에 가서 자신들의 영역에 대한 설명을 하고, 반대로 다른 그룹의 영역에 대한 설명을 듣는다. 그 후 각 조원들은 원래의 그룹으로 돌아와서, 자신들이 타 그룹에서 들은 내용들을 나머지 조원들에게 다시 설명을 한다면, 모든 조원이 동시에 설명서의 2~3개 영역에 대한 핵심 내용을 알 수 있게 된다.

이러한 방법을 사용하면 참가자들은 정보를 찾는 능력을 키우고 이후에 답변하게 될 질문의 내용들에 친숙해진 상태로 실습장을 떠날 수 있다. 이것을 통해 설명서에 이미 다 나와 있는 내용을 문의하는 전화도 줄일 수 있다. 참고 자료들을 받고 나서 교육 중에 사용하지 않는 사람들이 너무나 많다. 그리고 교육을 마치고 업무 현장에 돌아간 다음 대부분이 그것들을 책장에 고스란히 모셔 둘 뿐이다. 평소 설명서에 익숙해지지 않으면, 긴급히 설명서가 필요한 경우에도 결코 그것을 사용하지 않게 된다.

진단

참가자들이 주제에 대해 어느 정도 알고 있는 상태에서 교육에 참가하는지 어떻게 알 수 있는가? 이에 대해 데이브 아치는 육체적인 활동을 제안하는데, 이것은 강의장 바닥에 길게 테이프를 붙여 선을 그리고 한쪽에는 '1'을 다른 한 쪽에는 '10'을 써 놓는 것이다. 그러고는 참가자들을 모두 나오게 한 뒤 선 위의 아무 곳에나 서게 한다. 그 다음에 교육에서 배우게 될 여러 주제, 기술, 지식들을 강사가 하나씩 발표할 때마다 참가자들은 자신들이 그 영역에 대하여 알고 있는 정도에 따라 선 위에서 움직인다. 이것은 어느 정도의 숙련자가 있는지를 가려내는 간편한 방법인데, 주의할 점은 모든 사람이 자신의 숙련 정도에 대해 정확히 알고 있지 않다는 것이다. 즉 자신을 과대평가할 수도 있고, 과소평가할 수도 있는데 이러한 활동을 시작 단계로서 활용한다면 유용할 것이다.

이러한 사전 진단을 할 수 있는 또 다른 방법이 두 가지 있는데, 이것은 약간의 익명성도 보장해 준다.

1. 강사가 이번 교육에서 배울 주제들을 하나씩 발표할 것이라고 말한다. 하나의 주제를 말하고, 천천히 1-2, 3-4, 5-6, 7-8, 9-10을 셀 것이라고 한다. 참가자 자신이 아주 기초수준이라고 생각하면 1-2에 자리에서 일어난다. 그들이 일어난 후에 다시 자리에 앉게 한다. 조금 아는 경우 3-4, 익숙한 경우 5-6, 거의 숙달이 된 경우 7-8, 이 주제를 가르칠 수 있는 경우 9-10에 일어나게 한다. 참가자들은 주제를 듣고 난 후 자신이 어디에 속하는가를 생각한 다음 언제 앉고 서야 하는가를 생각하기에 바빠서 다른 사람들을 신경 쓸 겨를이 없게 될 것이다. 오직 강사만이 알 수 있을 것이다.

2. 더 익명성이 보장되는 진단 방법으로는 이동식 칠판에 커다란 사과 나무를 그린 후, 그것을 참가자들이 볼 수 없는 반대편 벽을 향하게 돌려 놓는다. 그리고 한 명씩 차례대로 그 칠판 뒤로 가서는 나무 위에 사과를 하나 그리는데 교육 과정의 주제에 대해 많이 알고 있을수록 나무의 높은 곳에 사과를 그리게 하고, 주제에 대해 자신이 없는 경우에는 낮은 곳에 그리게 한다. 모두가 다 그린 후에 이동식 칠판을 돌려 보면 강사는 어떻게 교육을 진행할 것인지를 즉시 알게 된다. 만약 모든 사과들이 나무 꼭대기에 있다면 사과들이 모두 밑에 있거나, 넓게 퍼져 있는 경우와는 다른 방식으로 교육이 이뤄져야 한다.

멘토링(Mentoring)

진단이 끝난 후에는 작업 팀을 구성할 수 있는데, 수 엔즈(Sue Ensz)는 컴퓨터 교육 환경에 있어 최적의 작업 팀 구성에 대해 다음과 같이 조언을 한다. "가장 많이 알고 있는 사람을 가장 적게 알고 있는 사람과 함께 있게 하지 말라. 그 대신 가장 많이 알고 있는 사람은 중간 정도로 알고 있는 사람과, 그리고 중간 정도의 사람은 거의 모르는 사람과 작업 팀을 구성해야 그들의 불만이 줄어들 것이다."

화면 커튼

밝은 색의 대형 손수건을 모니터 위에 붙여 놓으면 이것이 바로 '커튼'이 된다. 참가자들은 컴퓨터를 사용해야 할 때는 커튼을 올리고, 컴퓨터가 필요 없는 오프라인 작업일 경우에는 커튼을 내리는데 이것은 작업시 참가자들이 집중할 수 있도록 도와준다.

은유(Metaphors)

참가자들이 배우고 있는 소프트웨어와 연관 지을 수 있는 좋은 은유를 선택하라. 예를 들면 명함첩 관리를 데이터베이스와 연관시킬 수 있는데 이것은 참가자들이 친근한 것을 친숙하지 않은 것과 연결 지을 수 있게 한다.

우리가 사용했던 또 다른 은유는 '체'인데 광산에서는 체를 사용해서 바위와 작은 돌멩이를 분리한다. 구멍이 작은 체는 돌멩이들을 크기별로 분리하기도 하고 자갈을 모래로부터 분리하기도 한다.

다음은 내가 데이비드 마이어(David Meier)에게서 배운 방법으로 부울린 논리학(Boolean Logic) 내용을 교육하는 데 사용되었다. 10명의 지원자들이 앞으로 나와서 줄을 서게 한 후에 그 중 30살이 넘은 사람은 모두 한 발짝 앞으로 나오게 한다. 이것은 "if"문을 나타낸다. 다시 원위치로 돌아가게 한 후에 이번에는 30살이 넘은 여성만 한 발짝 앞으로 나오게 한다. 이것은 "if…… and"를 나타낸다(두 가지 조건이 모두 참인 경우). 다시 원위치로 돌아가게 한 후 대학을 1년 이상 다녔거나 남성인 경우 앞으로 한 발짝 나오게 한다. 이것은 "if…… or"을 나타낸다.

다른 논리식들로도 모두 이와 같이 나타낼 수 있는데 이 세 가지 실습이 끝나면 참가자들에게 직접 논리식을 만들어 보게 한다. 그러면 그들은 내가 생각했던 것보다 훨씬 더 어려운 것들을 만들어 내면서도 어렵다고 불평하지 않는다.

순서도(Flowchart)

한 시스템의 커다란 순서도를 벽에 붙이는데 이 순서도에는 제목을 제외하고는 모두 공백 상태이다. 그 후 벨크로(Velcro, 접착천)에다 라벨을 적어 해당되는 빈칸에 부착하는 작업을 시킨다. 그러면 부착된 라벨을 통하여 전체적인 개요도 볼 수 있고, 과정이 진행되면서 순서도의 많은 요소들을 붙였다 떼었다 할 수 있다.

빈칸이 있는 순서도를 한 장씩 나누어 주는 것도 좋은 방법이긴 하지만 오히려 참가자들은 학습 도중에 빈칸을 채워 나가면서 성취감을 맛볼 것이다.

오프라인 작업(Offline Work)

사람은 컴퓨터 화면 앞에 앉아서 작업할 수 있는 시간이 한정되어 있다. 그래서 컴퓨터 교육의 효과를 극대화하려면 화면을 보며 하는 작업과 컴퓨터에서 떨어져서 하는 오프라인 작업을 병행해야 한다.

오프라인 작업은 그룹 단위로 하는데 예를 들면 다음과 같은 것들이 있다.

- 그룹 단위로 머릿속에 있는 순서도를 그려 보거나 진행단계를 모빌(Mobile)로 만든다.
- 그룹 단위로 그동안 배운 내용을 이해했다면 풀 수 있는 열 개의 문항을 만든다. 그리고 그것을 두 번째 그룹에게 넘겨 주어 검토하게 한 뒤, 세 번째 그룹이 모든 방법을 총동원해서 그 문제를 풀도록 한다.
- 그룹 단위로 개념, 활용법, 핵심 내용, 해결 가능한 문제들 중

가장 중요한 열 개를 찾아 차트에 기록하게 한 후 다른 그룹이 찾은 내용과 비교한다.
- 그룹 단위로 빈 카드와 줄 테이프를 사용해서 진행 과정을 나타내는 모빌을 만들게 한다. 이것은 참가자들이 업무로 돌아가서 새로운 소프트웨어를 사용하고자 할 때 보충 도구로 활용할 수 있다.

개인 수준별 프로젝트(Self-Paced Project)

소프트웨어의 응용 과제를 준비할 때에는 가장 쉬운 과제에서부터 점차 어려운 것을 하게 한다. 비록 어떤 사람이 다른 사람보다 진도가 더 많이 나갈 수 있어도 이러한 방법을 사용해야만 참가자 모두가 깊게 참여를 하게 된다. 참가자 모두가 모든 과제를 끝내지 못했다고 걱정할 필요는 없다. 단지 가장 쉬운 과제는 '알아야 할 정보(Need to know)'에, 그리고 좀더 어려운 과제는 '알면 좋은 정보(Nice to know)'에 포함되어 있는지를 확인하라.

이 책의 6장에서 소개했던 것처럼 과제 1과 7을 가장 쉽게 만들고 난 후에, 과제 1부터 시작해서 과제 7까지 또는 과제 7부터 시작해서 과제 1까지 하는 방법들을 사용해 볼 수도 있다. 그리고 참가자들에게 과제는 순서대로 하지 않아도 된다는 것을 미리 알려 주도록 하라.

화살표(Arrows)

스티로폼을 가지고 길이 25센티미터, 폭 7센티미터 정도의 양쪽 화살표를 만드는데 양면 모두 절반은 적색, 나머지 반은 녹색을 칠한다. 뒷면에 자석을 붙이고 참가자들 모니터 위에도 자석을 붙인다. 참가자들이 개인 또는 그룹별로 작업을 할 때 녹색 화살표가 올라와 있으면 정상적으로 작업 중임을 의미하고, 적색 화살표는 질문이 있음을 의미한다.

이렇게 하면 강사는 돌아다니면서 어떤 참가자들이 도움을 필요로 하는지 쉽게 알 수 있고, 참가자들은 강사의 도움을 기다리는 동안에도 작업을 계속할 수 있다.

더 간단한 방법은 참가자들 모니터 위에 작은 장난감 우산들을 하나씩 놓는 것이다. 우산이 펼쳐져 있으면 그것은 강사의 도움이 필요하다는 것을 나타낸다. 우산이 접혀 있는 상태라면 힘들더라도 아직까지는 강사의 도움이 필요 없음을 의미한다.

세 번 먼저 물어보기(Ask Three Before Me)

강사가 참가자에게 가장 처음 질문해야 하는 것은, "세 번 먼저 물어보았습니까?"이다. 실습장 안의 이 구호는 참가자들이 강사에게 도움을 요청하기 전에 서로 질문을 주고받도록 한다. 이것은 다른 참가자들이 알고 있는 경험과 내용을 존중해 주는 효과가 있는 동시에 학습에 도움을 주며, 컴퓨터 교육이 좀더 참가자 중심으로 이루어지도록 만든다.

이 방법은 매우 간단하다. 모르는 것이 있으면 강사에게 물어보기 전에 세 명의 다른 참가자들에게 먼저 물어보면 되는 것이다.

서식 작성(Fill in the Form)

당신이 온라인 서식 작성에 대한 교육을 하고 있다면 이 방법이 유용하다. 그 서식을 트렌스페어런시로 만든 후 그 위에 빈 트렌스페어런시 한 장을 겹쳐 놓고는 OHP 위에 올려놓는다. 그리고 서식을 채울 지원자를 뽑는데 다른 참가자들이 말하는 내용만 적어 넣으면 되기 때문에 지원자는 전혀 긴장할 필요가 없다. 주기적으로 지원자를 교체해도 된다. 서식이 완성되면 종이를 새것으로 교체하고 이 과정을 반복한다.

이 장에서는 컴퓨터나 소프트웨어 사용 교육 방법을 중점적으로 다루었지만 이는 다른 전문적인 교육 유형에도 사용될 수 있다.

수정, 조정, 변경을 한 후 채택하는 것을 기억하라!

… The Myths and Methods of e-Learning **14**

e-Learning의 통설과 방법

허구와 진실을 구분하고 최신 기술을 이용하기

　e-Learning(컴퓨터를 통한 학습)은 이 시대의 화두이고 아마 앞으로도 계속 그 중요성이 커질 것이다. 어떤 사람들은 이것을 곧 사라질 유행이라 하기도 하고, 어떤 사람들은 모든 문제를 해결할 수 있는 만병통치약이라고도 한다. 물론 둘 다 사실과는 거리가 있지만 아마 진실은 그 둘 사이 어딘가에 있을 것이다.

　e-Learning을 진행하려면 먼저 그 장점과 한계를 명확히 알아야 하는데, 다음이 가장 일반적인 장점들이다.

- 내용을 널리 전파할 수 있다. 컴퓨터를 사용할 수 있는 사람이라면 누구나 내용을 접할 수 있다.
- 내용을 24시간 365일 언제나 접할 수 있다.
- 출장 교육 경비를 줄일 수 있다.
- 다음에 개설되는 교육을 기다릴 필요가 없다.
- 설계가 잘된 경우라면 내용의 갱신이 용이하다.

다음은 가장 일반적인 한계점들이다.

- 모든 사람들이 컴퓨터를 사용할 수 있거나 사용하기를 좋아하는 것은 아니다. 70%가량의 사람들은 혼자 학습하는 것보다는 여러 명이 함께 학습하는 것을 선호한다.
- 모든 과정을 온라인으로 교육할 수는 없다. 데이브 아치는 경험을 바탕으로 다음과 같은 말을 하였다.
  "온라인으로 시험을 치를 수 있다면 온라인으로 가르칠 수 있다. 어떤 사람의 수영 능력을 온라인으로 시험할 수 있는가? 물론 대답은 '아니다'일 것이다. 수영에 대한 지식 정도는 시험할 수 있지만 능력은 테스트할 수 없다. 그러므로 온라인으로 수영에 '관한(about)' 것은 가르칠 수 있지만, 수영하는 방법을 가르칠 수는 없다."
- 부실한 교육 과정을 온라인 과정으로 변환했을 때에는 그 과정이 더욱 악화된다.

이 장을 저술할 당시의 자료에 의하면 온라인 프로그램 중 85%는 사용되기 전에 사라지고, 65%의 온라인 교육 등록자들은 교육 과정을 끝까지 수료하지 않는다. 이것은 많은 점을 시사하기도 하지만 구체적인 해결책을 제시해 주지는 못한다. 사람들은 효과적인 온라인 교육 프로그램을 찾기 위해 여러 가지 실험을 하고 있을 뿐인데 온라인 교육 프로그램 개발자들은 이것을 인정하려고 하지 않는 실정이다.

그 이유는 다음과 같다.

- 온라인 교육 개발을 담당하는 사람들은 교수 설계자(Instructional Designer)가 아닌 경우가 많다. 대부분 교육 프로그램을 담당하

는 사람은 내용 전문가(Subject Matter Expert)와 웹사이트를 디자인하는 기술자뿐이다. 부실한 교육 과정이 온라인 과정으로 변환되었을 때는 더욱 부실한 교육 과정이 된다.
- 프로그램 판매자들은 과대 포장하는 경향이 있다. 그들은 e-Learning을 해결책의 한 부분으로 생각하기보다는 해결책 그 자체임을 강조한다.
- 프로그램이 24시간 항상 개방되어 있는 경우에는 등록(Sign On)이 지체되기 쉽다. 언제나 지금 즉시 해결되어야 할 문제들이 생기기 때문에 온라인 교육은 긴급성에 묻혀 버릴 수도 있다.
- 온라인 과정 중에는 사용자들이 자리에서 떠나지 않고 자신의 컴퓨터에서 학습을 하기 때문에, 관리자는 그들이 다른 업무로부터 간섭받지 않도록 해 주기가 어렵다.
- 어떤 사용자는 내용의 일부만을 위해서 등록할 수도 있다. 그 내용을 학습한 이후에는 다시 돌아오지 않게 되어 학습하지 않은 나머지의 내용은 무용지물이 되어 버린다.

이 장은 다른 장들과 달리 최신의 정보가 있어야만 그 진가를 발휘할 수 있기 때문에 나는 www.BobPikeGroup.com/3rdEdition을 방문해 보기를 권한다. 이 사이트를 통해 이 장은 물론 이 책의 다른 장에 관련된 최신 내용들을 접한다면 최상의 예제들로 시대의 흐름을 따라갈 수 있다.

e-Learning을 통한 학습에 성공한 사람들은 다음과 같은 지침을 따른다.

교육 내용 전체를 온라인 형태로 바꾸기보다는 어떤 부분을 온라인으로 바꿀 수 있을까 하고 자문한다. 보통 인지적 내용(그들에게 무엇을 알려 줘야 하는가?)이 변환하기에 가장 쉬운 분야이다. 행동적 내용(그들이 할 수 있어야 하는 기술들은 무엇인가?)과 태도적 내용(학습 내용을 성공적으로 적용하려면 어떤 태도를 가져야 하는가?)들은 비용적 측면에서 볼 때 온라인으로 변환하기가 매우 어려운 분야이다. 그래서 우리는 고객에게 먼저 인지적 내용만을 온라인화하도록 하고 행동적, 태도적 내용들은 교육 시간에 직접 전달하는 편이 나을 것이라고 조언한다.

이것은 우리가 처음에 e-Learning에서 의도했던 만병통치약은 아니다. 그렇지만 4일간의 교육 일정을 3일이나 또는 2일로 짧게 단축시킬 수 있다.

가장 대표적인 예로는 온라인으로 컴퓨터 기술을 가르치는 교육을 들 수 있다. 이 경우 참가자들은 교육 과정에서 다양한 도구들을 사용하는 것이 가능하기 때문에 행동적, 태도적 내용도 온라인으로 교육할 수 있다.

연 구 결 과

2002년에 발표된 연구 결과에서 컴퓨터 소프트웨어를 단지 온라인만으로 배운 사람과 다양한 방법이 복합된 온라인으로 배운 사람들을 비교했을 때, 다양한 방법이 복합된 온라인으로 배운 사람들이 온라인으로만 배운 사람들보다 작업 정확도가 30% 정도 높게 나타났고, 실무도 41% 더 빠르게 처리하는 것으로 나타났다.

Thomson Job Input Study: The Next Generation of
Corporate Learning, Thomson Learning Company, 2002.

e-Learning은 강의실에서의 교육 같은 다른 형태의 교육들을 대체하기보다는 그것과 병행하여 사용해야 한다.

직원들을 오프라인 교육에서 온라인 교육으로 옮기는 과정에서 회사가 할 수 있는 효과적인 전략은 처음에는 동기적 수업 방식

(Synchronous Classes, 강사와 참가자가 동시에 온라인된 상태)으로 전환하고, 그 다음에 비동기적 수업 방식(Asynchronous Classes, 강사와 참가자가 다른 시간대에 온라인된 상태)으로 전환하는 것이다.

우수한 회사들은 학습 환경을 다양하게 하는 방법을 단지 오프라인 교육과 온라인 교육을 합치는 것으로만 생각하지 않고, 동기적 수업 방식과 비동기적 수업 방식을 전체적인 전략에 포함시켜 학습 방법을 구상한다. 동기적 수업 방식은 인지적인 내용 가운데 복잡한 부분을 다룰 때 더 효과적이다.

연구결과

문제는 다른 방법들과 혼합해야 하는가가 아니다.
진정한 문제는 '무엇과 혼합해야 하는가' 이다.
e - Learning Strategies for Delivering Knowledge in the
Digitial Age, Marc Rosenberg, McGraw`-`Hill, 2001.

가능한 한 오프라인 교육과 온라인 교육은 병행되어야 하는데, 비동기적 수업 방식일지라도 시스템을 24시간 개방하는 것보다는 매 교육 시간마다 언제 온라인 교육을 할 것인지를 계획해야 한다. 예를 들어 참가자들이 어떠한 단원(Module)들을 순서대로 학습해야 할 경우, 이전의 단원을 끝내지 않으면 다음 단원으로 넘어갈 수 없게 만드는 것도 여러 방법 중 하나이다. 또는 참가자들이 교육을 미루다가 나중에 한꺼번에 많은 것들을 보는 것을 방지하기 위해서 각 단원마다 열람 기한을 정해 놓고, 각 단원을 보는 시간을 미리 약속하는 방법도 있다.

오랜 기간 동안 강의실의 오프라인 교육에서 얻은 여러 가지 기법들은 온라인 교육에도 적용할 수 있다. 예를 들면 강사 주도 아래 참가자 중심으로 이루어지는 교육 모델, 도입부와 마무리 과정, 교육에 다양한 요소들을 추가하는 것들이 이에 해당한다.

e-Learning을 설계하는 과정에는 교수 설계자가 참여하게 되는데 비동기적 교육에서는 내용을 전달하는 실제 강사가 없기 때문에 교수 설계자의 역할이 대단히 중요하다. 일반 강의에서는 과정 설계가 조금 부실하더라도 강사의 능력이 그런 부실함을 메워 주기도 하지만, 비동기적 온라인 교육에서는 교수 설계자가 실제로 그런 강사의 역할을 해야 한다.

이들은 일반적으로 내용 전문가로부터 자료를 받아 참가자들이 이해하기 쉽도록 재구성하여 실제로 웹에 올릴 기술자에게 전달하는 가교 역할을 한다. 교수 설계자가 참여하지 않는 경우에는 내용 전문가 또는 웹 기술자들이 교수 설계자 역할을 하기도 하는데, 이들은 꼭 필요한 실증적 경험이 부족한 경우가 대부분이다.

e-Learning은 참가자들이 강의에 필요한 부분을 예습하게 하거나 강의에서 배운 내용들을 사후 관리해 주며 그들이 복습을 하는 데에도 사용되는데, 이렇게 사용될 때에 e-Learning의 진가가 나타나 그것의 진정한 목적을 달성할 수 있다.

온라인 과정은 다른 사람에 대한 책임성을 가지고 있는데 우리는 비동기적 학습으로도 스터디 그룹을 결성할 수 있다. 예를 들어 3인조 스터디 그룹에서 새로운 지식과 기술을 실무에 어떻게 사용할지를 함께 계획한다면 그룹의 다른 두 사람과 함께 책임을 지는 그룹이 되는 것이다. 그래서 그룹은 발생한 문제를 해결하는 데 서로 도움을 주기도 하고, 아이디어와 기술을 실무에 접목시키는 방법도 함께 논의하게 된다.

e-Learning 참가자들의 가장 흔한 불만은 오프라인 교육과 비교해 보았을 때 사회적인 측면이 배제되어 있다는 것이다. 하지만 비록

비동기적인 환경일지라도 참가자들의 이해를 높이면서 이메일 그룹, 투표, 게시판, 채팅 같은 여러 방법을 사용한다면 그러한 불만들을 줄일 수 있을 것이다.

그러면 이 새로운 전달 방식을 어떻게 사용할 것인가? 다음은 온라인 교육을 효과적으로 만드는 몇 가지 팁과 전략이다. 먼저 전달 방식에는 동기적 방식과 비동기적 방식이 있다는 것을 기억해야 하는데 동기적 방식의 내용은 실시간으로 전달하는 것이다. 동기적이란 뜻이 동시(Same Time)라는 뜻이므로 모두가 동시에 온라인 상태여야 한다. 한편 비동기적이란 뜻은 동시적이지 않고 각자 다른 시간(Different Time)이라는 뜻이므로 비동기적 방식의 내용은 아무 때나 전달될 수 있도록 올릴 수 있다.

다음은 동기적 또는 비동기적 교육을 할 때의 기본적인 전략들이다.

1. 미완성 자료를 사용하라

사람들은 무엇을 적을 때에 배운 내용을 다양한 방법으로 기억하기 시작한다. 기록하는 것은 사람들을 참여시키고 집중하게 하지만, 그렇다고 너무 많이 쓰게 해서는 안 된다. 강사의 슬라이드에 너무 많은 내용이 있어서 그것을 모두 받아 적느라 정신이 없었던 경험이 누구나 있을 것이다. 슬라이드가 치워지기 전에 모든 걸 받아 적어야 했기 때문에 결과적으로 그 슬라이드에 대한 내용은 하나도 듣지 못했을 것이다. 이러한 이유로 우리가 만든 오프라인 또는 온라인 교육 프로그램에서는 핵심 단어만 빠져 있고 옆에 빈 공간을 많이 둔 자료를 사용한다. 이것은 완성된 배포물이나 아예 아무것도 주지 않는 것보다 훨씬 좋은 방법이다. 우리는 가능한 한 모든 것을 사용하여 상호 의사소통을 하게 하는데 참가자와 자료 사이도 마찬가지이다.

이렇게 미완성 자료를 사용하면서 자이가르닉 효과(Zeigarnik Effect)도 함께 사용해 보자. 이 '미완성의 원칙(Principles of Incompletion)'은 미완성된 것을 완성시키려는 심리를 기초로 하고 있는데, 즉 비어 있는 것에 대해서 채우려는 욕구로 연결된다.

이 방법은 교육이 진행되는 동안 참가자들이 앉은 채로 화면만 바라보는 것에서 탈피하여 작업을 하도록 도와주고, 교육이 끝난 후에도 실무에 활용할 수 있는 자료를 만들게 해 준다.

2. 다양한 강의 방법을 사용하라

11장에서 창의적 교수법을 통해 교육 프로그램을 바꾸는 37가지의 방법을 다루었다. 배부하는 자료를 참가자들이 그냥 읽게만 하는 목적으로 사용하지 말라.

이미 강의장 교육에서 검증된 방법인 사례 연구, 토의, 시청각 자료 등을 더 많이 이용하여 기억에 오래 남을 수 있는 학습 방법으로 변경하여 활용하라.

3. 사회적 요소를 추가하라

동기적 방식이든 비동기적 방식이든 온라인 교육에 참가할 때에 사회적 요소를 추가하는 것은 매우 바람직하다. 그 이유는 무엇일까? 설문 조사 결과 75%의 사람들이 혼자 학습하기보다는 단체로 학습하기를 원한다는 결과가 나왔는데, 서로가 함께 한다는 생각이 사람들의 학습 능력을 향상시킬 수 있다.

온라인 교육 내에 채팅, 게시판, 이메일 그룹 같은 사회적 요소를 추가해 놓으면 같은 내용을 배우고 있는 사람들끼리, 또는 과정 밖에 있는 사람들과도 서로 의사소통을 할 수 있게 해 준다.

4. 강사를 만날 수 있게 하라

대부분의 동기적 교육 과정에서 강사는 온라인 상태로 참가자들과 만난다. 하지만 강사와 별도로 만날 수 있다는 것은 동기적 또는 비동기적 학습을 막론하고 참가자들에게 강사와의 친근감을 높여 준다. 이메일은 물론이고 강사 또는 내용 전문가가 참가자들과 시간을 정해서 채팅방에서 만나는 경우에는 참가자들의 만족도와 성공 가능성을 높여 준다.

계속 자동 응답기의 내용만 틀어 대는 회사에 전화를 해 보았는가? 최신의 자동 응답기의 내용과는 관계 없이 그 회사의 서비스를 이용하겠다는 생각은 금방 사라질 것이다. 직접 연락할 강사가 없는 온라인 교육도 마찬가지로 이 경우에 참가자들의 동기는 줄어들게 된다. 따라서 참가자들끼리 지정된 시간에 채팅을 하거나, 같은 교육 과정을 받고 있는 사람들끼리 서로 의사소통을 하는 것처럼 강사와도 실시간으로 연결되거나, 이메일을 통해서 주기적으로 대화할 수 있어야 한다.

5. 내용의 우선순위를 정하라

이것에 대해서는 프로그램을 강사 중심에서 참가자 중심으로 변화시키기는 방법을 다루는 부분에서 설명했는데 이 내용은 두 가지 형태의 온라인 교육에도 적용된다. 누구에게나 모든 것을 가르치는 것은 불가능하다. '알아야 할 정보', '알면 좋은 정보', '참고 자료'로 구분해서 참가자들이 주제에 대해 친숙함을 느끼게 해야 한다. 그러면 참가자들이 내용의 중요도를 파악할 수 있게 되어 안정감을 느낄 것이다.

6. 내용을 조각화하라

모든 내용을 20분 분량, 혹은 그 이하의 단원으로 만들어라. 이것은 동기적 방식의 학습자가 다른 온라인 참가자들과 함께 내용을 충분히 이해하고 넘어갈 수 있도록 한다. 그리고 비동기적 방식의 학습자에게는 아직 할 것이 남아 있다는 느낌을 갖지 않고 편안하게 휴식을 취하게 해 준다. 비동기적 학습자에게는 내용을 20분 단위로 잘라서 내용의 이해를 도울 수 있도록 질문에 답하게 하거나 문제 해결을 요하는 과제들을 줄 수도 있다.

7. 오프닝(Opening), 마무리(Closing), 활력 요소(Energizing), 검토(Review) 기법을 활용하라

이러한 기법들이 기존의 오프라인 학습을 향상시켜 왔고, 온라인 과정에서도 그 역할이 더욱 중요해졌다. 우리는 기술이 발전함에 따라 학습 방법에 적용시킬 수 있는 보다 새롭고 더 나은 방법들을 지속적으로 찾아 왔다. 곧 진부하게 느껴질 방법을 제공하기보다는 동기적·비동기적 방식에 모두 사용될 수 있는 방안들을 제공하는 웹사이트를 추천한다.

www.BobPikeGroup.com/3rdEdition을 방문해서 이 주제와 관련된 예제들과 추가적인 자료들을 찾아보기 바란다.

다음은 동기적 수업 방식에 적용 가능한 추가적인 세 가지 전략이다.

1. 예비 과정활동을 하라

모든 참가자들이 온라인이 되기를 기다리는 동안 음악을 틀어 놓거나 퍼즐, 문장 완성하기, 상식 퀴즈 같은 활동들을 하면서 단순한 채팅만을 하지 않도록 한다. 교육이 시작되기까지 얼마나 남았는지를 알려 주는 타이머를 보여 주라. 이것은 파워포인트에서 수동으로 슬라이드를 진행시키는 방법으로 쉽게 할 수 있다.

2. 5~7명의 그룹으로 나누어 토의를 하라

동기적 수업 중에 소프트웨어 전문가의 도움을 받아 참가자들을 몇 개의 그룹으로 나누어 외향적인 사람과 내성적인 사람 모두가 참여할 수 있는 대화의 장을 만들어라. 그러지 않으면 외향적인 사람만이 토의를 주도하게 되고, 내성적인 사람은 소극적으로 조용히 있게 된다. 토의가 시작되기 이전에 발표자를 임명해서 그룹별 토의 내용을 발표할 수 있게 하고, 발표자를 교대로 정하여 참가자 모두가 리더십을 가질 기회를 갖도록 하자.

3. 강의에 듣기 과제를 사용하라

강의를 할 때에는 반드시 듣기 과제(강의가 끝난 후에 참가자들이 반드시 답할 수 있어야 하는 문항들)를 주어라. 각 그룹마다 서로 다른 듣기 과제 문항들을 부여하고, 나중에 그룹별로 서로 비교하게 하면 교육이 더 활기 있게 된다.

다음은 비동기적 수업 방식에 적용 가능한 추가적인 세 가지 전략이다.

1. 제출 상자(Submit Box)를 자주 사용하라

교육 과정에서 참가자의 진행상황을 관찰하기 위해서 참가자의 답변을 강사에게 직접 제출하는 단락들을 중간중간에 끼워 넣어라. 이것은 참가자들이 과정에 집중하게 하고, 주제의 중요한 내용들을 건너뛰지 않도록 해 준다.

2. 개인 프로젝트를 장려하라

과정 후 시험과는 별도로 한 개인의 숙달도를 확인시켜 줄 수 있는 개인 프로젝트를 장려하라.

Web-Based Instructional Design

비동기적 학습 평면도(An Asynchronous Floor Plan)

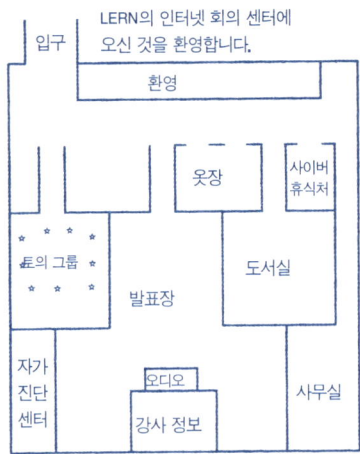

환영(Welcome) - 온라인 과정에 대한 표어와 참가 방법들을 표시한다.
발표장(Presentation Hall) - 강사가 하루에 여러 번 내용을 전달하고 질문에 답변하는 비동기적 채팅 공간(게시판)이다. 참가자들도 강사에게 하고 싶은 말들을 남길 수 있다.
토의 그룹(Discussion Group) - 참가자들이 다른 참가자들과 함께 과제 또는 강사가 제시한 질문에 대해 서로 토의할 수 있는 비동기적 채팅 공간(게시판)이다.
오디오(Audio) - 참가자들은 강사가 만든 강의 내용 음성 파일을 다운로드 할 수 있다.
독서실(Reading Room) - 참가자들은 강사가 올려놓은 관련 글들을 다운로드 할 수 있다.
자가 진단 센터(Self Quiz Center) - 참가자들은 자신의 과정 진행 사항을 퀴즈를 통해 진단할 수 있다.
실시간 채팅방(Live Chat Room) - 강사와 특정 시간에 실시간 채팅을 하는 곳이다.
옷장(Coat Closet) - 현재 온라인에 참가하고 있는 다른 참가자들에 대한 목록을 보여준다.
사이버 휴식처(Cyber snack) - 휴식을 위해 주 단위로 만화를 올려놓는 곳이다.

32

Used by Permission.

3. 교육 과정을 설계할 때 평면도 모델(Floor Plan Model)을 활용하라

앞의 그림은 웹사이트 www.lern.or 에서 발췌한 예제로서 이것을 기초로 당신만의 과정을 만들 수 있다.

모든 사람들이 교육 기관이나 학교 생활 경험이 있기 때문에 비동기적 학습 방법을 사용하는 회사들에게는 이와 같은 접근법을 추천한다. 평면도를 사용하는 것은 참가자들이 실제로 그곳에서 움직이는 것 같은 느낌을 준다. 참가자들은 교육 과정 중간에 자주 도서실에 가서 관련 글들을 읽거나 강의실에 가서 강의 내용을 듣거나 보게 되고, 자가 진단 센터에서 자신의 경쟁력을 확인할 것이다.

이 장에서 다루었던 다양한 개념들이 실제로 어떻게 적용되었는지를 확인하고 싶다면 우리가 만든 온라인 과정에 참가하기 바란다. 그리고 최신 정보를 얻고자 한다면 우리 웹사이트(www.BobPikeGroup.com)를 방문해 보라.

15 Classroom Management Techniques
참가자 관리 기법

참가자 중심의 교수법으로 학습을 관리하기

　창의적 교수법이 다른 강의 방법과 구분되는 점은 무엇일까? 가장 큰 차이는 그룹 역동성을 강조한다는 점이다. 우리의 연구 조사에 의하면 75% 이상의 학습자들은 혼자서 학습하기보다는 단체로 학습하는 것을 선호하는 것으로 나타났다.

　학습은 사회적 경험이다. 그러나 우리는 참가자들이 강사 쪽을 향해 줄지어 앉아 있는 모습을 자주 보아 왔는데, 이런 경우에 개인은 그룹의 일원이라는 느낌이 들지 않아서 결국 군중 속에서 외로움을 느끼게 되는 것이다.

　위의 논리를 확인해 보고 싶다면 강의실에 늦게 도착해 보라. 그때 강의 참가자들이 조용히 당신을 기다리고 있었을까? 아마 아닐 것이다. 십중팔구 그들은 서로 이야기하고 있었을 것이다. 우리가 사회적인 동물이듯이 참가자들도 마찬가지이다. 창의적 교수법은 이러한 사실과 대치되는 것이 아니라 오히려 그것을 바탕으로 이루어진다.

　강사들은 보통 창의적 교수법의 참가자 중심의 과정을 사용하는

데에 두 가지의 반대 의견을 내놓는다.

1. 사람들을 참여시키는 데 너무 많은 시간이 소요되기 때문에 내용을 다루는 시간이 줄어든다. 따라서 강의가 더 효율적이다.
2. 참가자들이 서로 이야기 할 수 있게 하면 강사는 그들을 통제하기가 어려워진다.

4장의 시각 교재 부분에서 보았듯이 창의적 교수법의 참가자 중심 과정을 사용하면 참가자들이 내용을 습득하는 데 드는 시간을 줄일 수 있다. 첫 번째 반대 의견은 내용을 모두 다루는 것이 교육의 목표라는 가정을 내포하고 있다.

만일 내용을 가르치는 것이 목표가 된다면 대부분의 강사들은 '알아야 할 정보'에 초점을 맞추고, 참가자들이 그것들을 이해하는 데 충분한 시간을 제공해야 한다. 이것은 다루는 내용을 줄여 적은 내용을 집중적으로 가르치는 것을 말한다. 장기적으로 보면 참가자들이 처음에 이해를 하지 못해서 계속 반복 교육을 받을 필요가 없어지는 것이다.

두 번째 반대 의견에 대해서는 강사는 결코 통제력을 잃지 않는다고 할 수 있다. 오히려 통제에 관한 책임이 강사로부터 그룹의 조장에게로 넘겨지는 것이다. 혼란이 지배하기보다는 학습이 지배하게 된다.

강의시간에 참가자들이 조용히 앉아서 강사를 바라보고 있다고 해서 강사가 통제하고 있다고 믿는 것은 환상일 뿐이다. 그들 마음은 남국의 어느 라운지에 앉아 있을 수도 있지만 강사는 그것을 절대 알 수 없다.

참가자 관리 기법의 장점

창의적 교수법의 하나인 참가자 관리 기법을 사용하면 당신은 다음과 같은 장점을 얻을 수 있다.

- 모든 참가자의 참여를 극대화시킨다.
- 참가자들의 비협조적인 태도를 줄인다.
- 활달한 참가자의 의견을 많이 듣게 되지만, 그렇다고 소심한 참가자들이 배제되지는 않는다.
- 각 참가자들에게 리더십을 발휘할 기회가 부여되기 때문에 그들의 자신감이 증대된다.
- 학습 과정에 직접 참가함으로써 기술이나 지식을 더 잘 기억할 수 있다.
- 그룹 활동을 통해서 각 참가자들에게 핵심 내용을 탐구하고 이해할 수 있는 시간을 더 많이 줄 수 있다.
- 통제의 책임을 그룹으로서의 참가자들에게 넘기기 때문에 강사는 참가자들의 기술과 지식의 습득 여부에만 초점을 맞출 수 있다.

참가자 관리의 일곱 가지 핵심 요소

1. 참가자들을 5~7명의 그룹으로 나누어라

그룹이 이보다 작을 경우 한 사람이 토의를 주도해 버릴 수 있고, 이보다 클 경우에는 소심한 사람이 말할 기회가 줄어든다.

각 조원들이 서로를 볼 수 있도록 자리를 배치하는데 원형 테이블을 사용한다면 2/3 정도만 앉게 하고, 강의장 앞쪽의 1/3은 비워

놓아라. 원형 테이블이 없다면 두 테이블을 붙여서 양 방향에 두 명을 앉게 하고, 나머지 두 방향에 한 명씩 또는 한 방향에 두 명을 앉게 하라. 아무도 강사와 등을 돌린 방향으로 앉게 하지 말라. 고정된 의자가 있는 커다란 강의실인 경우에는 주위의 5~6명이 한 그룹이 되도록 의자를 돌려 서로 둥글게 앉게 해라.

언젠가 강의장에 커다란 테이블 한 개만 놓여 있는 경우가 있었다. 그때 최상의 해결책은 아니었지만 테이블 위에 선 테이프를 가로로 붙인 다음에 서로 마주 보고 있는 사람들끼리 같은 그룹이 되게 하였고, 테이블 맨 끝 쪽 나머지 네 명을 또 다른 한 그룹으로 만들었다.

2. 각 그룹의 조장을 선출하도록 한다

조장은 계속하는 것이 아니고 임시직이다. 조장 역할을 돌아가면서 하게 해야 한 사람이 그룹 전체를 휘두르지 않게 된다.

3. 조장을 선출할 때 다양한 방법을 사용하라

셋을 셀 때 손가락으로 조장이 되었으면 하는 사람을 지목하게 할 수도 있다. 또는 이전 조장이 다음 조장을 선출하게 할 수도 있고, 가족 수, 애완 동물의 수, 이사 다닌 횟수 등을 가지고 선출할 수도 있다. 이러한 방법들은 웃음을 자아내서 엔돌핀이라 불리는 유익한 화학 물질을 뇌로 전달하게 하는데, 그러면 학습에 도움이 되는 활기찬 분위기로 바뀌게 된다.

이러한 선출법이 별 의미없이 보여도 이 방법은 내성적인 참가자들의 참여를 유도하면서 외향적인 참가자를 통제할 수 있다. 예를 들어 "자기 성에 획수가 가장 많은 사람이 조장이 됩니다"라고 말하면 아마 '이'씨 성을 가진 사람은 조장이 될 수 없을 것이다. 또는 "몸에 가장 빨간색이 많은 사람이 조장이 됩니다"라고 말하면, 빨간색 스웨터를 입은 내성적인 사람이 조장이 되어 그룹을 이끌게 할 수 있기 때문에 강사가 깊이 관여하지 않으면서도 통제를 할 수 있는 것이다. 이러한 참가자 관리 기법이 강의실에서 한정되어 사용될 경우에는 조장들만이 전체 그룹을 대상으로 이야기할 기회를 갖게 된다. 따라서 부정적인 태도를 가진 참가자가 강의 분위기를 망치지 않게 하려면 그 부정적인 태도를 가진 사람이 결코 조장이 되지 않도록 조절한다.

4. 조장이 설명 또는 문제들을 크게 읽게 한다

이 방법은 읽기 능력이 부족한 사람도 활동에 대한 내용을 이해하도록 도와준다. 어떤 경우에는 조장만이 활동 내용을 알게 할 수도 있지만 대부분의 활동에서는 각자가 모두 인쇄물 또는 개인 노트 등을 가지고 있다. 조원들은 읽기와 듣기를 통해서 이해력이 증가될 수 있다. 또 다른 방법으로는 활동 내용을 슬라이드나 트랜스페어런시로 만들 수도 있다.

5. 조장이 자신의 그룹 토의 내용을 전체에게 요약 발표한다

이 방법은 그룹의 생각들이 발표될 때에 그 의견을 낸 조원의 익명성이 보장되므로 내성적인 사람도 안심하게 된다. 이러한 익명성의 보장은 교육 환경을 편안하게 만드는 핵심 사항이다. 만일 강사가 어느 참가자를 토의에 참가시키기 위해 그 사람의 이름을 부른다면 그 사람은 심리적으로 위축된다. 이런 교육 분위기에서는 감정적으로 불안해지고 의사소통면에서 어려움을 겪게 된다.

무작위로 선택된 서기가 해당 그룹의 내용을 발표한다면 서기는 자신의 결론을 발표하는 것이 아니라 자신 그룹 전체의 결론을 발표하는 것이 된다. 따라서 그룹의 어떤 조원이 그 의견을 제시했는지를 강사는 알 수 없기 때문에 이러한 익명성이 정직한 의사소통을 가능하게 하고 안심을 준다.

6. 수시로 그룹을 재편성하라

하루 일정의 프로그램의 경우에는 오전에 한 번, 그리고 오후에 한 번 정도 바꾸면 충분할 것이다. 더 긴 일정의 프로그램일 경우에는 과제물 등을 함께 하는 소속 그룹(home group)을 두고, 때때로 몇 시간 동안의 특정 활동들은 다른 그룹에 참가시키는 방법도 있다.

무작위로 그룹을 편성하는 방법으로는 번호를 부여하는 방법이 가장 먼저 떠오를 것이다. 또는 모두 테이블에 있는 여러 펜 중에 한 가지 색의 펜을 선택하도록 한 후에 각 테이블을 '파란색 테이블', '초록색 테이블', '노란색 테이블'로 지정해 줄 수도 있고, 참가자들이 트럼프 카드를 선택하게 하고, '클로버 테이블', '하트 테이블', '스페이드 테이블'을 지정할 수도 있다.

무작위성을 통한 그룹의 이동은 순수한 운이기 때문에 참가자들의 불평을 막을 수 있다.

그리고 카드를 뽑든, 번호를 정하든, 펜을 집든 당신이 테이블을 마음대로 정할 수 있다는 점을 기억하라. 즉 비협조적인 참가자를 강의실 앞쪽으로 데려오고 싶다면, 그 참가자가 어떤 색을 선택했는지 흘끗 보고 그 색을 앞쪽 테이블의 색으로 지정하여 당신은 한 참가자를 원하는 대로 이동시킬 수 있다. 이러한 기법들이 사소해 보일지 몰라도 참가자들을 관리하는 당신의 능력에 아주 중요한 것임을 알기 바란다.

7. 질문을 하거나 답변을 할 경우 그룹을 이용하라

전체 그룹에 대해 "다른 질문 없습니까?" 같은 진부한 표현을 하지 않도록 하자. 이렇게 말하면 보통은 외향적인 사람들만이 질문을 하게 되는데, 아마 그들은 이전에도 질문을 했을 것이다. 이것은 내성적인 사람들은 질문이 없다는 뜻일까? 물론 아니다. 이것은 그저 참가자들이 편안하게 질문할 수 있는 방식을 쓰지 않았다는 것만을 의미한다. 다음과 같이 해 보자.

"각 그룹별로 다음 문제에 대해 토의해 봅시다. 90초의 시간을 드립니다. 시작!" 90초가 지난 후에 각 조장에게 그 그룹의 토의 내용을 물어본다. 질문의 경우에는 각 그룹이 2분 동안 묻고 싶은 질문 두 개를 생각해 내도록 한다. 2분이 지나면 또 시간을 제한해서(예를 들어 10~15분 동안) 답을 찾게 한다. 이때 한 참가자가 시간을 재고 5분 간격으로 남은 시간을 알려 줄 수도 있고, 화면에 타이머를 나타낼 수도 있을 것이다.

제한 시간이 다 지나면 조장 가운데 지원자를 받아 그 조장이 첫 번째 질문을 하게 하고, 강사는 그것에 대해 답변을 한다. 그러고는 그 조장에게 다음 질문을 할 다른 조장을 선택하게 하는 방식으로 계속하면 대단히 빠른 질문과 답변 시간이 될 것이다. 그 결과 참가자들은 자신들이 가졌던 많은 질문에 답을 얻게 될 것이며 당신은 시간을 통제할 수 있게 된다.

최근에 나는 내 생애 처음으로 참가자들의 반란을 경험하였다. 점심시간이 끝나고 돌아왔을 때에 참가자들이 강의실 배치를 바꾸어 놓은 것이었다. 당신이 이 장에서 읽은 것처럼 나는 분명히 한 테이블에 5~7명씩 앉도록 구성했었지만 참가자들은 테이블들을 모두 붙여서 커다란 'ㄷ'자 모양으로 만든 후 그 바깥쪽에 앉아 있었다. 그때 내가 어떻게 했을까? 나는 크게 신경 쓰지 않기로 하고 내가 해야 할 일을 계속 하기로 마음먹었다. 그래서 그룹을 다시 3~4명으로 만들고 의자를 테이블 뒤쪽으로 밀고, 그룹 단위로 토의를 한 후에 각자의 내용을 발표하기로 했다.

첫 번째 그룹의 토의 시간 동안 갑자기 한 여성 참가자가 큰 목소리로 자기 이야기를 하기 시작했을 때 다른 조원들은 조별 활동을 멈추고 그녀의 이야기에 집중했다. 나중에 그녀가 책상을 옮기도록 선동한 장본인임을 알았다. 그녀는 참가자들이 그룹별로 분리되어 있으면 전체를 통제하기 어렵다는 것을 알았기 때문에 책상을 옮겼을 것이다. 반대로 'ㄷ'자 형태의 배치는 그녀가 원하는 때 언제나 참가자의 시선을 집중시키기 용이했을 것이다.

강사인 나로서는 당연히 원치 않는 일이었다. 그래서 그 다음 토의 시간에 각 그룹마다 두 명씩 의자와 필기 도구를 가지고 'ㄷ'자 안쪽으로 와서 그룹별 토의를 하게 했고, 토의가 끝난 후에도 참가자들을 그대로 놔 두었다.

마지막 단계로 다음 활동은 자신의 그룹에서 하는 내용을 다른 그룹이 봐서는 안 된다고 말하고, 그룹별로 간격을 두면서 강의실 앞쪽을 바라볼 수 있도록 배치해 달라고 했다. 그 결과 테이블 배치는 처음 시작했을 때와 비슷해졌다.

여기서 강조하고 싶은 사항은 내가 각 단계마다 요구 사항을 참가자들에게 설명했고, 참가자들도 부탁한 내용을 이해하였다는 것이다. 이렇게 함으로써 그 여성이 자신의 말을 하기 위해 다시 테이블 배치를 바꾸지 못하도록 만들어 버렸다. 그날 이후 이 장에 나와 있는 참가자 관리 원칙들은 내가 경험했던 다른 어떤 것보다도 더 효과적이라는 것을 알게 되었다. 당신도 한번 사용해 보기 바란다.

보너스

그룹별 토의를 할 때에는 조용한 배경음악을 들려주어라. 음악은 서로 다른 그룹의 이야기를 들을 수 없도록 해 주어서 모든 사람들이 편안하게 대화할 수 있게 만든다. 가사가 없는 음악이나 익숙한 멜로디를 사용해서 참가자들의 생각을 방해하지 않도록 한다. 개별적인 작업을 할 때는 음악에 방해받는 사람들이 많이 있기 때문에 음악을 틀지 않도록 한다.

대부분의 사람들이 배우고 싶어하고, 협동하고 싶어하고, 참여하기 원하지만 때때로 그 방법을 알지 못한다. 이러한 참가자 관리 기법들은 그러한 사람들에게 길잡이 역할을 해 주는 동시에 다른 사람에게서 받는 방해 요소들을 최소화할 것이다.

16 마무리

Closing The Circle

총정리와 추가 아이디어

이 장에서는 모든 교육 전문가들이 활용할 수 있는 몇 가지 실용적인 힌트와 가이드를 설명한다. 그것은 또한 이 책에서 이제까지 다루었던 모든 내용을 복습하는 효과도 가져올 것이다.

우선 학습의 일곱 가지 법칙부터 살펴보기로 하자.

학습의 일곱 가지 법칙

1. 가르치는 사람의 법칙

가르치는 사람은 당연히 가르치는 내용을 알고 있어야 한다. 당신이 모르는 내용을 가르칠 수는 없다. 또한 준비된 교재를 가지고 준비된 자세로 가르쳐야 한다. 어떤 주제이건 가장 효과적인 강사는 자기가 가르치는 것에 대해 경험이 있는 사람이다.

지식에는 지적인 지식과 경험적인 지식 두 가지 종류가 있다. 사람들은 단지 주제에 대한 지식만 아는 사람에게서 배우기를 원하는 게 아니라. 그 분야에 대해 살아 있는 경험을 한 사람에게서 배우고 싶어한다. 다시 말하면 단지 머리로만 아는 사람이 아니라 가슴으로 아는 사람에게서 배우고 싶어하는 것이다.

참가자들과 나누게 될 경험을 위해 당신은 어떤 대가를 치렀는가? 이것이 사람들 앞에 자신 있게 서서 하고자 하는 이야기를 할 수 있는 유일한 방법이다. 그리고 이것이 어떤 학습 환경에서든 당신이 배울 수 있는 유일한 방법이고, 당신의 그룹과 의사소통할 때 말할 소재가 떨어져서 곤욕을 치르지 않을 유일한 방법이다. 영국의 철학자 루이스가 한 말을 기억하라. "경험으로 이야기하는 사람은 절대 논쟁에서 지지 않는다." 단지 머리만 아니라 실제적인 경험으로부터 나온 지식과 가슴으로 아는 지식을 가지고 강의실에 들어갈 때 당신은 넘치는 힘을 가질 수 있다.

2. 배우는 사람의 법칙

배우는 사람은 흥미를 가지고 참석해야 한다. 만약 당신이 가르치는 것에 대해 흥미와 열정이 있다면 당신은 동기부여가 되는 환경을 조성할 수 있을 것이다. 학습자들이 "이 프로그램이 내게 어떤 도움이 되는가?"라고 질문할 때 대답할 수 있어야 한다. 학습자는 자기 자신을 위한 이익을 얻고자 하는데 어떻게 그것을 얻어낼 수 있을까? 그것들을 어떻게 적용하고 활용할 것인가?

"말을 물가로 몰고 갈 수는 있지만 물을 마시게 할 수는 없다"라는 말이 사실인 것처럼, 참가자들이 갈증을 느끼게 할 수 있다는 것도 사실이다. 교육 프로그램이 자기 자신에게 얼마나 이익이 되는지를 알게 된다면 그들은 흥미를 가지고 집중할 것이다. 그리고 짧은 시간 동안 당신과 내가 기대하는 것보다 더 많이 배워갈 것이다. 신념의 힘과 욕구의 힘을 과소평가하지 말라. 사람들이 자기 자신을 믿고 자신이 세운 목표를 믿을 때 우리가 상상한 것보다 더 많은 것을 이루어 낼 수 있다.

3. 언어의 법칙

학습자가 이해하기 쉬운 언어를 사용하라. 아무도 전문가가 아니기 때문에 우리는 기초부터 시작하여 학습자를 존중해야 한다. 그들이 서 있는 자리에서 시작하여 그들이 필요로 하는 자리로 데려다 주어라. 알고 있는 것에서 시작하여 모르는 것으로 가라. 만약 학습자들에게 익숙하지 않은 용어나 새로운 용어를 써야 할 때는 그것들을 즉시 설명해야 한다. 언어는 뛰어넘을 수 있는 작은 돌이 되어야지 걸려 넘어지는 장애물이 되어서는 안 된다.

4. 학습의 법칙

가르칠 때는 이미 알려진 사실이나 내용을 통해 학습할 수 있도록 해야 한다. 학습자들이 있는 곳에서부터 출발하고 그들이 이미 알고 있는 것부터 시작하라.

나는 성격 심리학의 새로운 이론을 다루는 세미나에 참석한 적이 있다. 나는 상담과 심리학에 학문적 배경을 가지고 있었기 때문에 강사가 무슨 이야기를 할지 정말 흥미가 있었다. 강사는 이렇게 프레젠테이션을 시작하였다. "내가 이야기하는 것을 이해하기 위해서는 이미 성격에 대해 알고 있는 모든 것, 즉 프로이트, 융, 아들러, 매슬로우, 맥그리거, 로저스 등에 대해 배운 것을 기꺼이 잊어버려야 합니다. 왜냐하면 그들이 내린 성격의 정의를 생각하고 있으면 이것을 이해하는 데 어려움이 있기 때문이지요. 이 개념들을 처음 접했을 때 나 자신도 이해하지 못했는데 10개월 동안의 노력 끝에야 개념들이 어떻게 작용하는지 알게 되었어요."

이미 알고 있는 것을 생각하지 않는 것이 얼마나 어려운지 아는가? 90분간의 프레젠테이션이 끝나고 그 그룹 전체가 가진 공통적인 생각은 우리가 알고 있는 것을 잊어버리고 옛날 것과 일치되지 않는 새로운 개념을 배운다는 것이 거의 불가능하다는 사실이었다. 더군다나 프레젠테이션의 초반에 200명이 넘는 사람 중에서 40명 정도가 자리를 뜨고 난 다음이라 우리들도 끝까지 남아 있기가 힘들었다.

아마 강사는 이렇게 이야기했어야 할 것이다. "성격 심리학과 성격의 여러 개념과 모델들을 조사해 보았더니, 그 중 많은 부분은 아주 유용하지만 어떤 부분에는 문제가 있었어요. 예를 들어……." 그리고 성격에 대한 이론들을 간단히 검토한다. 예를 들어 "프로이트는 성격에 대해 이렇게 이야기했지요. 그리고 융은……." 몇몇 이론가들을 이렇게 이야기한 후에 "이런 이유들 때문에 저는 오늘 소개하려는 새로운 개념에 관심이 생긴 것이지요. 아주 다른 개념인 것처럼 보이겠지만, 아마 여러분은 제가 제기한 질문들에 이 개념이 어떻게 답이 될 수 있는지 보시게 될 것입니다." 이러한 접근은 우리의 사전 지식으로부터 얻을 수 있는 장점도 취하면서 동시에 숨어 있는 문제를 알게 해 줄 것이고, 새로운 지식을 받아들일 수 있는 준비를 시켜 줄 것이다.

5. 교육 과정의 법칙

학습자들 스스로 동기부여가 되도록 당신은 열정적으로 그것을 지도해야 한다. 사람들은 스스로 무엇을 발견했을 때 제일 효과적으로 배울 수 있다. 나는 사람들이 배우는 데 세 가지 방법이 있다고 생각하는데 그 중 처음 두 가지는 효과가 없어서 사용하지 않는다.

- 사람들에게 사실을 이야기하라. 예를 들어 그룹 앞에 서서 이렇게 말한다. "여러분이 알아야 할 첫 번째 사실은, 여러분 모두 형편없는 참가자들이라는 점입니다. 자, 이제 효과적으로 경청할 수 있는 몇 가지 힌트를 드리지요." 이 경우 당신의 참가자들이 "와, 내 문제를 지적해 주어서 정말 고마운걸. 어떻게 고칠 수가 있지?"라고 생각한다면 다행이다. 하지만 그들은 아마 이렇게 생각할 것이다. "나는 형편없는 참가자가 아니야. 당신이야말로 형

편없는 강사인걸. 재미있는 것을 이야기하면 내가 들어 주지. 그렇지 않으면 나도 안 듣겠어. 내가 듣지 않는 이유는 내 문제가 아니라 당신 때문이야."
- 통계 자료를 활용할 수 있다. 예를 들어 당신은 이렇게 이야기할 수 있다. "최근의 모든 행동 조사에 따르면 95%는 형편없는 참가자랍니다." 불행하게도 방에 있는 모든 사람들은 아마 이렇게 생각할 것이다. "맞아, 당신 말이 맞아. 어떻게 그들을 도울 수가 있지? 내 상사가 이것을 들어야 하는데. 내 아내(남편)가 들으면 좋을 텐데. 내 부서원들이 여기 있어야 하는데." 왜냐하면 우리는 '나는 아니다'라고 생각하는 경향이 있기 때문이다.
- 사람들 스스로 자신의 태도가 효과적인지 아닌지를 발견할 수 있는 상황을 만들어 준다. 그저 수동적으로 관찰만 하는 것보다 학습 과정에 스스로 적극적으로 참여할 때 제일 효과적으로 배울 수 있다(제5장). 예를 들어 나는 지난 수년간 여러 교육 과정에서 자료들을 말로 읽어 준 다음에 조금 전 한 내용이 무엇인가 테스트를 해 보았는데 참가자들은 대부분 낮은 점수를 받았다. 이것을 통해 그들은 더 훌륭한 경청자가 되기 위한 기술이 필요하다는 것을 실감한 것이다.

6. 학습 과정의 법칙

학습자는 배운 내용을 통해 스스로의 삶을 재창조해야 한다. 행동이 바뀌지 않는 한 학습은 일어나지 않는다. 이것은 단지 아는 것이 아니라 적용하는 것이기 때문이다. 강사와 학습자가 친밀하게 된다고 해서 학습이 자동적으로 일어나는 것은 아니다. 가능한 한 많은 감각을 동원하고, 당신이 할 수 있는 많은 접근법을 사용하여 학습자들로 하여금 그들이 배우기를 원하는 자료들을 갖고 활용하게 하라.

7. 복습과 적용의 법칙

학습자 모두가 내용을 습득했는지 확인하고 실제 생활에서 적용하도록 강조해야 한다. "이것을 실제 생활에서 어떻게 활용하겠어요?", "배운 것을 적용하면 무엇을 얻을 수 있나요?"라고 질문하라.

우리는 메헤라비안의 연구 결과를 통해 어떤 정보를 단기적 기억에서 장기적 기억으로 옮기려면 어느 정도 시간 간격을 두고 6번 이상 반복해야 한다는 사실을 알았다. 그러나 강사가 그것을 반복하기보다는 참가자들 자신이 직접 참여하면 할수록 기억 속에 더 강하게 남을 것이다.

학습에 대한 이러한 일곱 가지 법칙을 검토하고 적용하면 당신은 보다 효과적인 강사가 될 수 있을 것이다. 제1법칙은 "강사로서 당신은 가르치는 내용을 개인적으로 적용해 본 경험이 있는가?"이다. 제2법칙은 "프레젠테이션을 통해 '이 안에서 무엇이 내게 도움이 되는가?'라는 참가자의 질문에 당신은 일관되게 답을 하고 있는가?"이다.

제3법칙은 "참가자들이 이해할 수 있게 이야기하고 있는가? 혼자서 연습해 본 적이 있는가?"이다. 제4법칙은 "알고 있는 것에서 시작해서 모르는 것으로 가고 있는가? 그들이 현재 있는 곳에서 출발하고 있는가?"이고, 제5법칙은 "사람들을 참여시키고 있는가?"이다. 제6법칙은 "행동이 변하지 않는 한, 학습은 일어나지 않는다. 단지 당신이 할 수 있는 것을 보여 주는 단계를 넘어서 그들이 그렇게 할 수 있도록 해야 한다"이다. 제7법칙은 "실제 상황에 어떻게 적용되는지 사람들에게 알려 주고 있는가?"이다.

강사의 치명적인 22가지 실수

참가자들을 중간에 뛰쳐 나가게 하고 환불을 요구하게 하며, 항의 편지를 쓰거나 여러 가지 방법으로 당신의 프레젠테이션과 강연, 그리고 노력들을 깎아내리게 하는 잘못이 있다.

수년에 걸쳐서 나는 청중들에게 자신들이 참석한 프레젠테이션에서 주의를 산만하게 하는 치명적인 요인에 대해 물어보았는데 다음이 반복해서 나왔던 22개의 내용들이다. 이 책에는 이와 같은 치명적인 잘못된 요소들에 대한 해결책을 담고 있다. 그러나 그 문제들을 분석해보고 이것들이 우리의 프레젠테이션에 어떻게 영향을 미쳤는지를 알고 난 후에 이 책을 해결책으로 이용하는 것도 좋다.

우선 가장 많이 부각되는 문제점부터 찾아보고 그것을 해결해 보도록 하자.

1. 준비가 안 된 것처럼 보인다

실제로 준비가 안 되어 있다는 것이 아니라 그렇게 보인다는 것이다. 다음 트랜스페어런시를 제대로 챙겨 놓지 않아서 그것을 찾을 때까지 다음 내용이 무엇인지 몰라 허둥대는 행동은 준비성이 없어 보일 수 있다. 준비되지 않아 보이는 강사는 자격이 없는 것으로 보일 위험이 있다.

2. 늦게 시작하기

사람들이 다 모이지 않았더라도 정시에 시작하라. 그렇지 않으면 늦게 오는 사람에게는 상을 주고, 정시에 오는 사람들에게는 벌을 주는 것과 마찬가지다. 그러나 강사에게 정시는 시작 시간보다 일찍 도착하는 것을 말한다. 내가 가진 규칙은 한 시간 먼저 도착해서 준비 상태, 자료 등을 미리 확인하는 것이다.

내가 통제를 할 수 없는 상황인 경우, 준비할 것이 많은 경우에는 두 시간이나 세 시간 먼저 가기도 한다. 세미나 시작 30분 전에 도착하는 것은 방 배치가 잘되어 있는지, 필요한 자재는 제대로 설치되었는지를 확인하기에는 너무 늦다. 시작 15분 전은 참가자들과 상호 작용하는 시간이다.

3. 질문을 부적절하게 다루기

이것은 질문을 옆으로 미루거나 무례하게 "그것은 조금 있다가 설명할 거예요. 조금만 기다리세요"라고 말하는 것을 가리킨다. 혹은 "이 두 질문은 비슷한 것 같으니 합쳐서 대답을 하지요"라고 말하면서 두 개의 약간 다른 질문을 합쳐 한꺼번에 답하는 것이다. 혹은 사람들에게 그것은 곤란하거나 어리석은 질문이라든지, 질문할 필요가 없었다는 인상을 주는 것이다. 이 모든 행동은 질문을 부적절하게 다루는 예이다.

4. 당신 자신이나 조직에 대해 사과하기

만약 문제가 발생한다 해도 참가자들의 80%는 잘 알아차리지 못하므로 문제를 가지고 있는 사람들하고만 개별적으로 접촉을 하라.

나는 최근 약 600명이 모인 총회에 참석한 적이 있다. 총회의 의장이 앞으로 나와 시작 멘트를 하는데 "여러분 중 몇 분이 지난 밤에 바퀴벌레 때문에 고생을 하셨습니다. 그래서 여러분의 방을 다 소독하였고, 호텔 측에서 더 이상 아무 문제가 없을 거라고 하였습니다"라고 하였다.

나중에 그 문제 때문에 고생한 사람은 3명뿐이라는 이야기를 들었다. 하지만 의장의 발표를 들은 사람들은 바퀴벌레 때문에 고생한 사람들이 3명뿐이라고 생각했을까? 다른 사람들은 어땠는지 모르겠지만 나는 방으로 돌아가서 침대 밑과 화장실 등을 살펴보았고, 바퀴벌레가 침대 위로 기어 올라오지 않을까 하는 걱정에 아주 불쾌한 밤을 보냈다. 단 세 명에 국한되었던 문제가 적어도 300명에 대한 문제처럼 되어 버린 것이었다.

5. 꼭 알아야 할 정보에 둔감한 태도

이것은 임원회에서 프레젠테이션을 할 때 앞에 앉아 있는 주요 임원들의 이름을 모르는 것, 프레젠테이션을 하고 있는 조직의 이름을 모르는 것 등을 말한다. 누군가 이렇게 이야기하는 것을 들은 적이 있다. "이 프레젠테이션에 저를 초청해 주신 American Society for Training Directors에 진심으로 감사드립니다." 하지만 실제 명칭은 'American Society for Training and Development'였다. 그 조직에서 쓰는 명칭을 알아야 한다. 소비자라고 하는지 고객이라고 부르는지, 환자라고 부르는지를 알아야 하고, 회사가 직원을 조합원이라고 부르는지를 알아야 한다.

6. 시각 교재의 미숙한 사용

이것은 슬라이드 프로젝터 사용법을 모르거나 형편없이 만들어진 트랜스페어런시를 보여 주는 것을 말한다. 시각 교재가 참가자들에게 잘 보이는 것도 중요하지만, 그것을 통해 당신의 프레젠테이션이 더 흥미로워져야 한다.

7. 일정 계획을 어기는 것처럼 보이기

도입에서 오늘 하루의 프레젠테이션에서 열 가지 사실을 다루게 될 것이라고 이야기했다고 하자. 점심시간이 되어서 2개밖에는 하지 못해도 당신은 계획한 대로 하고 있다고 생각할지도 모른다. 왜냐하면 이 2개는 중요한 부분이고 나머지는 오후에 할 수 있기 때문이다. 하지만 당신이 일정에 대해 설명하지 않는 한 참가자들은 5개는 오전에 다루고, 5개는 오후에 다루어질 것이라고 예상할 것이다. 그들이 일정 계획보다 뒤처져 있다고 생각한다면 너무 많은 양이 오후에 다루어진다고 생각할 것이다.

일정 계획을 어기는 것처럼 보이지 않기 위해서는 어떻게 시간을 사용할 것인지, 어떤 방법으로 진행을 할 것인지를 미리 알려 주도록 하라.

8. 참가자들을 참여시키지 않는 것

학습 과정에 참가자들을 많이 참여시킬수록 더욱 효과적인 학습이 될 것이다. 당신의 프레젠테이션에 참석한 사람들이 경험과 전문성이 있을 경우 그들은 그것을 인정받고 싶어하고, 그것들을 활용하여 기여하고 싶어한다. 신임 관리자 교육 과정에서는 관리 경험이 한 번도 없는 참가자들을 만날 수도 있다. 그러나 그들은 관리를 받아 본 경험이 있기 때문에 좋고 나쁜 관리가 무엇인지 차이점을 알고 있을 것이다. 신입 영업 사원들은 영업 경험이 없어도 고객으로서의 경험이 있기 때문에 좋은 점과 나쁜 점을 알고 있을 것이다. 참가자들이 갖고 있는 경험과 전문성을 활용하라.

9. 개인적인 친밀감을 형성하지 않는 것

친밀감을 형성하는 방법은 간단하다. 프레젠테이션을 하는 동안 지속적으로 눈을 맞추는 것과 휴식시간, 점심시간, 시작 전과 끝나고 난 후 사람들과 어울리는 것이다. 프레젠테이션 15분 전에는 항상 도착해 있고, 끝나고 15분 후에도 그곳에 머무르며, 휴식시간의 최소한 반은 참가자들과 어울려라.

10. 늦게 끝내기

이것은 늦게 시작하는 것보다 더 나쁘다. 나는 일정 계획보다 늦게 끝나는 교육이나 프레젠테이션에 참가하여 즐거워하는 사람들을 본 적이 없다. 나는 한 시간짜리 프레젠테이션은 15분 전에 모든 것을 끝내려고 노력하고, 세 시간짜리는 30분 전에, 6시간짜리는 45분 전에 마치려고 한다. 이렇게 함으로써 주어진 시간 안에 끝낼 수도 있을 뿐 아니라 충분한 여유를 갖고 과정을 마무리할 수 있게 된다.

11. 무질서하게 보이기

당신이 제대로 소개를 못하거나, 프레젠테이션에서 다음 부분으로 넘어갈 때 논리적인 전환을 못하거나, 이제껏 이야기한 것을 제대로 요약하지 못하면 참가자들에게 무질서하게 보일 것이다. "당신이 말하려고 하는 것을 이야기하고, 그 다음에는 당신이 이야기한 것을 말하라"라는 말을 명심하라.

12. 처음 단계에서 긍정적인 이미지를 만들지 못하는 것

대부분의 프레젠테이션에서 참가자들은 집중하는 데 약간의 시간이 필요하다. 하지만 프레젠테이션을 하는 사람이 집중하는 데 시간이 필요하다면 이것은 곤란한 일이다. 생동감 있는 예를 소개하면서 시작하고, 질문을 던져서 사람들을 참여시켜라. 당신이 즉각적으로 주도권을 잡으면 당신이 누구인지, 어디에 있고 어디로 가고 있는지를 잘 알고 있는 사람이라는 인상을 줄 것이다. 그렇게 되면 과정이 진행되면서 그들은 점점 재미있고 열정적으로 임할 것이다.

사실은 당신이 말을 시작하기도 전에 당신과 당신의 프로그램에 대한 이미지는 형성된다. 프로그램을 홍보하는 자료들을 보면서, 등록할 때 받게 되는 교재를 통해 프로그램에 어떤 종류의 기자재와 자재들이 사용되는지를 보면서, 그리고 당신이 어떤 옷차림을 하고 있느냐에 따라 당신의 첫인상은 벌써 형성된다.

나는 참가자들이 기대하는 것보다 조금 더 격식을 차려서 옷을 입어야 한다고 생각한다. 너무 편한 옷차림으로 가는 것보다는 격식을 차린 옷차림에서 재킷을 벗고, 넥타이를 느슨하게 하고, 소매를 걷는 등으로 조금 더 가벼운 분위기를 낼 수 있다. 강사가 어떻게 옷을 입느냐에 따라 얼마나 참가자를 존중하는지 알 수 있다.

13. 약속한 목표를 이행하지 않는 것

모든 강의실에는 약속한 모든 것이 제대로 이행되고 있는지를 세밀하게 확인하는 사람이 늘 있게 마련이다. 언젠가 이틀 과정의 세미나를 진행하고 있었을 때 한 참가자가 프로그램 안내 책자를 들고 앉아 있는 것을 발견했다. 그 책자에는 "이 세미나에서는 다음과 같은 것들을 배울 수 있습니다……"라는 아주 긴 안내문이 적혀 있었다. 나는 그 사람이 가끔 무엇인가 옆에 표시를 하고 있다는 사실을 발견하고 휴식시간에 그 사람에게 무엇을 했는지 물어보았다. 그는 안내 책자에서 다루겠다고 약속한 내용들이 모두 다루어지고 있는지 확인하고 있다고 했다.

그는 최근에 어느 세미나에 참석했었는데 세미나 안내 책자에서 기록된 내용은 모두 다루어질 것이라고 기대했지만 실제 세미나에서는 그렇지 않았다고 한다. 그는 약속된 내용을 다 듣지 못했기 때문에 세미나에 대해 허위 안내를 했다고 말했는데, 나에게는 정신이 번쩍 드는 이야기였다. 다음날에도 나는 그에게 가서 안내 책자에 나온 내용들을 내가 모두 다루었는지를 물어보았다. 그는 웃으면서 대답하기를 이제 확인하지 않을 것이라고 했다. 그는 안내 책자에 담긴 내용 외에 더 많은 것들이 다루어질 것을 확신하였기 때문이라고 말했다.

피닉스 시에 있는 컨설턴트 조엘 웰던은 "약속을 많이 하되 실제 이행은 더 많이 하라"라고 제안하였는데 나도 동의한다. 우리는 우리가 약속한 것을 성실히 이행하여야 한다. 프로그램을 성공시키기 위해서는 더 가치 있는 자료와 기대 이상의 것들을 제공하라.

14. 충분한 휴식시간을 주지 않는 것

모든 참가자들이 우리처럼 주제에 매료되어 있지는 않다. 가장 흥미가 있는 참가자라도 오랜 시간 동안 집중하기는 어렵기 때문에 사람들로 하여금 몸을 풀고 움직일 수 있는 기회를 주어야 한다. 최소한 1시간마다 10분의 휴식시간을 주는 것을 고려해 보라. 정규 휴식 시간 이외에 주어지는 짧은 휴식시간을 통해 사람들은 몸을 풀고 조금 걸어다닐 수 있다.

내가 사용하는 다른 두 기법은 통제된 스트레칭 휴식과 작업 휴식이다. 예를 들면 스트레칭 휴식은 먼저 참가자들에게 3~4개의 질문들에 답하도록 한 후에 답을 모두 적은 사람은 그 자리에서 일어서게 한다. 모든 사람이 일어서게 되면 다시 모두를 자리에 앉게 하고 다음 주제로 넘어간다. 60초 동안 참가자들은 일어서서 스트레칭을 할 기회를 갖게 된 것이다.

때로는 참가자들에게 작은 그룹 프로젝트를 주는데 휴식시간을 포함해서 25분을 준다. 각 그룹은 프로젝트를 끝내고 휴식을 취할 것인지, 반만 해놓고 휴식을 취할 것인지, 아니면 휴식을 먼저 취하고 프로젝트를 할 것인지 선택할 수 있게 되는데 이는 자신들이 통제할 수 있는 것이다. 평균적으로 그들의 실제 휴식시간이 내가 당초에 계산했던 것보다 더 짧아지는 것을 보면 이 작업이 효과가 있음을 알 수 있다.

15. 나쁜 버릇을 보여 주기

당신 자신의 프레젠테이션을 자주 녹화해서 보면서 프레젠테이션을 방해하는 나쁜 버릇이 없는지 확인하라. 당신도 모르게 주머니에서 잔돈을 꺼내 손에 쥐고 흔들고 있다면 주머니에서 잔돈을 모두 치워라. 당신이 강단에 비스듬히 기대 서 있다면 강단을 치워 버려라. 주머니에 손을 너무 많이 넣고 있다면 손에 무엇을 쥐고 있어라. '음'이나 '어' 하는 의성어를 자주 사용하고 있다면 이러한 소리를 내지 않도록 연습하라.

이렇게 무의식적으로 하는 나쁜 습관이나 행동을 없애면 프레젠테이션의 효과를 한층 높일 수 있을 것이다.

16. 주변 환경을 확인하지 않기

방 배치, 기온, 조명, 음향, 기자재, 참가자와 당신 자신에게 필요한 모든 자료 등 프레젠테이션에 관련된 모든 요소를 계속 확인하고 또 확인하라. 주변 환경을 사전에 점검하라는 것이다. 문제점들을 해결하는 데 있어서 참가자들과 함께 신경을 쓰기보다는, 참가자들이 강의실에 나타나기 전에 문제를 해결하는 것이 더 낫다.

17. 최신 자료를 만들지 않는 것

우리는 참가자들이 원하는 최신 자료를 제공해야 한다. 전문가로서 자신의 프레젠테이션 방법과 내용에 스스로 만족해서는 안 된다. 당신의 자료와 시각 교재를 마지막으로 수정한 것은 언제인가?

당신 자료의 수준은 적당한 것인가? 우리는 최신의 소프트웨어를 활용하여 매우 전문적인 자료와 시각 자료들을 만들 수 있다. 이러한 자료를 갖지 못하는 것에 대해 변명은 있을 수 없다.

18. 실수를 인정하지 않는 것

강사라고 해서 완벽하고 실수하지 않으며 모든 질문에 답할 수 있는 것은 아니다. 질문에 대한 답을 모르거나 실수를 했다면 개인적으로 필요하다면 전체 그룹 앞에서 그 사실을 인정하라.

겉으로 보기에는 이것은 치명적 실수의 네 번째 항목(당신 자신이나 조직에 대해 사과하기)과 대립하는 개념으로 보일 수 있다. 하지만 네 번째 항목은 당신은 알고 있지만 청중들은 모를 수도 있는 내용들에 대한 것이다. 이것은 그룹이 알고 있는 실수뿐만 아니라 당신의 프레젠테이션을 통해 그룹이 받게 되는 불이익에 대한 책임도 당신이 져야 한다는 것을 의미한다.

이렇게 치명적인 잘못들의 예로는 그룹 앞에서 누군가를 비판하거나 비방하는 논평, 또는 "지금은 잘 모르겠지만 곧 알려드리겠습니다."라고 말하는 대신 답을 추측하여 답하는(대부분 틀릴 가능성이 많다) 것들이다.

19. 부적절한 유머를 사용하는 것
공격적이거나 참가자를 놀리는 유머는 부적절할 뿐 아니라 프레젠테이션 자체를 망치게 된다. 일반적으로 성, 정치, 종교 등과 관련된 유머는 피하는 것이 좋다.

20. 부적절한 용어를 사용하는 것
자기 분야에서 전국적인 명성을 얻고 있는 한 친구의 프레젠테이션에 참석한 적이 있었다. 그는 자기가 쓰게 될 용어는 단지 효과를 높이기 위한 것이라고 이야기하였으며, 그의 이전 프레젠테이션에서는 모두가 그 용어를 이해했기 때문에 아무도 기분이 상하지 않았다고 처음 10분 동안 설명을 하였다. 그러고는 그가 처음에 이야기했던 노골적인 용어를 사용하면서 프레젠테이션을 진행해 나갔다. 그때 내 옆 자리에 있는 사람이 이렇게 이야기하였다. "이제까지 아무도 기분이 나쁘지 않았는지는 모르지만 나는 기분이 나빠요."

전국적으로 유명한 컨설턴트가 만든 베스트 비디오 테이프가 있었다. 내 고객 중의 한 명은 비디오 테이프에 사용된 언어 중 특정 언어가 지워질 때까지 그 테이프를 구입하지 않았다. 그 용어들이 그 회사에서 일하는 직원들 몇 명에게는 기분 나쁠 수 있다고 생각했기 때문이다.

나는 가끔 위의 두 가지 예를 언어의 중요성을 강조하기 위해 사용한다. 성공적이 될 수 있는 프레젠테이션이 저속한 언어와 표현을 사용함으로써 오염되거나 실패할 수 있다.

21. 모든 것을 다 알고 있는 전문가처럼 행세하기

우리가 일하고 있는 분야에서 우리 대부분은 전문가이기 때문에 교육의 책임은 우리에게 있다. 하지만 전문가라면 모든 것을 다 알고 있는 척하여 참가자들의 기를 죽이지는 않는다. 다른 사람을 무시하지 않으면서도 우리는 우리의 전문성을 보여 줄 수 있다.

22. 서툰 문법, 발음, 억양

"당신 발음이 형편없어서 도저히 알아들을 수가 없어요"라고 참가자들이 말하지 않게 하라. 다시 한 번 비디오 카메라를 꺼내 들고 당신이 말하는 것을 녹화해서 들어라. 누구나 자신의 말하는 기술을 개선할 수 있다.

당신의 경험을 활용하기

프레젠테이션을 할 때 자유롭게 당신의 경험을 활용하라. 참가자들이 당신이 한 성공과 실수를 바로 알게 되면 당신과 개인적인 친밀감과 동질감을 갖게 될 것이다. 이런 미묘한 방법으로 강사로서 당신의 권위도 높아질 것이다. 당신이 어떻게 그것을 적용했고 그것이 당신에게 어떤 영향을 미쳤는지에 대해 개인적인 사례를 나누게 되면, 참가자들 또한 그렇게 할 수 있다는 것을 보여 주는 것이 된다. 당신이 사용하는 사례 가운데 시도해 본 것과 성공한 것들의 균형을 잡아야 하는데, 언제나 성공한 사례만 이야기하여 참가자들을 낙담시키지 말라. 당신이 완벽한 인간이 아닌 이상 당신도 실수할 수 있는 인간임을 보여 주고, 성공뿐 아니라 실수를 통해서도 배울 수 있었음을 보여 주어라.

결론

우리는 이제 카페테리아의 마지막 줄에 다 왔다. 나는 처음에 실용적이고 효과적이고 합리적인 아이디어를 제공할 것이라고 이야기하였다. 카페테리아는 줄을 따라 가면서 당신이 원하는 것을 취할 수 있게 해 준다. 나는 당신이 만족한 식사를 했기 바란다. 그리고 나와 많은 사람들이 잘 활용했던 이 몇 가지 아이디어를 당신도 적용하기 바란다. 만약 당신이 나누고 싶어하는 새로운 아이디어가 있다면 내게도 알려 주기 바란다. 우리 모두는 성장하고 개선할 여지가 있다.

이런 아이디어가 당신 주변에 지속적으로 좋은 영향을 끼치고 보다 더 효과가 있길 바란다.

이 책의 마지막 부분을 읽는 지금 이 순간이 당신과 당신이 진행하는 교육 프로그램에 참가하는 사람들에게는 더욱 새롭고 유익한 경험을 쌓는 출발점이 되기를 바란다.

부 록

기타 목록
교육 프로그램의 개발 또는 구매
OHP 슬라이드 준비와 프레젠테이션 기법

1 Potpourri
기타 목록

《창의적 교수법 핸드북》을 만들면서 여러 아이디어가 떠올랐다. 내용면에서는 이 책과 연관이 있지만 특정 장에는 포함시킬 수 없는 것들을 따로 모아 여기에 소개하였다.

교육을 성공시키는 27가지 요소

1. 완전한 일정 계획을 만든다.
2. 정시에 시작하고 정시에 끝낸다.
3. 강사 소개는 간략하게 한다.
4. 세심한 부분까지 주의를 기울여라. 일회용 컵이나 스티로폼 컵 대신에 유리컵이나 커피 잔을 사용하라.
5. 각 참가자에게 노트와 펜을 제공하라.
6. 휴식시간에 간단하고 다양한 간식거리를 제공하라.
7. 강의실 뒤쪽 테이블에는 음료수를 준비하라.

8. 사후 미팅(Post-Meeting)은 즉각적으로 하라.
9. 참가자끼리 어울릴 수 있는 기회를 만들어라.
10. 가벼운 점심식사를 제공하고 디저트는 생략하라. 이렇게 하면 오후에도 참가자들이 맑은 정신을 유지할 수 있다.
11. 친구를 만들 수 있고 서로 편하게 이야기할 수 있는 적절한 휴식 시간을 제공하라.
12. 준비를 확실히 하라. 능력이 있고 잘 도와줄 수 있는 스탭을 미리 선정하라.
13. 방 배치를 다양하게 하라.
14. 음향 시스템을 미리 확인하라.
15. 교육이 방해받지 않도록 모든 것을 미리 확인한다. 시설 담당자에게 요구 사항을 미리 이야기하라.
16. 만약 방이 너무 덥거나 추우면 누구에게 연락을 해야 하는지 미리 알아 둔다.
17. 교육 전에 자재들을 미리 확인하여 방 배치와 전력이 모두 이상 없는지 확인하라.
18. 등록은 간단하고 쉽게 한다.
19. 만약 2~3일짜리 프로그램이라면 배우자를 동반하는 프로그램을 준비한다. 교육이 개최되는 도시의 특별 행사도 확인하라.
20. 프로그램의 자료가 잘못 전달되는 경우도 있으므로 주최측에서 제대로 보냈는지 미리 확인해야 한다. 또한 자료에 표시를 잘못하여 혼동되는 일이 없도록 하라.
21. 시설 담당자에게 당신이 기대하는 것이 무엇인지를 명확하게 기록한 계약서를 공문과 함께 보내라. 그리고 교육 기간 동안에 절대 발생하면 안 되는 사항들도 포함시켜라.
22. 사전에 비상연락망을 확보하라. 만약 당신이 교육 장소에 갈 수 없는 상황이 생길 경우 신속하게 연락하여야 한다.

23. 시설 준비 합의서를 모든 강사와 필요한 교육 스탭들에게 복사해서 나누어 주어라.
24. 하루 이상 걸리는 교육이라면 하루 전에 미리 도착하라. 만약 1일 프로그램이라면 최소한 2시간 전에 도착하라.
25. 교육 장소가 당신의 목표에 맞는지 확인하라. 예를 들어 휴양지 같은 곳에서는 하루에 16시간짜리 프로그램을 하지 말라. 그리고 아무런 여가 활동도 할 수 없는 곳에서 하루 4시간짜리 프로그램은 하지 말라.
26. 강사들이 프레젠테이션을 하는 중간에 자신의 교육 프로그램을 홍보하지 않도록 사전에 합의하라. 참가자들을 광고 대상으로 만드는 것처럼 참가자들의 흥미를 잃게 하는 것은 없다.
27. 프레젠테이션이 끝난 후와 휴식시간, 식사시간에 강사들과 편한 토의와 대화가 가능하도록 하라. 끝나자마자 강사가 그냥 가버리는 프레젠테이션을 만들지 말라.

교육을 평가하는 19가지 방법

1. 질문하라 : 이 교육이 어떻게 조직의 목표에 기여를 하는가? 이 교육이 당신의 문제를 해결하고 있는가? 해결해야 할 문제는 사전에 파악하여 서로 동의해야 한다. 관리자들은 교육이 시작되기 전에 어느 부분이 개선되어야 할지에 대해 동의해야 한다.
2. 질문하라 : 이 교육이 학습 목표를 달성하였는가? 다시 말해서 교육을 받은 사람들은 그들이 예전에 할 수 없었던 무엇을 할 수 있으며 그 전에는 알지 못했던 무엇을 알게 되었는가?
3. 질문하라 : 이 교육은 가치 있다고 여겨지는가? 교육을 받은 사람들, 그들의 관리자, 그리고 예산을 집행한 사람들도 이 교육이 실

용적이고 유용하다고 느끼는가? 당신은 누구의 의견이 제일 중요하며 그들이 어떻게 이야기하는지 알아야 한다.
4. 참가자들의 업무에서 요구되는 과제와 성과 기준을 파악하라. 참가자들의 능력이 그런 기준들에 부합하는지를 알기 위해 사전 및 사후 테스트를 하라.
5. 강사와 교육 프로그램에 관련된 사람들을 평가하라.
6. 자신의 일로 돌아가서 새로운 기술과 행동들을 실행해 볼 기회가 얼마나 있는지 그 시간과 횟수를 평가하라.
7. 실제 일을 함에 있어서 피드백의 적절성, 횟수, 적절한 시간 등을 평가하라.
8. 실험적 접근법을 사용하라. 참가한 경우와 참가하지 않은 경우를 비교하라. 아니면 참가자의 사전 및 사후를 비교, 또는 두 가지를 혼합하여도 좋다.
9. 결정적인 예를 사용하라. 어떻게 교육이 성과를 개선할 수 있는지를 제시하는 구체적인 사건이나 이야기를 수집하라.
10. 문제 해결 접근법을 사용하라. 일반적으로 모든 상황에 맞는 교육보다, 구체적으로 파악되어 이미 알고 있는 문제에 초점을 둔 교육 프로그램을 기획하고 제공하라.
11. 프로그램의 오프닝을 평가하라. 필요성에 대한 동의를 얻어 내고, 목표를 명시하고, 학습자들의 책임감을 강조하였는가?
12. 학습 경험을 평가하라. 실제적이고 유용했는가? 참여적이었는가? 학습자들에게 피드백을 제공하였는가?
13. 의사소통을 평가하라. 프레젠테이션은 모든 사람에게 명확하게 전달되었는가? 비언어적인 면이 언어적인 면을 보충하였는가?
14. 강사의 태도를 평가하라. 모든 학습자를 정중하게 대했는가? 모든 학습자의 흥미를 불러일으켰는가?
15. 교육 목표를 평가하라. 참가자들이 미리 설정한 목표를 어느 정

도 성취하였는가?
16. 교육 프로그램의 강점을 파악하라.
17. 교육 프로그램의 약점을 파악하라.
18. 교육 결과 참가자들이 새로운 아이디어 목록과 시도해 볼 행동 목록을 갖게 되었는가?
19. 관리자들이 참가자들에 대해 위의 질문에 답하게 하라.

Do I Buy Or Do I Build? 2
교육 프로그램의 개발 또는 구매

이 장에서는 당신이 교육 프로그램이 필요할 때에 그것을 개발해야 하는지 또는 구매를 해야 하는지를 판단하는 체크리스트를 제공한다.

이것은 우리가 고객들과 교수 설계 프로젝트를 진행하거나 강사를 양성할 때 활용했던 것들이다.

개발 또는 구매 점검표

이 체크리스트는 자체적인 교육 프로그램을 개발하는 것이 좋은지, 아니면 구매를 하는 것이 좋은지를 판단하는 데 사용된다.

Job Aid: Make or Buy Checklist

Simply adding up the columns of this job aid will not determine the make-or-buy decision. But it will help to clarify your thoughts before making the final decision.

The first column lists the seven factors to be considered before deciding to make or buy. Space is provided for other factors relevant to your particular situation. The factors listed are not in any priority order. That's your job.

In the second column, rank order the factors by their importance to you and your organization at this time. Rank "1" the factor you consider most important; and so forth until you have ranked each factor from most to least important.

In the third column, compare your organization's capability to produce the needed training internally that of an external resource. Place an "M" next to those factors you believe your company is better suited for than an external resource. Place a "B" where you believe the external resource can do a better job. Place an "O" where you think either one can do the job.

Then ask yourself:

- Is the factor you ranked #1 of such over-riding importance that it overpowers considering anything else? If so, what letter appears in the third column next to that factor?
- Looking at the top three factors you have ranked in importance, is the same letter next to two of them in the third column?
- Are there a lot of "Os" in the third column? Would this indicate that whichever way you decide, it doesn't make much difference?
- Have you compared your checklist answers with those of others in your organization who also know its internal capabilities, and understand what is available externally?

Make or Buy Checklist

FACTORS	PRIORITY OF FACTOR 1 = most critical, 7 = least critical	CAPABILITY M = internal best job B = external best job, O = either
Cost		
Budget		
Time		
Expertise/experience		
Quality		
Audience		
History/culture		

Copyright 2000, The Bob Pike Group. All rights reserved. • 7620 W. 78th St., Minneapolis, MN 55439 • (952) 829-1954 • www.bobpikegroup.com

범용(Off-the-Shelf) 프로그램 평가시 10가지 고려사항

다음의 내용은 외부 교육 기관에서 제공되는 프로그램에 대해서 고려해야 할 10가지 사항이다.

당신이 필요로 하는 것보다 훨씬 더 많은 것을 제공하는 교육 프로그램을 찾아야 한다.

10 Considerations When Evaluating Off-the-Shelf Programs

1. Up-to-date and relevant content.
2. Clear learning objectives.
3. Interactive
4. Visually stimulating print materials.
5. Good A-V support materials.
6. Easy to follow instructions.
7. Reasonably priced.
8. Variety of supporting materials.
9. Variety of design.
10. Ability to personalize/customize.

외부 지원의 선택

다음은 당신이 프로젝트를 함께 하고 싶은 외부 교육 기관들을 비교할 때 사용되는 체크리스트이다.

당신은 각 항목마다 다른 가중치를 줄 수 있음에 주의해야 한다. 즉 중요 항목 5개에 서로 다른 가중치를 줄 수 있는데, 상대적으로 중요하다고 판단되는 항목에 가중치를 주면 된다.

Job Aid: Choosing the External Resource

This job aid will help organize the data on the various external resources that have been identified. Like the "Make or Buy" job aid, this one takes into account your organization's specific situation once you have decided to buy.

Column I lists the factors covered previously when considering an external resource. Column II is for weighing each factor relevant to your organization's current situation. These ratings will change as situations change. Rate each factor from "10" for very important to "0" for not important. Column III is for evaluating up to four external resources on all factors. Rate each external resource on each factor from "5" for the highest rating (can satisfy this factor completely) to "0" for the lowest rating (fails to satisfy). Base the rating objectively on the data you have gathered. Column IV provides space for a weighted point total for each factor. Multiply the number in column II by the number in column III a, b, c or d and record the totals in column IV a, b, c or d. To get a cumulative total for each external resource, add the numbers in column IV.

Choosing the External Resource

I. FACTORS	II. WEIGHING FOR FACTORS 10 = high, 0 = low	III. RATING OF EXTERNAL RESOURCES 5 = high, 0 = low				IV. POINT FOR EXTERNAL RESOURCES Cols. II x III = IV			
		a.	b.	c.	d.	a.	b.	c.	d.
Objectives/needs									
Price									
Value									
Time									
Quality									
Expertise/Experience									
References									
Reactions									
CUMULATIVE POINT TOTALS =									

Firms being considered:
a. _____ b. _____
c. _____ d. _____

OHP 슬라이드 준비와 프레젠테이션 기법

Overhead Transparencies 3

이 책의 재판이 출간된 이후, 이 책을 교과서로 사용하고 있는 대학원생들로부터 이 책의 내용이 오래된 것 아니냐는 편지들을 받았다. 그들의 주장은 OHP와 슬라이드가 파워포인트 프레젠테이션으로 완전히 대체됐다는 것이다. 그러나 나는 미국 내에서 강연했던 학교들과 해외에서의 프레젠테이션을 비추어 볼 때 이 주장에 동의하지 않는다. OHP와 슬라이드들은 프레젠테이션에서 지속적으로 사용되고 있고, 이 책을 이용하는 사람들 중에도 많은 수가 프레젠테이션 슬라이드를 준비할 때 컴퓨터나 컬러 프린터를 잘 사용하지 못한다.

그러므로 다음의 내용들을 부록에 수록하기로 했다.

트랜스페어런시의 재생산

1. 깔끔하고 편하게 글씨를 쓰기 위해서 트랜스페어런시 밑에 그래프 용지를 깔고 글씨를 쓴다. 혹은 선이 그려져 있는 아세테이트 용지를 사용한다.
2. 많은 부분에 색을 칠하려면 잘 비치고 색깔이 있으며, 뒤쪽에 접착 처리가 되어 있는 용지를 사용하라. 트랜스페어런시 마커로 색을 덧칠하는 경우는 작은 점이나 비스듬한 선이 그려질 수도 있는데, 색칠을 할 때 울퉁불퉁 칠해지지 않도록 한다.
3. 트랜스페어런시를 보호하기 위해 두 장의 깨끗한 아세테이트 용지 사이에 끼워 넣어라. 이렇게 하면 원본에 표시하지 않고 아세테이트 용지 위에 표시할 수도 있다.
4. 원본을 가리면 그 내용을 나중에 참석자들에게 연속적으로 또는 선택적으로 보여 줄 수 있다.

- 불투명 종이로 표지를 만들 수 있다. 오니언 스킨(Onion Skin)이나 흰색의 불투명 플라스틱 종이로 표지를 만들 수 있다.
- 연속적으로 보여 줄 필요가 있을 경우는 시각 교재를 점진적으로 보여 줄 수 있도록 표지를 조금씩 벗긴다.
- 선택적으로 보여 줄 때는 마스크(Mask)를 각 부분에 잘라서 붙여 놓는다. 보여 주고 싶은 내용에 해당하는 부분의 마스크만 따로 떼어내고 내용을 소개한다. 마스크에 번호를 써 넣으면 나중에 순서대로 떼어내기가 편하다.

트랜스페어런시에 테두리 하기(Mounting)

트랜스페어런시에 플라스틱이나 종이보드로 프레임을 만들 수 있다. 여기에는 몇 가지 목적이 있다. 손쉽게 다룰 수 있고 구겨지는 것도 막을 수 있으며 메모나 일련번호를 적을 수 있는 공간도 생기게 된다. 또한 트랜스페어런시가 OHP판보다 작을 경우에 일어나는 빛의 파장도 막아 준다.

테두리 하는 방법은 아주 간단하다. 트랜스페어런시를 뒤집어서 테두리로 쓸 종이에 놓고는 네 방향의 모서리에 테이프를 붙이면 된다.

오버레이(Overlay)를 만드는 방법
1. 한 장이나 기본이 되는 여러 장의 트랜스페어런시를 뒤집어서 테두리 종이의 뒷면에 놓는다.
2. 앞쪽으로 돌려 놓고 각 장에 테이프를 붙인다.
3. 여러 장을 유연하게 보여 줄 수 있도록 같은 방향 혹은 다른 방향 쪽으로 붙인다.
4. 부드럽게 움직일 수 있도록 테이프를 너무 많이 붙이지 않는다.

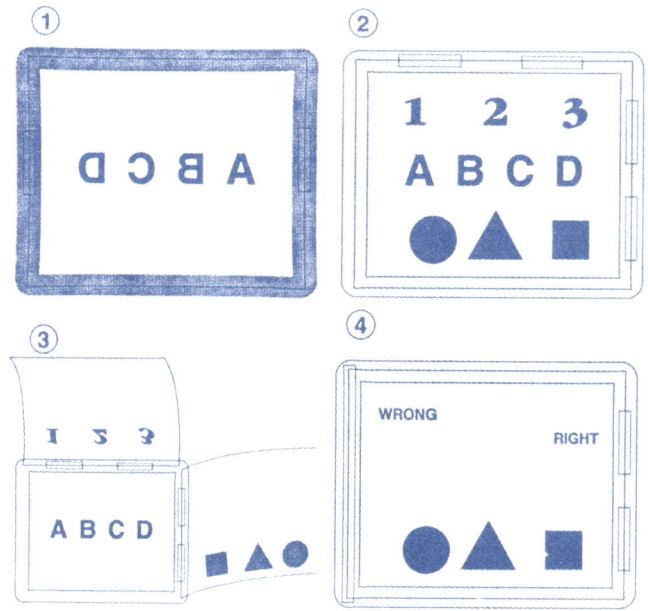

여러 색상이 있는 트랜스페어런시를 만드는 방법

1. 기본 트랜스페어런시를 뒤집어서 테두리 종이 뒤쪽에 놓고 테이프를 붙인다.
2. 각각의 트랜스페어런시를 그 위에 놓고 테이프를 붙인다. 이때 방향이나 순서가 제대로인지 확인한다.
3. 그 다음에 두 번째의 프레임을 덮고 두 장의 프레임을 한꺼번에 테이프로 붙인다.

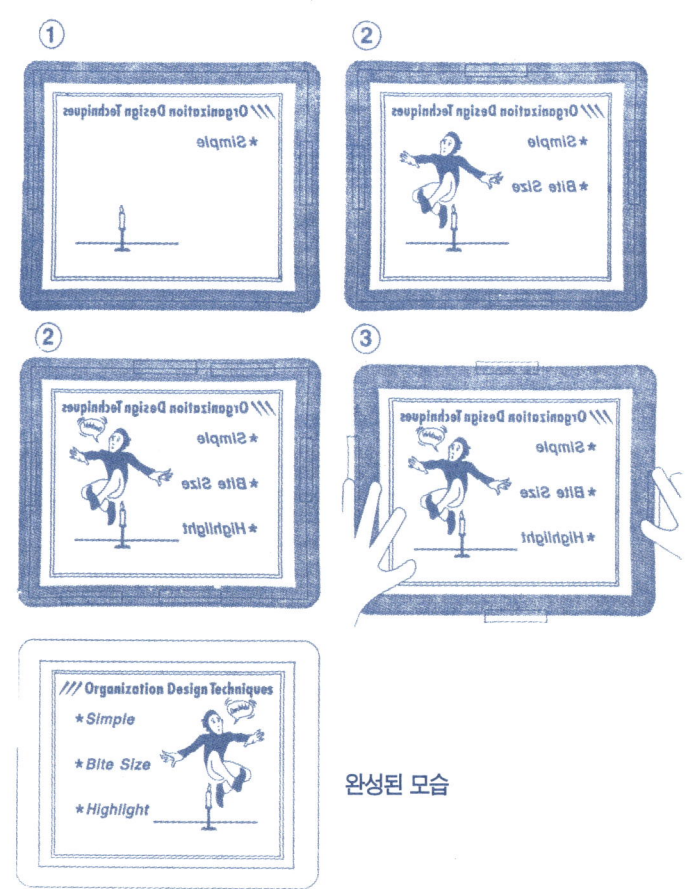

완성된 모습

그 외의 방법

- 3M의 플립 프레임(Flip Frame)은 트랜스페어런시를 보관할 수 있는 슬리브(Sleeve)를 제공한다. 이 프레임은 트랜스페어런시를 제때에 렌즈 위에 올려놓아 불필요한 광선이 나가지 못하게 한다.
- Visual Systems사의 플립아트란(Flipatran)은 한 번에 30장의 트랜스페어런시를 보여 주고 보관할 수 있는데, 각 장의 트랜스페어런시를 OHP 위로 보내고, 보여진 것은 다시 보관한다.
- Resource for Organizations사의 인스트라프레임(Instraframe)은 유리 스테이지 위에서 즉각적으로 프레임을 만들어서 보여 주며 중앙에 위치할 수 있게 조절해 준다.

> **INSIDER'S TIP**
>
> 트랜스페어런시 사이에 종이를 끼워 넣는다. 이렇게 하면 각 트랜스페어런시를 읽기도 쉽고 보호도 할 수 있다. 그리고 그것을 OHP 위에 올려 놓았을 때 빛이 퍼져 나가는 것도 막아 준다. 준비가 다 되었을 때 참가자들이 내용을 볼 수 있도록 종이를 치우면 된다.

프레젠테이션 중간에 트랜스페어런시 사용하기

시각 교재의 간단한 사용으로 프레젠테이션에 많은 영향을 줄 수 있다. 예를 들면 OHP를 켜고 끔으로써 참가자들의 주의를 통제할 수 있는데 트랜스페어런시를 교환하는 동안에는 OHP를 꺼 두도록 한다. 참가자들이 아무것도 없는 빈 화면을 눈부시게 바라보게 하거나 위치가 뒤바뀐 트랜스페어런시를 보게 할 필요는 없다.

만약에 OHP를 끄지 않고 빛을 차단하고 싶다면 다른 방법이 있다. 트랜스페어런시 밑에 한 장의 종이나 파일 폴더를 놓는다. 정보를 보여 줄 때는 종이를 빼고 다 끝나면 빛을 차단하기 위해 다시 종이를 OHP 위에 올려놓는다.

다른 방법은 38×38cm 정도 되는 종이판지를 OHP 윗부분에 테이프로 붙여 놓고 자료를 보여 줄 때는 젖혀 놓았다가 빛을 차단하고 싶을 때는 내려놓으면 된다.

프레젠테이션 중간에 내용을 자세히 설명하기 위해 무엇인가를 추가하고 싶다면 지울 수 있는 마커를 사용하거나 빈 필름에 내용을 적어 놓고 설명할 수 있다. 이렇게 하면 원본을 깨끗하게 보관할 수 있다.

누군가가 시각 교재의 사용을 도와주고 있다면 미리 신호를 주어서 참가자들이 눈치채지 못하게 시각 교재 교환 시기를 알려 주어라. 거듭 강조하건대, 프레젠테이션 시작 전에 모든 시각 교재를 깨끗이 하고 바른 순서와 바른 면으로 정리되어 있는지 확인해야 한다.

프레젠테이션 중간에 강사가 움직일 경우에는 OHP 빛을 가리지 않도록 주의하라.

반복해서 쓰여질 자료는 미리 복사해서 여유분을 보관하고, 구겨지거나 닳을 경우 즉시 원본을 이용하여 추가 복사를 한다.

즉석에서 설명할 수 있도록 OHP 옆에 여유분의 빈 트랜스페어런시를 놓아 둔다. 그리고 여유분의 전구와 가능하다면 여유분의 OHP까지 준비하면 안심하고 프레젠테이션을 진행할 수 있다.

트랜스페어런시를 만드는 가장 적절한 방법을 선택하기 전에 다음에 소개되는 내용을 참조하라.

직접 프로세스(Direct Process)

이것은 트랜스페어런시에 직접 시각 교재를 만드는 방법이다.

방법 : 유성 펜
자재 : 유성 펜
시간 : 빠름
가격 : 저렴
설명 : 검은색이나 흐린 색깔로 나올 수도 있다. 사용하기 편하다. 마른 천으로 닦아 낸다. 펜끝이 무디어진다. 잉크가 번지기 쉽다.

방법 : 마킹 펜
자재 : 마킹 펜
시간 : 빠름
가격 : 저렴
설명 : 빠르고 쉽다. 가는 선이나 굵은 선도 그릴 수 있다. 밝은 색상도 사용 가능하다.

방법 : 드라이 트렌스퍼 레터(Dry Transfer Letter)
자재 : 드라이 트렌스퍼 레터
시간 : 보통
가격 : 보통
설명 : 여러 가지 글자체와 크기를 사용할 수 있다. 마스킹(Masking) 테이프로 잘못된 부분을 없앨 수 있다. 많은 글자를 넣으면 가격이 비싸진다.

방법 : 레터링 템플릿(Lettering Template)
자재 : 레터링 템플릿
시간 : 보통
가격 : 저렴

설명 : 여러 종류의 스타일과 크기의 사용이 가능하다. 일정한 형태의 글자를 계속 사용할 수 있다.

방법 : 그래픽 테이프(Graphic Tape)
자재 : 그래픽 테이프
시간 : 빠름
가격 : 보통
설명 : 압력에 민감하다. 빠르고 쉽다. 사용이 한정되어 있지만 개요나 그래프, 컬러, 넓이, 패턴 등에 유용하다. 불투명한 것과 투명한 것이 있다.

크기 변화가 없는 간접 프로세스(Indirect Process)

방법 : 스피리트 듀플리케이터(Spirit Duplicator)
자재 : 스피리트 듀플리케이터, 무광택 혹은 광택 아세테이트, 깨끗한 플라스틱 스프레이
시간 : 빠름
가격 : 보통
설명 : 굵고 진한 줄을 그릴 때 좋으며 간단하게 여러 장의 복사본을 만들 때도 좋다. 기계에 넣거나 스프레이를 할 때는 조심해야 한다.

방법 : 디아조(Diazo)
자재 : 디아조 필름 초음파 광선 프린터, 암모니아 증기
시간 : 보통
가격 : 보통

설명 : 일상적인 조명에서 필름을 현상할 수 있다. 색상이 매우 선명하다. 색상이 바래거나 흐려지는 것을 최소화한다. 원본은 반드시 반투명하거나 투명해야 하며 마킹은 불투명해야 한다. 선을 그릴 때, 글자를 쓸 때, 연속적인 이미지 톤을 만들 때 좋다. 여러 가지 방법으로 적용될 수 있다. 기술이 요구되는 꽤 복잡한 과정이다.

방법 : 열 처리(Thermal)
자재 : 인프라레드라이트 복사기(Infra-Red-Light Copy Machine), 열 필름
시간 : 매우 빠름
가격 : 보통
설명 : 모든 오리지널 마킹은 탄소를 포함하고 있어야 한다. 여러 가지 다른 종류의 마킹을 사용하면 선의 굵기가 고르지 않게 된다. 한 가지 색상의 트랜스페어런시를 만드는 데 좋다. 사진 원본은 나중의 복사를 위해 남겨 놓아야 한다.

방법 : 픽처 리프트(Picture Lift)
자재 : 뒷면이 접착 처리되어 있는 깨끗한 아세테이트나 규격 종이
시간 : 빠름
가격 : 보통
설명 : 컬러사진을 트랜스페어런시로 옮기는 가장 저렴한 방법이다. 원본은 반드시 클레이 코트 종이(Clay-coated Paper)에 프린트되어야 한다. 원본을 파기한다. 코팅 기계나 건조 기계로도 만들 수 있다. 적용 범위가 제한되어 있다.

크기 변화가 가능한 간접 프로세스

방법 : 일렉트로스태틱(Electrostatic)
자재 : 제로그래픽(Xerographic)이나 일렉트로스태틱 복사기(Electrostatic Copy Machine), 특수 필름
시간 : 매우 빠름
가격 : 저렴
설명 : 빠르고 깨끗하다. 질이 좋다. 컬러의 농도는 원본에 사용된 마킹과 배경에 달려 있다. 줄을 그릴 때 아주 좋다. 복사된 것을 바로 아세테이트 용지로 옮겨 준다. 사진의 경우 질이 좋지 않다. 크기를 바꾸고 싶을 때 복사기에서 확대나 축소를 선택할 수 있다.

방법 : 사진 촬영
자재 : 카메라와 암실
시간 : 느림
가격 : 보통에서 비싼 편
설명 : 기술이 복잡하고 비싼 기계가 있어야 한다. 매우 질이 좋은 트랜스페어런시를 만들 수 있다.

역자 후기

참가자 중심의 교육을 소개하는 기쁨

내가 밥 파이크 회장을 처음 만난 건 10년 전 ASTD(미국연수담당자협회) 국제회의에서였다. 한국리더십센터를 설립한 후, 교육의 질적 향상과 효과적인 교육 스킬을 위해 다각도로 노력하던 중 이 회의에 처음 참석하게 된 것인데, 너무 많은 강의가 여러 날에 걸쳐 동시에 진행되어, 어떤 강의가 내게 꼭 필요한 것인지 실로 난감했던 기억이 난다.

가장 큰 강의장을 배정받은 강사를 찾으면 된다는 경험자의 이야기를 듣고, 나 역시 2,500명을 수용하는 가장 넓은 강의장을 찾았다. 아니나 다를까, 그곳은 명성을 듣고 찾아온 사람들로 입추의 여지가 없었다. 바로 '창의적 교수법'에 관한 교육이었다.

그 후 나는 그가 개발한 대부분의 교육을 이수하였고, 귀국 후 나의 강의에 적용한 결과는 대성공이었다. 강사 중심으로 행해지던 교육이 참가자 중심으로 바뀌는 대전환점을 맞은 것이다. 그 후로 그가 주최하는 연례행사에 단골로 참가하였음은 말할 나위 없다.

그는 원래 신학대학을 졸업한 목사였다. 특히 개척교회를 이끌면서 어려움을 겪던 중에, 교회를 성장시키기 위해서는 주일학교를 활성화시키는 것이 무엇보다 시급하다는 것을 깨달았다. 교회에 오는 대부분의 학생들은 학교 공부에 지쳐 있었고, 부모의 성화에 못 이겨, 혹은 습관적으로 참석하기 때문에 전혀 동기 부여가 되어 있지 않았다. 그들의 두 눈과 귀가 번쩍 뜨일 특단의 교육기법은 없을까? 참가자가 신명나고 교육의 효과가 즉각적으로 나타나는 교수법은 없을까? 이러한 고민과 연구의 결과 얻어진 열매가 바로 오늘의 '창의적 교수법'의 시발점이 된 것이다.

예상했던 대로 주일학교는 크게 부흥하였다. 창의적 교수법의 원리는 기업에도 그대로 적용되어 놀라운 효과를 보게 되었고, 교육에 대한 요구는 거센 물결을 타고 전미국에 퍼져 나갔다. 이후 그 내용을 수많은 강사들에게 전수시키기 위해 회사를 설립하고 이 책을 발간하게 된 것이다.

이제 그는 목회 현장을 떠나 '교수법'의 전달자로 더 큰 역할을 하고 있다. 몇 년 전 우리는 그를 한국으로 초청하였고, 몇 차례의 교육을 통해 큰 결실을 얻은 바 있다.

이 책은 많은 기업교육 강사, 특강이나 훈시를 자주 해야 하는 기업체 임원, 초·중·고등학교 교사, 대학교수, 학원 강사, 종교단체 교사 등 가르치는 일과 관련된 모든 분들에게 매우 유익할 것이라 확신한다. 아무쪼록 이 땅의 모든 교육 관계자들의 강의법을 한 단계 높여 교육을 받는 모든 사람이 많은 것을 배우고 적용함으로써 우리 사회 발전에 크게 기여하기를 바라 마지않는다.

끝으로 이 책을 번역한 유제필 교수, 편집하는 데 도움을 준 정상미 선생과 여러 차례의 번안과 첨삭 과정에도 성의를 다해 좋은 책이 나오게 해 주신 김영사에 깊이 감사 드린다.

2004년 6월 김경섭

창의적 교수법
(Creative Training Techniques)
2일 집중 워크숍

전세계가 격찬한 생동감 넘치는 교수법

주입식 강의로는 더 이상 21세기 교육 참가자들의 만족을 얻어낼 수 없습니다.

〈창의적 교수법〉은 학교와 산업교육의 현장에서 참가자가 스스로 참여함으로써 교육효과를 높이도록 하는 혁신적인 교육기법 향상과정입니다. 미국 ASTD(American Society for Training & Development)에서 15년간 최고강사로 초빙된 밥 파이크의 노하우의 결정체로 연단 앞에 서시는 모든 여러분을 돕습니다.

창의적 교수법을 통하여 참가자들은
- 각 참가자들의 지식과 경험을 구축하는 법을 발견하게 됩니다.
- 어떻게 학습 프로세스를 촉진시키는지를 알게 됩니다.
- 효과적인 학습법을 통한 개인의 책임감을 증대시키는 법을 알게 됩니다.
- 교육 후 참가자들이 학습 받은 것을 유지하고 작업장에 응용하는 법을 찾게 됩니다.

창의적 교수법 Workshop의 특징

- 창의적 교수법을 통한 교육현장에서 적용 가능한 6가지 구체적인 방법

    1) 강의시작시 참가자의 관심을 끄는 방법
    2) 참가자 중심으로 강의가 진행 되게 하는 방법
    3) 학습에 대해 동기 유발을 시키는 방법
    4) 효과적인 교재 · 매뉴얼 · 워크북 · 자료를 만드는 방법
    5) 시각 교구를 효과적으로 사용하는 방법
    6) 참가자의 동기유발을 시켜주는 각종 도구사용법

창의적 교수법 Workshop 대상자

- 산업교육계 모든 강사
- 프레젠테이션을 하는 모든 사람
- 세미나(컨퍼런스)의 연사
- 인력 개발 파트의 임직원
- 학교, 종교단체의 교수법을 필요로 하는 모든 사람

한국리더십센터 교육문의 : 컨설팅 그룹 02)2106-4000(내선 2번)